ICPMI 1984—2024 庆祝司法部预防犯罪研究所建所40周年

预防犯罪问题研究

（2015—2024）

YU FANG FAN ZUI
WEN TI YAN JIU

主　编◎高　贞
副主编◎周　勇　高　文

中国检察出版社

图书在版编目（CIP）数据

预防犯罪问题研究．2015—2024 / 高贞主编．
北京：中国检察出版社，2024. 7. —ISBN 978-7-5102-3123-0

Ⅰ. D917.6

中国国家版本馆CIP数据核字第2024XD0564号

预防犯罪问题研究（2015—2024）
高　贞　主编
周　勇　高　文　副主编

责任编辑：史世琦
技术编辑：王英英
美术编辑：徐嘉武

出版发行：中国检察出版社
社　　址：北京市石景山区香山南路 109 号（100144）
网　　址：中国检察出版社（www.zgjccbs.com）
编辑电话：（010）86423736
发行电话：（010）86423726　86423727　86423728
（010）86423730　86423732
经　　销：新华书店
印　　刷：唐山玺诚印务有限公司
开　　本：710 mm × 960 mm　16开
印　　张：21.25
字　　数：292 千字
版　　次：2024 年 7 月第一版　2024 年 7 月第一次印刷
书　　号：ISBN 978-7-5102-3123-0
定　　价：68.00 元

前　言

司法部预防犯罪研究所于 1984 年 9 月成立，原名司法部预防犯罪与劳动改造研究所，1995 年 2 月更名为司法部预防犯罪研究所（以下简称犯研所）。

作为司法部所属专业研究机构，犯研所的核心职能和主要工作任务是为国家法治建设、司法部党组决策、司法行政工作改革与发展提供理论支持。建所 40 年来，犯研所的整体工作始终围绕这一定位开展并不断强化。

在司法部党组的正确领导下，犯研所始终坚持以马克思列宁主义、毛泽东思想、邓小平理论、“三个代表”重要思想、科学发展观、习近平新时代中国特色社会主义思想为统领，深入学习贯彻习近平法治思想和习近平总书记关于司法行政刑事执行工作的重要指示批示精神，坚定不移贯彻落实党中央重大决策部署和司法部工作要求，坚持围绕中心、服务大局，积极履行职责、发挥优势，在监狱戒毒、社区矫正、犯罪预防、重新犯罪、司法人权和国外刑事司法等领域开展研究，先后重点进行了习近平法治思想的系统观念与刑事制度的改革完善、重新犯罪问题调查、监狱体制改革、社区矫正模式研究、戒毒体制机制研究等一系列具有战略性、前瞻性的项目研究，取得了丰富的研究成果，有力推动了司法行政工作理论与实践的有机结合，促进了科研成果的综合开发与应用。建所 40 年来，科研工作的深入开展，既为党中央和部党组的相关决策提供了强有力的智力支持，也使犯研所在国内外的学术地位和影响力不断得到巩固和提高。

新时代新征程，法学理论研究为法治中国建设提供科学理论支撑的光荣使命更加凸显，努力发挥权威智库作用，为全面建设社会主义现代化国家提供有力法治保障成为犯研所理论研究工作的新期待。犯研所不断适应国家犯罪治理对刑事执行和预防犯罪提出的新要求，从提供刑事执行和预防犯罪的决策参考、提供刑事执行和预防犯罪的理论支撑基本定位出发，开展了一系列相关理论研究，形成了一批具有真知灼见的观点和论述。在犯研所建所 40 周年之际，对这些研究成果汇编成册，作为献给犯研所建所 40 周年礼物的同时，也为推进全面依法治国和司法行政工作改革与发展提供强有力的理论支持和智力支撑。

目录

热点问题研究

犯罪问题研究

立法问题研究

行刑问题研究

社区矫正研究

教育改造研究

戒毒问题研究

基础工作研究

安置帮教研究

中外比较研究

热点问题研究

REDIANWENTIYANJIU

习近平法治思想的系统观念在发展完善刑事执行制度中的运用*

高　贞**

习近平法治思想博大精深，作为习近平新时代中国特色社会主义思想的重要组成部分，全面体现了运用马克思主义辩证唯物主义和历史唯物主义的世界观、方法论，对共产党执政规律、社会主义建设规律和人类社会发展规律的深化认识，深刻回答了我国社会主义法治建设的一系列重大理论和实践问题，构成了系统完备、逻辑严密、内在统一的科学理论体系。习近平法治思想中所贯穿的系统观念，包括推进全面依法治国战略谋划的整体观、制度机制构建的体系观、实践推动的协同观、不断适应治国理政形势变化而改革创新的发展观，从总体上及不同层面、不同角度，对新时代推进全面依法治国具有重要的方法论指引作用。完善中国特色社会主义刑事执行制度是推进全面依法治国的重要内容，必然应当以全面贯彻系统观念为要。本文将从整体观、体系观、协同观和发展观四个方面，就以习近平法治思想的系统观念指导新时代中国特色社会主义刑事执行制度建设，进行若干思考，与同行交流。

---

* 基金项目：2021 年度司法行政系统理论规划课题“习近平法治思想中的系统观念与行刑制度的完善”（21GH2008）。

** 高贞，司法部预防犯罪研究所所长、研究员。

一、坚持系统观念的整体观，从全局和战略高度把握刑事执行制度的基本定位和正确方向

习近平法治思想的系统观念首先是整体观，要求全局性视野、战略性谋划、整体性推进。

整体观要求把握全局大局。习近平总书记指出："全面推进依法治国涉及改革发展稳定、治党治国治军、内政外交国防等各个领域，必须立足全局和长远来统筹谋划""全面推进依法治国是关系我们党执政兴国、关系人民幸福安康、关系党和国家长治久安的重大战略问题"[①]"法治是国家治理体系和治理能力的重要依托。只有全面依法治国才能有效保障国家治理体系的系统性、规范性、协调性，才能最大限度凝聚社会共识"[②]。精辟地阐述了全面依法治国在治国理政中的战略地位，并以此指导、推动全面依法治国实践。党的十八大以来，以习近平同志为核心的党中央从统筹国内和国际两个大局、治国理政的战略全局、实现党和国家长治久安的战略高度，坚持在中国特色社会主义新的历史方位和"五位一体"总体布局中定位法治建设，将全面依法治国纳入"四个全面"战略布局，加强党对全面依法治国的集中统一领导，以前所未有的广度和深度重视法治、定位法治、布局法治、厉行法治。党的十九大以后，党中央组建中央全面依法治国委员会，从党和国家事业发展全局高度对全面依法治国作出一系列重大决策部署，推动我国社会主义法治建设发生历史性变革、取得历史性成就。党的十九届四中全会作出坚持和完善中国特色社会主义制度、推进国家治理体系和治理能力现代化若干重大问题的决定，把法治贯穿于坚持和完善中国特色社会主义制度、推进国家治理体系和治理能力现代化的各个方面。

整体观要求锚定长远目标。习近平总书记指出："全面推进依法治国，是着眼于实现中华民族伟大复兴中国梦、实现党和国家长治久安

---

① 习近平：《关于〈中共中央关于全面推进依法治国若干重大问题的决定〉的说明》。

② 2020 年 11 月 17 日，习近平总书记在中央全面依法治国工作会议上的讲话。

的长远考虑。”对全面推进依法治国作出部署，既是立足于解决我国改革发展稳定中的矛盾和问题的现实考量，也是着眼于长远的战略谋划。改革开放以后，我们党确立依法治国基本方略，把建设社会主义法治国家确定为社会主义现代化的重要目标。党的十八届四中全会作出《中共中央关于全面推进依法治国若干重大问题的决定》，明确了全面依法治国的总蓝图、路线图、施工图。党的十九大将依法治国目标作为社会主义现代化目标的重要组成部分加以规划，指出到2035年基本实现社会主义现代化，“法治国家、法治政府、法治社会基本建成”，至本世纪中叶，基本目标是建成社会主义现代化强国和法治中国的全面实现。党的十九届五中全会制定的“十四五”规划和2035年远景目标建议中，将全面依法治国与经济社会发展同步部署。一系列重大部署，充分体现了全面依法治国的目标同国家经济社会发展的战略目标相适应，旨在发挥法治固根本、稳预期、利长远的保障作用。

整体观要求从根本上把握正确方向。习近平总书记指出：“全面推进依法治国，必须走对路。如果路走错了，南辕北辙了，那再提什么要求和举措也都没有意义了。”[①]体现习近平法治思想的“十一个坚持”中的前三个坚持，即坚持党对全面依法治国的领导、坚持以人民为中心和坚持中国特色社会主义法治道路，集中阐述了全面依法治国的根本政治方向。党的领导是中国特色社会主义最本质的特征，是中国特色社会主义法治之魂，是社会主义法治最根本的保证，也是我国社会主义法治同西方资本主义国家法治最大的区别。全面依法治国最广泛、最深厚的基础就是人民，推进全面依法治国，根本目的是依法保障人民权益。要始终坚持以人民为中心，坚持法治为了人民、依靠人民、造福人民、保护人民，把体现人民利益、反映人民愿望、维护人民权益、增进人民福祉落实到法治体系建设全过程。坚持走中国特色社会主义法治道路，是由坚持中国特色社会主义道路这一大前提所决定的，也是这一大前提的重要体现，是建设社会主义法治国家的唯一正确道

① 2014年10月23日，习近平总书记在党的十八届四中全会第二次全体会议上的讲话。

路，其核心要义“具体讲就是要坚持党的领导，坚持中国特色社会主义制度，贯彻中国特色社会主义法治理论”[①]。这三个方面规定确保了中国特色社会主义法治体系的制度属性和前进方向。全面推进依法治国必须坚持的基本原则，就是必须坚持中国共产党的领导，必须坚持人民主体地位，必须坚持法律面前人人平等，必须坚持依法治国和以德治国相结合，必须坚持从中国实际出发。[②]走中国特色社会主义法治道路，必须传承中华优秀传统法律文化，从我国革命、建设、改革的实践中探索适合自己的法治道路，学习借鉴国外法治有益成果，但决不照搬别国模式和做法。

以习近平法治思想的系统观念指导刑事执行制度建设，要立足于承担全面依法治国的职责任务，从制度定位、顶层设计上体现整体的战略谋划。

第一，要坚持在党和国家治理大局、全局中去定位刑事执行制度，自觉地将刑事执行工作置于国家治理体系中去考量、去谋划。刑事执行工作是刑事法治的重要组成部分，不仅作为刑事运行的末端体现刑事法治的公平正义而存在，而且在更广阔的国家治理全局中，承担着预防和减少犯罪、增强人民安全感和维护社会秩序的重要使命。“必须坚持国家利益至上，以人民安全为宗旨，以政治安全为根本，统筹外部安全和内部安全”的总体国家安全观，履行好维护国家政治安全、确保社会大局稳定、促进社会公平正义、保障人民安居乐业的职责使命。在刑事执行立法、制度的制定和执行中，要全面贯彻落实党中央对新时代经济社会发展的重大部署，准确把握社会矛盾新变化和人民群众对法治、公平、正义、安全的新要求，深入分析国内国际犯罪和再犯罪的新趋势、新特点，积极应对传统威胁与非传统威胁，及时跟进刑事立法，以及司法的新任务、新要求、新变化，依法履行刑事执行职能，既有力打击违法犯罪，又最大限度减少社会对立面，减少和预防重新犯罪。

① 习近平:《关于〈中共中央关于全面推进依法治国若干重大问题的决定〉的说明》。

② 参见《中共中央关于全面推进依法治国若干重大问题的决定》。

刑事执行制度建设的战略性谋划需要加强刑事执行理论研究工作。应当着眼于党和国家发展大势、国家安全大局，大力开展刑事执行与预防犯罪的战略策略研究，与国家治理的大战略联系在一起，从把握全局性、整体性、根本性、规律性去开展相关研究，进一步提升研究成果的系统性、针对性、指导性、前瞻性，为推动刑事执行制度的发展完善提供理论支持。在此过程中实现理论研究自身的系统性、整体性、体系性，形成中国特色社会主义刑事执行理论体系、学科体系、话语体系。

第二，要坚持目标导向，在国家经济社会发展的长远目标中明确自身的发展目标。着眼新时代全面建设社会主义现代化强国的长远目标，根据推进国家治理体系和治理能力现代化的不同阶段目标，在全面依法治国的长远目标和阶段性目标中明确刑事执行制度的发展目标。也就是说，要研究与基本实现社会主义现代化、“法治国家、法治政府、法治社会基本建成”，以及与建成社会主义现代化强国、法治中国的全面实现相一致相协调的刑事执行制度的不同阶段的发展目标，切实增强时代性、针对性、实效性。

第三，坚持走中国特色社会主义法治道路不动摇，牢牢把握刑事执行制度的政治方向。新时代刑事执行工作要坚持以习近平新时代中国特色社会主义思想为指导，深入学习贯彻习近平法治思想，坚持党对刑事执行工作的绝对领导，深刻领悟“两个确立”的决定性意义，把“两个维护”落实到刑事执行的全方位、各环节。坚持以人民为中心，把握并回应新时代人民群众对法治、公平、正义、安全等方面的新要求新期待。做到严格规范公正文明执法，特别要关注刑事执行直接影响公众对司法公正评判的重要环节，提高刑事执行亲和力和公信力，努力让人民群众在每一个刑事执行案件中都能感受到公平正义。同时，在对刑事执行对象的监管、教育改造和帮扶的制度构建中也要兼顾考虑公众、刑事被害人和罪犯自身及家属的合理合法诉求，让人民群众感受到法治的理性和温度。坚持走中国特色社会主义法治道路，系统总结提炼中国共产党领导下刑事执行制度建设的经验和成果，学习借鉴国外刑事执行制度的有益做法，立足中国国情，坚决摒弃照抄照搬西方模式，不断完善中国特色社会主义刑事执行制度。

二、坚持系统观念的体系观，科学构建内容完备、逻辑严密、运转有效的中国特色社会主义刑事执行制度体系

系统观念的内在要求是推动系统内各要素之间形成结构合理、相互联系、相互作用的完整体系，通过各要素发挥功能并彼此相互作用共同推动系统整体目标的实现。在推进全面依法治国中，集中体现为部署“建设中国特色社会主义法治体系”。

习近平总书记指出：“我们既要注重总体谋划，又要注重牵住‘牛鼻子’……既对全面推进依法治国作出系统部署，又强调以中国特色社会主义法治体系为总目标和总抓手。”党的十八届四中全会围绕总目标和总抓手，明确提出要加快形成完备的法律规范体系、高效的法治实施体系、严密的法治监督体系、有力的法治保障体系，形成完善的党内法规体系。“十一个坚持”系统阐明了坚持依宪治国、依宪执政和坚持建设中国特色社会主义法治体系的新部署新要求。习近平总书记主持以“建设中国特色社会主义法治体系”为专题的中央政治局第三十五次集体学习，从坚持法治体系建设正确方向、加快重点领域立法、深化法治领域改革、运用法治手段开展国际斗争、加强法治理论和宣传五个方面，对立足新发展阶段建设中国特色社会主义法治体系作出了新部署，强调要坚持系统观念，全面推进法治体系建设。

一方面，要完善以宪法为核心的中国特色社会主义法律法规体系。完善法律法规体系是建设法治体系的前提和基础，宪法是核心，立法是关键。宪法是国家根本大法，是治国理政总章程，全部的法律法规体系必须以宪法为总依据，一切法律法规、规章和规范性文件都不得同宪法相抵触，一切违反宪法法律的行为都必须予以追究。要发挥立法的引领和推动作用，及时制定与“五位一体”总体布局、推进国家各项建设相适应的法律法规，特别要针对立法的空白点、薄弱点，加强国家安全、科技创新、公共卫生、生物安全、生态文明、防范风险等重要领域立法，努力健全国家治理急需、满足人民日益增长的美好

生活需要必备的法律制度等。同时，要注重提高立法质量，实现法律法规体系结构合理及各法律法规之间协调衔接、发挥整体功效，为维护国家法制统一提供坚实保障。

另一方面，要完善各环节贯通衔接的法治体系。习近平总书记指出："推进法治体系建设，重点和难点在于通过严格执法、公正司法、全民守法，推进法律正确实施，把'纸上的法律'变为'行动中的法律'。"[①]深刻揭示了建设法治体系的科学规律和内在要求。完备的法律法规体系只是法治体系中的1/5，构建法治体系，还需要建立完善高效的法治实施体系，健全完善宪法实施，以及严格执法、公正司法、全民守法等体制机制，健全法律面前人人平等保障机制，推动法治规范高效实施；完善严密的法治监督体系，通过完善党内监督、人大监督、民主监督、行政监督、司法监督、审计监督、社会监督、舆论监督等制度机制，把法治监督作为党和国家监督体系的重要内容，加强对立法权、执法权、监察权、司法权的监督，形成监督合力和实效；形成有力的法治保障体系，通过加强党领导依法治国的制度机制、高素质法治专门队伍建设、法律服务队伍建设、法治领域科技和信息化建设等，加强政治、组织、队伍、人才、科技、信息等保障，为全面依法治国提供重要支撑；形成完善的党内法规体系，健全以党章为根本、若干配套党内法规为支撑的党内规章制度体系，发挥依规治党对党和国家事业发展的政治保障作用，形成国家法律和党内法规相辅相成的格局。

以系统观念的体系观指导刑事执行制度的发展完善，就是要本着刑事执行制度既置身于国家治理和全面依法治国的体系中，也要求自身形成结构完整、层次分明、要素多样的体系，立足刑事执行制度定位，遵循其运行的内在规律，完整、科学、严密地构建刑事执行制度体系。

第一，要健全完善能够融入整体法律法规体系的涉及刑事执行领

① 2021年12月6日，习近平总书记在第十九届中共中央政治局第三十五次集体学习会上的讲话。

域的相关法律法规。刑事执行立法，特别是监狱法律制度完善属于应当加强的国家安全领域的立法，应予以高度重视。要将刑事执行置于国家治理体系，研究现行刑事执行法律法规是否与落实宪法要求相一致、是否与整体法律体系相协调、是否与社会治理各方面相关的法律法规相衔接等，从立法、顶层设计上推动刑事执行的制度建设。

第二，要注重刑事法治体系内各环节的紧密衔接。在动态的法治体系中，刑事执行属于法治实施体系，它使刑事处分由立法机关创制的规范形态和审判机关适用的宣告形态转化为刑事执行的现实形态，需要与刑事立法、司法、监督、保障各环节衔接，全链条贯通，合力推进实现刑事法治目标。

第三，要注重刑事执行一体化体制机制构建。应当将刑事执行视为一个整体，对于司法机关根据犯罪的各种情况灵活运用的、具有轻重次序排列、互相区别而又互相衔接的各个主刑、附加刑及非刑罚处罚，按照统一刑事执行的内在要求，构建体制机制制度，促进和保障调集、统筹、分配各方面刑事执行资源，依法施以不同的刑事执行措施，各执行措施之间相互衔接配合、相互支持补充，实现提高刑事执行整体效益的目标。

三、坚持系统观念的协同观，统筹推进刑事执行制度实施的各项任务

协同观是系统观念的核心观点。习近平总书记指出，全面依法治国是一个系统工程，要整体谋划，更加注重系统性、整体性、协同性。“十一个坚持”强调坚持依法治国、依法执政、依法行政共同推进，法治国家、法治政府、法治社会一体建设，全面推进科学立法、严格执法、公正司法、全民守法，增强立法、执法、司法、法治监督的协同性，探索区域执法司法协同机制，等等，都体现了协同观。全面依法治国整体战略的实施和法治体系建设，要求加强法治体系内外的各主体、各环节、各层次的协同配合，共同发力以达成目标。

立法涉及各方面利益的调整，需要相关领域、相关部门和组织的

协调协同，建立健全重要立法争议事项协调机制和区域协同立法工作机制等。行政执法涉及政府、市场、社会各方面关系，需要统筹配置行政执法职能和执法资源、整合行政执法队伍、探索实行跨领域跨部门综合执法等。司法涉及侦查权、检察权、审判权、执行权的运行，公安机关、检察机关、审判机关、司法行政机关既要各司其职，又要相互配合、相互制约。推进全民守法需要全社会共同参与，落实“谁执法谁普法”的普法责任制，整合律师、公证、调解、仲裁、法律援助、司法鉴定等公共法律服务资源，发挥调解、信访、仲裁、行政裁决、行政复议、诉讼等社会矛盾纠纷多元预防调处化解综合机制作用，广泛推动人民群众参与社会治理，等等。法治监督涉及对立法、执法、司法各环节的监督，需要动用各方面的监督力量和运用各种有效监督方式，形成法治监督合力，发挥整体监督效能。法治保障涉及政治、组织、队伍、人才、科技、信息等，必须是党委领导，政府各部门、社会力量共同参与，落实法治专门队伍与其他部门具备条件的干部和人才交流力度，优化整合法治领域各类信息、数据、网络平台，全面建设“智慧法治”，等等。

运用系统观念的协同观指导刑事执行工作，要求推动涉及刑事执行制度构建和实施各环节各方面力量的协同配合，重点是加强刑事执行制度实施环节的协同推进。

第一，要促进刑事执行体系内部不同主体的协同。建立刑事执行体系内部协调、配合、衔接、流转、贯通的工作机制，由刑事执行主管部门统一规划、统一管理、统筹协调，遵循共同的基本原则，追求相对一致的价值目标，打破各种刑罚和非刑罚的执行方式之间的封闭状况，在执行中形成关联，各种执行主体间协同，各种执行方式间协调配合，实现刑事执行效益的最大化。

第二，要促进刑事执行与整体法治体系内外主体的协同，乃至全社会的协同。刑事执行涉及国家治理和社会治理各个方面，需要政府各部门之间的协同配合，政府部门、司法部门、社会组织、家庭和公民个人的协同配合，中央、地方和社区的协同配合，同领域不同部门的配合，跨行业跨领域的配合，同层级不同部门的配合协同，以及不同层级不同部门的协同配合，动员全社会各领域、各层级的参与协同。概言之，要落实刑事执行与公检法等机关、社会治理的政府各部门、社会力量等各方面的衔接配合，纳入社会治理大系统中，利用各方面的资源，探索社会化运作，摒弃孤立地、割裂地开展刑事执行工作，既利用社会各方面力量帮助刑事执行机构共同完成刑事执行各项任务，又有效发挥刑事执行在国家治理、社会治理体系中的职能作用。

第三，要建立权威高效的刑事执行协同机制。建立由党委和政府领导、主管部门组织协调、相关部门依法履职、社会力量协同、公众参与、科技支撑的刑事执行工作协同机制，并建立相配套的考核考评体系。刑事执行主管部门要发挥主体主导作用，转变狭隘的部门观念，转变被动封闭的工作方式，积极主动争取党委政府支持、积极有效协调组织各相关部门和社会力量，借助智能化技术优势，搭建各部门各方面协同工作的平台，推动实现资源调配、力量整合、信息共享，推动实现刑事执行的法治化、专业化、社会化、智能化。

四、坚持系统观念的发展观，不断适应治国理政和全面依法治国的形势变化而推进刑事执行制度的改革创新

发展观是系统观念的内在要求，没有发展就难有系统活力。习近平总书记强调："形势在发展，时代在前进，法律体系必须随着时代和实践发展而不断发展"[①]"全面推进依法治国是一项长期而重大的历史任务，也必然是一场深刻的社会变革和历史变迁"[②]。中国特色社会主义制度的改革发展必然要求法治领域的改革发展。在推进全面依法治国过程中，坚持发展观，就是保持开放、进取的视野和态度，引入有利于自身进步的各种有利因素和条件，不断改革完善社会主义法治体系，同时发挥法治系统对其他系统和外部环境的积极作用，推进国家治理

① 2014年9月5日，习近平总书记在庆祝全国人民代表大会成立六十周年大会上的讲话。

② 2017年5月3日，习近平总书记考察中国政法大学时的重要讲话。

体系大系统走向更加成熟、更加完善、更具活力。

发展观强调改革方向，突出问题导向、目标导向。习近平总书记指出："坚持改革方向、问题导向，适应推进国家治理体系和治理能力现代化要求，直面法治建设领域突出问题，回应人民群众期待，力争提出对依法治国具有重要意义的改革举措"[①]"当前，法治领域存在的一些突出矛盾和问题，原因在于改革还没有完全到位"[②]。进一步强调了改革对于解决问题的极端重要性。同时强调，要"深化法治领域改革，围绕让人民群众在每一项法律制度、每一个执法决定、每一宗司法案件中都感受到公平正义这个目标，深化司法体制综合配套改革，加快建设公正高效权威的社会主义司法制度。"[③]按照"两个导向"，党的十八届四中全会决定和《法治中国建设规划（2020—2025年）》全面系统地提出了立法、执法、司法、守法、法治监督、法治保障、涉外法治建设等方面的一系列改革任务和举措。

运用系统观念的发展观指导刑事执行工作，就是要跟紧治国理政和全面依法治国的时代步伐，坚持问题导向、目标导向，推动刑事执行制度的改革完善。

第一，要推进刑事执行与侦查、检察、审判制约监督体制机制改革。基于"执法司法职权运行机制不够科学""司法腐败案件集中暴露出权力制约监督不到位问题"[④]等问题，习近平总书记强调："要加快构建系统完备、规范高效的执法司法制约监督体系，加强对立法权、执法权、监察权、司法权的监督，健全纪检监察机关、公安机关、检察机关、审判机关、司法行政机关各司其职，侦查权、检察权、审判权、执行权相互制约的体制机制，确保执法司法各环节、全过程在有

---

① 习近平：《关于〈中共中央关于全面推进依法治国若干重大问题的决定〉的说明》。

② 2021年12月6日，习近平总书记在第十九届中共中央政治局第三十五次集体学习会上的讲话。

③ 2021年12月6日，习近平总书记在第十九届中共中央政治局第三十五次集体学习会上的讲话。

④ 2020年11月16日，习近平总书记在中央全面依法治国工作会议上的讲话。

效制约监督下进行。”[①]《法治中国建设规划（2020—2025 年）》也明确提出了相关的改革任务。作为刑事司法的终端环节，刑事执行既涉及整个刑事司法活动目的的最终落实，又是对侦查、起诉、审判三个环节运作质量的总体评价和有力监督。四权制约监督体制机制中既要改革完善对执行权的监督，也要加强执行权对其他三权的制约监督，而后者更为薄弱，是短板，应当作为刑事司法改革的重点。

第二，推进落实“完善刑罚执行制度，统一刑罚执行体制”等改革任务。党的十八届四中全会决定明确了“统一刑罚执行体制，完善刑罚执行制度”的改革任务，《法治中国建设规划（2020—2025 年）》明确提出了“深入推进审执分离，优化执行权配置，落实统一管理、统一指挥、统一协调的执行工作机制”“完善刑罚执行制度，统一刑罚执行体制”“深化监狱体制机制改革”“完善社区矫正制度”“完善监狱、看守所与社区矫正和安置帮教机构之间的工作对接机制”等改革任务，其中，统一刑罚执行体制是总抓手，以此项改革为牵引带动其他改革，优化、加强刑事执行权的规范高效运行，通过改革破除刑事执行体制机制障碍，完善公正高效权威的刑事执行制度，促进刑事法治目标的实现。

第三，要深化执法司法人员管理体制改革，加强刑事执行队伍管理教育和培养。针对当前刑事执行工作队伍状况与工作要求不相适应的问题，借助深化执法司法人员管理体制改革契机，加强刑事执行队伍的“四化”建设，特别是专业化、职业化教育培养和保障，从队伍的专业结构、职位标准、编制标准、入职标准、职业保障等方面，健全完善政策支撑体系，健全教育、培养和考核体系等，建立一支与刑事执行职能职责要求相适应的高素质高水平的专业队伍，为充分发挥刑事执行效能提供可靠的人才保障。

以习近平法治思想的系统观念指导完善刑事执行制度、推进刑事执行工作，就是要将系统观念的整体观、体系观、协同观、发展观综

---

① 2021 年 12 月 6 日，习近平总书记在第十九届中共中央政治局第三十五次集体学习会上的讲话。

合地、立体地、全方位地贯通到制度建设和实践工作的全过程。四个方面各有侧重：整体观侧重战略思维，体系观侧重制度构建，协同观侧重实践推进，发展观侧重体制机制改革。四者又相互联系，相互渗透交融：整体性战略思维指导体系性制度构建，制度体系的实施需要协同推进，无论是战略谋划，还是制度体系构建和实践推进，都需要与法治系统整体和系统内各要素，乃至法治系统外的各因素相互影响、相互作用，并随着各要素和外部环境的变化而不断改革发展完善。概言之，就是要坚持在党对刑事执行工作的绝对领导下，以整体性的战略思维谋划刑事执行制度在推进国家治理体系和治理能力现代化、推进全面依法治国中的定位和战略目标，全面系统科学构建和完善中国特色社会主义刑事执行制度体系，动员、组织各部门、各方面力量协同推进刑事执行制度实施，不断适应新发展阶段国内国际形势变化，回应人民对法治、公平、正义、安全的新要求新期待，深入推进刑事执行改革发展，为促进更高水平的法治中国、平安中国建设，实现社会主义现代化强国提供有力保障。

当前全球犯罪治理新趋势研究

——以第14届联合国预防犯罪大会和《京都宣言》为视角

周　勇*

自1955年起，每五年召开一次的联合国预防犯罪和刑事司法大会（以下简称联合国预防犯罪大会）是预防犯罪和刑事司法领域的全世界最大规模、最具多样化的政府、国际和区域组织、民间社会、专家和学者的聚会，也是该领域最具影响力的世界性大会，对于全球犯罪治理的发展趋势具有风向标作用。第14届联合国预防犯罪大会于2021年3月7日至12日在日本京都召开。来自152个会员国、37个政府间组织、114个非政府组织和一些联合国实体、预防犯罪和刑事司法方案网研究所的代表以及600名个人专家共计超过5000名代表以“现场+视频”的混合方式参会。大会围绕“推进预防犯罪、刑事司法和法治：努力实现《2030年议程》”的主题，就“预防犯罪促进社会和经济发展的全面战略”“应对刑事司法系统面临的挑战的综合办法”“各国政府促进法治的多方面办法”和“开展国际合作并提供技术援助以预防和应对一切形式的犯罪”四个实质性议题展开了讨论，并相应举办了“循证预防犯罪：有助于成功实践的统计、指标和评价”“减少重新犯罪：查明风险和制定解决办法”“教育和青年参与

*　周勇，司法部预防犯罪研究所副所长、研究员。

是使社会具有抵御犯罪的能力的关键”和“目前的犯罪趋势、最近动态和新出现的解决办法，特别是新技术作为犯罪的手段和打击犯罪的工具”4个讲习班。大会最重要成果是通过了《关于推进预防犯罪、刑事司法和法治：努力实现〈2030年可持续发展议程〉的京都宣言》（以下简称《京都宣言》）。《京都宣言》全文1万余字，包括推进预防犯罪工作、推动刑事司法系统发展、推进法治以及促进国际合作和技术援助以预防和处理一切形式的犯罪四个方面97条。本文拟通过对第14届联合国预防犯罪大会实质性议题的研讨内容、讲习班的举办情况、会上通过的《京都宣言》以及近年来国际社会预防犯罪实践的深入分析，梳理总结出当前全球犯罪治理呈现出的十大新趋势，以期为推进我国犯罪治理现代化、建设更高水平的平安中国和法治中国提供参考。

一、主张将犯罪治理纳入更广泛的社会和经济发展背景中谋划和推进

预防犯罪和刑事司法是犯罪治理的重要组成部分。近年来，全球犯罪治理发展的一个突出趋势就是将预防犯罪和刑事司法纳入更广泛的社会和经济发展背景中进行谋划和推进。这一点仅从2015年和2021年召开的联合国预防犯罪大会的主题以及所通过的宣言的名称中便可轻松地得到证明。具体来说，2015年4月在卡塔尔多哈召开的第13届联合国预防犯罪大会的主题是“将预防犯罪和刑事司法纳入更广泛的联合国议程以应对社会和经济挑战并促进国家和国际两级的法治以及公众的参与”，会上通过了《关于将预防犯罪和刑事司法纳入更广泛的联合国议程以应对社会和经济挑战并促进国内和国际法治及公众参与的多哈宣言》（以下简称《多哈宣言》）。第14届联合国预防犯罪大会的主题是“推进预防犯罪、刑事司法和法治：努力实现《2030年议程》”，会上通过了《京都宣言》。从中可知，跳出犯罪治理范畴本身，从更宏远、更广泛的社会经济可持续发展的视野和背景下来讨论、考量预防犯罪和刑事执行问题的趋势特点显而易见。

一般认为，之所以要将预防犯罪和刑事司法纳入更广泛的社会和经济发展背景中，是因为人们越来越认识到犯罪治理与经济社会发展密切相关。首先，治理犯罪本身就是经济社会可持续发展不可或缺的重要内容之一。其次，犯罪活动严重影响了公共安全，而公共安全是影响社会和经济发展的关键要素，有效预防犯罪和刑事司法对实现可持续发展目标至关重要。最后，犯罪治理又受到经济社会发展的制约，社会经济排斥、边缘化、贫困和社会不平等问题的解决以及教育、技能培训、就业、低保等方面的社会政策直接影响着犯罪治理的成效。从联合国 17 项可持续发展目标来看，预防犯罪和刑事司法与目标 1（无贫穷）、目标 3（良好健康与福祉）、目标 4（优质教育）、目标 5（性别平等）、目标 8（体面工作和经济增长）、目标 10（减少不平等）、目标 11（可持续的城市和社区）、目标 14（水下生物）、目标 15（陆地生物）、目标 16（和平、正义与强大机构）和目标 17（促进目标实现的伙伴关系）等均存在关联性，①对于这些目标的实现发挥着重要作用。因此，在更广泛的社会和经济发展背景下谋划和推进犯罪治理工作，既有利于明确犯罪治理的职责定位与宗旨使命，采用更全面和综合的犯罪治理战略，有效发挥和体现其在社会和经济发展中应有的作用和价值，同时也有利于帮助政府各相关部门、企事业单位、社团组织以及志愿者等各方充分认知犯罪治理的作用价值和地位，动员他们共同参与犯罪治理，纠正犯罪治理仅为警察部门或刑事司法系统独有责任的认识误区，改变以往犯罪治理几乎都由刑事司法系统“单打独斗”的不利局面和惯性做法，形成合力，取得实效。

① 这 17 项目标于 2015 年由联合国所有会员国一致通过，作为联合国《2030 年可持续发展议程》的组成部分。该议程为世界各国在 2030 年前实现 17 项目标指明了方向。参见 https：//www.un.org/sustainabledevelopment/。

二、密切关注和积极应对新冠疫情对犯罪及其犯罪治理的影响

自2020年初以来，新冠疫情不仅危及人类的生命安全和身体健康，严重阻碍了全球经济和社会发展，极大加剧了贫困和不平等，同时也对犯罪和犯罪治理带来了显著影响。

国际刑警组织的一份报告显示，在新冠疫情大流行期间，在线欺诈、网络钓鱼、勒索软件等网络犯罪在全球范围内以惊人的速度激增。[①]联合国资料表明，新冠疫情期间，全球查获的不合格个人防护装备和假冒产品以及与采购新冠病毒相关医疗用品的骗局和诈骗案件数均稳步上升。[②]就刑事司法系统而言，据联合国毒品和犯罪问题办公室（以下简称联合国毒罪办）官员披露，全球监狱系统和在押囚犯受到了新冠疫情的严重影响，截至2021年2月，累计已有122个国家的52万7000多名囚犯（约占全球押犯的5%）感染上新冠、47个国家的3800多人死亡；新冠疫情期间，全球共有超过70万名囚犯通过紧急释放获准离开监狱，近50个国家发生了暴乱等监狱安全事件。鉴于此，第14届联合国预防犯罪大会高度关注新冠疫情给犯罪、犯罪治理所带来的近期和长远影响，《京都宣言》充分体现了对新冠疫情的密切关注和积极应对，认为新冠疫情正在“以不同形式、在不同程度上为犯罪分子和有组织犯罪集团创造了新机会，改变了他们的作案手法，也从多个方面对刑事司法提出了挑战”（第13条），明确指出“病毒在封闭环境中很容易快速传播，而监狱长期以来的人满为患和条件恶劣等挑战可能会进一步加剧这一风险”（第14条），呼吁各国“采取果断行动和注重行动的措施，应对和消除新冠疫情对预防犯罪和刑事司法构成和加剧的挑战和国际障碍，包括采取多边办法，通过多边合作和多利益相关方伙伴关系加强执法机构和其他刑事司法机构的适应力，特别关注发展中国家在这方面迫切的能力建设和技术援助需求，

---

① Interpol，*Cyber Crime*：*COVID-19 IMPACT*，2020，p.8–12.

② Working paper prepared by the Secretariat on Crime Prevention and Criminal Justice in face of the COVID–19 pandemic，参见 https：//undocs.org/A/CONF.234/15。

同时铭记疫情对社会和经济的长期影响，包括对可持续发展和国际合作的影响，并认识到最贫穷和最脆弱的群体受到疫情影响最为严重”（第 15 条）以及“为做好准备应对未来任何类似的挑战，需要对刑事司法系统进行审察，并通过促进数字化，提高刑事司法系统的有效性、问责性、透明性、包容性和响应性”（第 16 条）。

三、强调循证预防犯罪

预防犯罪是指通过各种战略和措施的干预来影响多种犯罪原因，从而降低犯罪行为发生的风险及其对个人和社会的潜在有害影响的总称。[①] 循证预防犯罪（Evidence-based Crime Prevention）是 20 世纪 90 年代后兴起的一种新型的预防犯罪范式。所谓循证预防犯罪，是遵循最佳证据进行犯罪预防，即将经过证明的最佳证据运用到犯罪预防政策制定、执行、评价的全过程和各领域。美国学者谢尔曼（L. W. Sherman）等人 1997 年向国会提交的“预防犯罪：什么有效、什么无效、什么有希望”的研究报告以及 20 世纪初在此基础上出版的《循证犯罪预防》在循证预防犯罪研究中具有里程碑意义。[②] 随后，循证犯罪预防也受到了国际组织的关注。2002 年联合国经济及社会理事会通过的《犯罪预防准则》（*Guidelines for the Prevention of Crime*）第 11 条明确包含了循证犯罪预防的内容，即“预防犯罪的战略、政策、方案和行动应当建立在有关犯罪问题、犯罪的多种原因以及有希望并经过验证的做法的广泛、跨学科的知识基础之上”。[③] 与传统预防犯罪相比，循证预防犯罪具有更加科学、有效和经济上更有效率等优势，[④] 更

---

① 《预防犯罪准则》（联合国经济及社会理事会第 2002/13 号决议附件），载《联合国预防犯罪和刑事司法标准和规范简编》2007 年，第 230 页。

② 王辉：《当代西方循证犯罪预防研究简述及启示》，载《河北法学》2012 年第 12 期。

③ 《预防犯罪准则》（联合国经济及社会理事会第 2002/13 号决议附件），载《联合国预防犯罪和刑事司法标准和规范简编》2007 年，第 231 页。

④ 刘立霞、马向：《域外循证犯罪预防的发展及其启示》，载《法学杂志》2017 年第 1 期。

有利于预防犯罪领域良好实践和最佳做法的传播和推广。循证预防犯罪旨在查明与不同类型犯罪相关的因素，从而选择一套能够解决这些潜在因素的战略和方案，以预防犯罪并帮助政策制定者制定有针对性的正确行动。①

第 14 届联合国预防犯罪大会强调了在预防犯罪领域采用循证方法的重要性，指出越来越需要循证的预防犯罪战略和新的数据收集方法，并为此举办了题为“循证预防犯罪：有助于成功实践的统计、指标和评价”的讲习班。大会和讲习班认为，犯罪统计和监测评价在循证预防犯罪中发挥重要作用，通过犯罪统计和监测评价（包括成本效益分析），可以准确了解各类犯罪发生率及其趋势、犯罪地理分布和高危群体等基本犯罪事实和信息，分析研究影响犯罪的风险因素，评估监测预防犯罪政策、项目和措施的成效，洞悉把握各种情况下的切实可行办法、行之有效的原因及如何成功施策，精准确定预防犯罪干预项目和措施的优先领域和发展方向，进而为预防犯罪的循证决策和实践奠定基础。大会和讲习班指出，利用定性和定量证据对犯罪及其相关因素进行分析研究，是开展知识驱动型决策的关键要素。换句话说，主管机关需要掌握关于犯罪和相关风险因素的可靠数据，才能制定和实施有效的预防战略、政策和方案。为此，需要通过刑事司法机构行政记录与“自陈报告（self report）”“被害调查（victim survey）”等实证调查方式收集各种犯罪数据信息，以便建立国际、国家和地方各级证据资料库。然而，现有犯罪和刑事司法统计数据（包括行政记录和实证调查）在可得性、质量和可比性方面还存在较大差距，迫切需要采取通过标准化数据编制方法建立一个重视数据质量和提高数据可比性的综合统计框架（如联合国《犯罪统计的国际分类（ICCS）》）、建立优质全面的国家刑事司法统计系统和成效评价系统、加强技术援助等措施予以解决。此外，应按照循证要求改进刑事调查程序，在刑事调查工作中运用最佳证据。上述这些要求在《京都宣言》第 22 条（“使

① Annotated provisional agenda and organization of work，参见 https://undocs.org/en/A/CONF.234/1/REV.1。

用系统而连贯的标准收集和分析数据，加强循证预防犯罪战略，同时考虑到《犯罪统计国际分类》，并评价这些战略的有效性”）、第 23 条（“改进犯罪趋势数据的质量和提供情况，同时考虑到统计指标的制定，并自愿分享这些数据，以加强我们深入了解全球犯罪趋势的能力，并提高预防和打击犯罪战略的有效性”）和第 47 条（“鼓励使用为仅获取自愿陈述设计的有法律依据、以证据为基础的面谈方法并交流这方面的良好做法，从而降低刑事调查过程中使用非法、虐待性和胁迫性措施的风险，并促成获得最佳证据，从而提高刑事调查、起诉和定罪的合法性和质量，更有效地利用资源，并且继续欢迎从业人员、专家和其他相关利益攸关方协作，制定一套关于这方面的非胁迫性面谈方法和程序保障的国际准则”）中得到了具体体现。

四、注重通过青少年赋能以预防犯罪

预防犯罪与青少年之间存在密切关系。一方面，青少年属于易受犯罪侵害的高危人群；另一方面，某些青少年可能是潜在的犯罪人。近年来，随着世界青少年人口规模不断增大，如全球 10—24 岁人口已达 18 亿，国际社会越来越认识到让青少年参与预防犯罪和刑事司法决策的重要性，因为应对犯罪挑战本身就需要考虑这部分人口，同时，这部分人口不仅是明日的领袖，也在今日发挥重要作用。2015 年通过的《多哈宣言》是第一个专门呼吁青少年参与促进预防犯罪和刑事司法活动的国际宣言。同年联合国大会通过的《2030 年可持续发展议程》规定了“不让任何一个人掉队”是一项重要执行原则，并确认青少年是在审查《2030 年可持续发展议程》执行情况的过程中拥有发言权的一个主要群体。2015 年 12 月，联合国安理会通过了关于青年、和平与安全的第 2250 号决议，其中强调需要让年轻人参与相关的法治决策，包括关于预防暴力和增强社会凝聚力的决策。第 14 届联合国预防犯罪大会进一步强调了青年参与对于促进法治的重要性，指出要让青少年有意义地参与促进法治，并为此举办了题为“教育和青年参与是使社会具有抵御犯罪的能力的关键”的讲习班。大会和讲习班指出教育在培育守法文化并让广大社会力量参与促进法治方面发挥着关键作用，介绍了在利用正规和非正规教育以及非正式学习，加强有关预防犯罪、刑事司法和其他法治问题的教育，促进青年在初等、中等和高等教育各级有意义地参与预防犯罪、刑事司法，增强青年在社会中采取积极的变革行动并促进法治和守法文化的权能，大幅提高社会对犯罪的抵御能力等方面的做法和经验。有关要求在《京都宣言》第30条（“增强青年权能，使他们在本社区中成为积极变革的活跃推动者，以支持预防犯罪工作，包括组织与社交、教育、文化、娱乐和体育有关的青年方案和青年论坛，并利用社交媒体平台和应用程序以及其他数字工具使他们的声音得以广传”）中作出了规定。

这里特别需要提到的是，通过体育运动帮助青少年提高抵御犯罪的能力，成为该领域的热点话题。联合国毒罪办2016年发起了“执行《多哈宣言》全球方案”。该方案的四项举措之一就是倡导通过基于体育的方案和生活技能培训来预防青少年犯罪。为此，联合国毒罪办组织专家以现有证据为基础研发了“快乐运动快乐生活（Line up live up）”项目，编写了《快乐运动快乐生活训练师手册》（*Line up live up Trainer Manual*）。该项目是一个将体育活动和生活技能培训相结合的青少年干预课程，主要目的是帮助13—18岁的青少年远离暴力、吸毒和犯罪。自2017年起，该项目先后在全球12个国家试点。2019年，联合国大会通过了《将体育运动纳入青年预防犯罪和刑事司法战略》的决议，联合国毒罪办在泰国曼谷举行了一次关于将体育运动纳入青年预防犯罪和刑事司法战略的专家组会议。第14届联合国预防犯罪大会除了在实质性议题和讲习班中讨论发挥体育作为预防青少年暴力和预防犯罪的工具的作用外，还专门有2个辅助会议（具体为“促进全面预防青年犯罪：利用体育活动和基于体育的学习活动来帮助高危青年”和“将体育纳入青年预防犯罪和刑事司法战略”）对通过体育运动增强青少年抵御犯罪能力的相关问题进行了比较深入的讨论。由此可见，通过体育运动预防青少年犯罪已成为了国际社会犯罪治理的一种新举措。

五、主张将性别平等视角纳入预防犯罪和刑事司法系统主流

暴力侵害妇女和女童行为是世界各地极为普遍的一种犯罪。此类行为表现为人身暴力、性暴力和心理暴力，涉及多种类型的犯罪，如亲密伴侣暴力行为、性暴力和骚扰、为性剥削而贩运人口、切割女性生殖器官及童婚。研究表明，全世界 1/3 的女性遭受过主要来自亲密伴侣的人身暴力或性暴力；每两名女性凶杀案受害者中就有一人是被其伴侣或家人杀害。[①]暴力侵害妇女行为不仅对妇女和女童的福祉、健康和安全造成长期有害的影响，而且还会造成巨大的经济代价，如生产力下降、妇女及其家庭收入减少以及对未来资本形成产生负面影响，所有这些都会严重阻碍经济和社会发展。然而，由于暴力侵害妇女行为是一种特别隐蔽的罪行，虽然它无处不在，但却往往无人举报、记录和起诉。最糟糕的是，许多社会仍然纵容这种行为。在全球范围内，刑事司法系统往往既没有认识到也没有满足遭受暴力侵害的妇女和女童的援助、保护和补救需求。这在较大程度上是因为刑事司法官员存在性别不平等的观念或做法，包括缺乏处理性别犯罪的适当能力，不熟悉对性别问题敏感的方法（gender-sensitive approaches），缺乏以受害者为中心的程序，以及相关国家当局之间的协调不足等。随着时间推移，这些因素势必会导致受害者对刑事司法机构彻底失去信心和信任，造成二次伤害，[②]并导致一些国家的施害者有罪不罚现象非常严重。

鉴于此，联合国系统认识到采取多学科办法打击暴力侵害妇女行

① Working paper prepared by the Secretariat on "Integrated approaches to challenges facing the criminal justice system"（agenda item 4），参见 https://undocs.org/A/CONF.234/5。世界卫生组织生殖健康和研究部、伦敦卫生与热带医学院以及南非医学研究理事会：《关于妇女遭受暴力行为侵害的全球和区域估计：亲密伴侣暴力和非伴侣性暴力的普遍程度和对健康的影响》（2013 年，日内瓦）；联合国毒品和犯罪问题办公室：《2013 年全球杀人问题研究：趋势、背景、数据》（2014 年，维也纳）。

② "二次伤害"是指并非犯罪行为直接造成，而是由于机构和个人对犯罪行为受害人的不当反应所致的伤害。

为的重要性，并采取综合办法应对这些挑战。2015 年，联合国促进性别平等和增强妇女权能署（联合国妇女署）、联合国开发计划署、联合国人口基金、联合国毒罪办以及世界卫生组织（联合国世卫组织）制定了全面的《向遭受暴力侵害的妇女和女童提供一揽子基本服务：核心元素和质量准则》，并启动了“联合国向遭受暴力行为侵害的妇女和女童提供基本服务的联合全球方案”。2019 年 5 月，在联合国妇女署和世卫组织的领导下，联合国毒罪办等多个机构启动了“尊重妇女：防止暴力侵害妇女行为”的新举措。该项新举措是各种以行动为导向的步骤的综合框架，旨在使政策制定者和保健服务提供者能够利用预防和应对暴力侵害妇女行为的七项策略来设计、规划、实施、监测和评价干预措施和方案。这七项干预策略具体为：（1）加强交际能力；（2）增强妇女权能；（3）保障服务；（4）减少贫困；（5）创造安全的环境；（6）防止虐待儿童和青少年；（7）改变态度、信仰和规范。此外，该框架还呼吁构建有利环境，即领导人和政策制定者作出政治承诺；对妇女组织的工作进行投资和提供支持；加强政策、法律和制度建设，以解决暴力侵害妇女问题，促进性别平等；为卫生、教育、执法和社会服务部门的方案、研究和能力建设分配资源。①

第 14 届联合国预防犯罪大会重申了应对基于性别的暴力的重要性，认为将性别观点和对性别问题有敏感认识的做法纳入刑事司法系统的主流，是了解妇女和女童的具体需求以及确保政策、方案和行动有效应对侵害女性犯罪问题的关键，强调要加强卫生、社会、警察和司法部门间的协调，尽可能减轻对妇女和女童及其家庭和社区的负面影响，努力打破反复出现的暴力恶性循环。《京都宣言》极力主张将性别平等视角纳入预防犯罪和刑事司法系统主流，以增强其有效应对暴力侵害妇女和女童行为的能力。具体包括：“将性别视角纳入预防犯罪政策、方案、立法和其他行动的主流，对与性别有关的具体需求和情况进行分析，并征求受影响群体的意见，以便除其他外，防止一切形

① Working paper prepared by the Secretariat on “Integrated approaches to challenges facing the criminal justice system”（agenda item 4），参见 https：//undocs.org/A/CONF.234/5。

式与性别有关的暴力、犯罪和伤害，包括与性别有关的杀人”（第 27 条）；“预防和制止家庭暴力，并为此在国内立法中采取有效措施，例如确保适当处理案件，协调福利机构和刑事司法机构的作用，以及为受害者提供安全的环境”（第 28 条）；“制定和实施适当有效的政策和计划以在执法机构和其他刑事司法机构各级实现性别平等并为提高妇女地位和增强妇女权能清除障碍，在这方面，承诺采取进一步具体行动，确保充分、有效、加快执行《北京宣言》和《行动纲要》以及大会第 23 届特别会议通过的成果文件”（第 43 条）；“将性别视角纳入刑事司法系统的主流，为此促进具有性别反应性的措施，满足罪犯和受害人中不同性别的特有需要，包括在刑事司法诉讼中保护妇女和女孩免于再次受害”（第 44 条）。

六、关心关怀儿童青少年

预防和应对暴力侵害儿童青少年行为是国家刑事司法系统面临的重大挑战之一。每年暴力行为影响着全世界数以百万计的儿童青少年，虽然不同案件的暴力性质和严重程度各异，但对儿童青少年和整个社会带来了短期和长期的严重负面影响。刑事司法系统作为负责保护儿童的机构之一，其不仅对于消除有罪不罚现象和确保追究施害者的责任至关重要，而且有助于预防暴力侵害儿童青少年行为。为了应对暴力侵害儿童青少年行为的挑战，刑事司法系统需要从两个角度入手：其一是通过增进儿童对自身权利的认识促进儿童更好地诉诸司法救济；其二是加强司法系统以有效预防和应对暴力侵害儿童行为。前者主要是将儿童视为保护其自身的行为体，向他们传授其权利和可采取程序的知识，以使其免受剥夺、社会排斥和被剥夺应享权利；后者主要是完善法律、政策框架以及加强人力和财政资源保障，以确保儿童青少年得到更好的服务和保护，从而免受一切形式的暴力，促进他们康复和重新融入社会。其中的儿童青少年既包括犯罪的儿童青少年受害者和证人，也包括涉嫌或被指控犯罪以及被认为触犯刑法的儿童青少年。为有效应对暴力侵害儿童青少年行为，世卫组织、联合国儿童基金会和毒罪办等推出了"INSPIRE 技术包（INSPIRE Technical Package）"，其中包括消除暴力侵害儿童行为的七项策略：（1）落实和执行法律；（2）规范和价值观；（3）安全的环境；（4）支持父母和照护者；（5）改善收入和经济状况；（6）应对和支持服务；（7）教育和生活技能。该技术包旨在帮助政策制定者、规划者、从业人员和其他关键行为体在各自的国家或环境中落实这些策略。①

近年来，国际社会特别关注暴力侵害儿童行为中的一种严重形式，即恐怖主义和暴力极端主义团体招募和剥削儿童青少年。联合国毒罪办通过编写培训教材和手册就以下方面向会员国提供了深入指导：如何预防儿童青少年参与恐怖主义和暴力极端主义团体，如何促进与这些团体有关的儿童青少年康复和重新融入社会，以及如何确保这些儿童青少年在与司法系统接触时得到适当的待遇。对此，第 14 届联合国预防犯罪大会讨论了应对暴力侵害儿童青少年行为的综合办法，强调无论是在儿童青少年作为罪犯的情况下，还是作为受害者的情况下，刑事司法系统不同部门之间的协调是替儿童青少年伸张正义的关键因素。关于如何应对暴力侵害儿童和青少年行为，《京都宣言》强调儿童青少年具有脆弱性，指出应格外关心儿童青少年的权益保障，提出"充分考虑儿童和青少年的脆弱性，注意儿童在偷运移民以及包括黑帮和恐怖主义团伙在内的有组织犯罪集团招募中的特殊脆弱性，解决其需求并保护其权利，确保其免受线上和线下各种形式的犯罪、暴力、虐待和剥削，例如对儿童的性虐待、性剥削和人口贩运"（第 29 条）；对于被刑事司法系统查办的儿童和青年，要求"包括采取促进《联合国少年司法最低限度标准规则》(《北京规则》）相关规定的实际应用，建立或加强青少年司法系统或其他类似程序，以解决青少年违法行为的严重性和责任程度问题，以及其脆弱性和违法行为的根本原因和风险因素，从而促进他们改过自新和重新融入社会"（第 45 条）；提出"执行并酌情加强措施，协助参与包括帮派在内的各种形式有组织犯罪

① Working paper prepared by the Secretariat on "Integrated approaches to challenges facing the criminal justice system"（agenda item 4），参见 https://undocs.org/A/CONF.234/5。

集团和恐怖主义集团的儿童和青少年改过自新和重新融入社会，同时保护他们的权利并充分认识到通过实施这些措施来伸张正义和保护这些犯罪集团受害人的安全和社会安全的重要性”（第 46 条）；“采取更为有效的措施，防止和终止对儿童的虐待、剥削、贩运以及一切形式的暴力和酷刑，包括线上和线下的儿童性剥削和性虐待，为此将此类行为刑事定罪，向受害人提供支持，并促进国际合作打击此类犯罪”（第 86 条）。

七、重视通过改造和重新融入社会以减少重新犯罪

重新犯罪是指已经成为刑事司法干预对象的人实施新的刑事犯罪。一般地，减少重新犯罪有助于减少受害者人数，增强社区安全感，减轻刑事司法系统的压力，降低司法成本。从更宏观的视野来看，减少重新犯罪对于建立联合国《2030 年可持续发展议程》所设想的包容、可持续的社会至关重要。尽管目前还没有关于重新犯罪率的可靠的全球统计数据，但无论发达国家还是发展中国家都存在重新犯罪问题。减少重新犯罪是世界各国预防犯罪的重要内容，也是每个国家刑事司法系统的重要职责。联合国系统对减少重新犯罪高度重视，如《联合国囚犯待遇最低限度标准规则》(《纳尔逊· 曼德拉规则》)、《联合国关于女性囚犯待遇和女性罪犯非拘禁措施的规则》(《曼谷规则》)、《联合国保护被剥夺自由少年规则》和《联合国非拘禁措施最低限度标准规则》(《东京规则》) 等均倡导通过罪犯改造和重新融入社会以减少重新犯罪。

第 14 届联合国预防犯罪大会指出，为了有效减少重新犯罪，刑事司法系统必须将罪犯的改造和重新融入社会问题作为优先关注事项，并为此举办了题为“减少重新犯罪：查明风险和制定解决办法”的讲习班。讲习班深入探讨了减少重新犯罪的解决办法。一是创造有利于改造罪犯的监狱环境，主要包括解决监狱中的腐败、过度拥挤和暴力问题、基于个人风险和需求评估量身定制处遇和矫正方案、实施旨在帮助罪犯为重新融入社会做好准备的矫正项目和干预措施（如教育和

职业培训、心理咨询和社会支持、成瘾戒治、工作机会、文化体育活动等）、提高工作人员在案件管理、矫正项目和干预措施实施、与罪犯沟通交流等方面的专业化能力素质等。二是采取有助于促进减少重犯的以社区为基础的方法，主要包括尽可能适用非拘禁措施、开展社会调查和加强法官对监狱的了解以在审前或量刑过程中考虑到罪犯改造问题、采用恢复性司法的程序和方案、充分考虑罪犯和社区的个别情况、加强刑事司法机构和社区利益相关方之间的有效合作、提高工作人员（含志愿者）在人际交往、情感支持、动机改变、行为矫正等方面的专业能力等。三是采取为罪犯改造和重新融入社会提供持续支持和服务的多方面办法，主要包括建立刑事执行机关和公共部门（国家和地方各级，以及代表国际或区域机构）、私营部门（包括非政府组织、雇主和同伴支持小组）、个人（家庭成员、专家、志愿人员或社区成员）等利益相关方的职责明确的合作伙伴关系，注重解决就业、住房、教育、社会福利、保健、家庭和同伴支持等与罪犯重新融入社会密切相关问题，充分发挥志愿者及组织的作用，提高公众对罪犯重新融入社会的理解、认可和支持度，等等。

以上这些内容在《京都宣言》中均得到明确体现。关于监狱刑罚执行，《京都宣言》要求“推动监狱形成有利于改造的环境，包括根据罪犯需求和风险的个人评估，设计和实施有效的处遇方案，并向罪犯提供职业技术培训和教育方案，帮助他们掌握重返社会的必要技能”（第37条）。关于社区矫正，《京都宣言》要求“推动社区形成有利于改造的环境，充分考虑保护社会和个人以及受害人和罪犯权利的需要，在当地社区的积极参与下，促进罪犯重新融入社会”（第38条）。关于刑罚执行完毕人员的重新融入社会，《京都宣言》要求“促进多方利益相关方之间的伙伴关系以减少重新犯罪，促进有关政府部门的机构间协调，如就业和社会福利机构与地方政府间的协调，同时促进政府部门与包括支持罪犯长期重返社会的合作雇主和社区志愿者等在内的社区之间的公私伙伴关系”（第39条），强调“提高公众对接纳罪犯成为社区一员的重要性以及社区参与帮助罪犯长期重新融入社会的重要性的认识”（第40条），以营造有利于罪犯重新融入社会的氛围。

此外，《京都宣言》还倡导恢复性司法的运用和评估，提出“根据国内法律框架，酌情促进刑事诉讼相关阶段的恢复性司法程序，以帮助受害人恢复和罪犯重新融入社会，预防犯罪和重新犯罪，并评估恢复性司法程序在这方面的效用”（第 42 条）。

八、倡导建设有效、负责、公正和包容的刑事司法机构

有效、负责、公正和包容的机构是实现联合国《2030 年可持续发展议程》目标 16 的关键。为实现目标 16 所述和平、正义和包容，各国应加强努力，实施持久的解决办法并进行法律改革，以确保其机构，特别是刑事司法机构伸张正义、没有腐败和其他犯罪行为，并促进法治。刑事司法机构必须遵守法治、正义、和平与安全原则，承担保护社会的责任，同时还必须对寻求公平管理和伸张正义的社会个体成员负责，尤其是犯罪受害者、犯罪嫌疑人以及遭受虐待和剥削的高风险人员，包括妇女、儿童、穷人和少数群体。刑事司法机构的负责应与有效、公正性、廉正、透明度、能力和包容性相辅相成。刑事司法机构，特别是司法机关，必须为诉诸司法提供便利，并以有效、高效的方式履行机构职能。2018 年，联合国毒罪办在其“执行《多哈宣言》全球方案”下，推出了“全球司法廉正网络（the Global Judicial Integrity Network）”，作为支持司法机构制定和实施加强司法系统廉正和问责的战略、措施和制度的平台。

第 14 届联合国预防犯罪大会强调要采取措施建立并加强有效、负责、公正和包容的刑事司法机构。这些措施包括制定和实施刑事司法专业人员职业行为或道德标准和守则，促进决策做法的透明、公正和客观，确保机构和个人层面的有效性和问责制，加强监督和检查，培养守法文化等。其中还包括了解有关措施对刑事司法机构与其受益人之间的关系的影响，如公众的看法尤其是公众对刑事司法机构和法律执行的信任和信心。大会还指出，新技术的出现对刑事司法机构的行政管理、案件管理、任务分配和决策都产生了影响。基于人工智能或

预测算法的新系统的使用在提高司法效率的同时，也在可靠性、透明度和问责方面给司法机构带来了重大挑战。例如，在司法决策过程中涉及机器学习和预测分析的案件中，存在技术工具正在取代法官自由裁量权的风险。

《京都宣言》明确倡导建设有效、负责、公正和包容的刑事司法机构，要求“确保组成刑事司法系统的执法机构和其他机构的廉正和公正以及司法独立，并确保公平、有效、问责、透明和适当的司法管理和司法执行，同时考虑到大会和经济及社会理事会的相关决议提到的文件”（第 51 条）[①]；“采取有效的立法措施、行政措施、司法措施或其他相关措施，防止、调查、起诉和惩治一切形式的酷刑，结束这方面有罪不罚的现象，并防止其他残忍、不人道或有辱人格的待遇或处罚”（第 52 条）。

九、加强对新出现和不断演变的犯罪形式的应对

在过去 10 年里，国际社会越来越关注网络犯罪、环境犯罪、贩运文化财产、贩运人体器官和伪造医疗产品、海盗等新出现和不断演变的犯罪形式。与传统的犯罪形式相比，这些新出现和不断演变的犯罪形式通常具有利用现代技术（互联网以及信息和通信技术）、高利润（非法收益数量庞大）、低风险（不易被发现）等特点。[②]

一是在网络犯罪方面，网络犯罪者的手段随着技术进步而不断发展，如犯罪分子使用加密货币和暗网进行非法贩运受管制物质、文化产品、野生生物产品、伪造医疗产品和枪支。因此，很有必要加强国

① 这些文件包括《关于司法机关独立的基本原则》及其补充文件《班加罗尔司法行为原则》《关于律师作用的基本原则》和《关于检察官作用的准则》《关于司法程序透明度的伊斯坦布尔宣言》以及有效执行《伊斯坦布尔宣言》的措施。

② Working paper prepared by the Secretariat on “International cooperation and technical assistance to prevent and address all forms of crime:（a）Terrorism in all its forms and manifestations;（b）New and emerging forms of crime”（agenda item 6），参见 https://undocs.org/A/CONF.234/7。

家处理网络犯罪的能力建设，包括调查涉及加密货币和暗网的能力。为此，联合国毒罪办制定了加密货币调查课程，作为其打击洗钱全球方案的一部分。

二是在环境犯罪方面，世界范围内的野生生物的贩运活动仍在空前激增，贩运贵金属、非法采矿和跨国有组织犯罪交织而成的复杂犯罪引起国际社会关注。

三是在贩运文化财产犯罪方面，窃取或非法挖掘文化财产并在现代和尖端技术的帮助下进行跨国贩运被发现与有组织犯罪集团有关。文化财产的贩运活动也被确定为恐怖主义活动的资金来源。

四是在贩运人体器官犯罪方面，为摘除器官而贩运人口的有组织犯罪集团能够与医疗专业人员进行跨境勾结，并大量采取腐败和欺诈性做法。

五是在其他新兴犯罪形式方面，与伪造医疗产品有关的犯罪通过互联网进行非法贸易，严重威胁了公共健康；海上犯罪，包括海盗活动等在海上实施的若干类型的犯罪，极大影响了经济贸易。造成这种情况的部分原因是国际社会缺乏具体的全球统一的办法，包括缺乏充分的国家和国际监管、国家主管机关之间缺乏协作，以及许多国家的政策制定者和执法机构的工作缺乏针对性。

第 14 届联合国预防犯罪大会指出，技术进步具有既能促成犯罪，也能有助于预防、侦查和制止犯罪的“双刃剑”作用，并为此举办了题为“目前的犯罪趋势、最近动态和新出现的解决办法，特别是新技术作为犯罪的手段和打击犯罪的工具”的讲习班。该讲习班的主要内容包括：加密货币；技术与暗网市场，包括毒品市场；与枪支和技术有关的安全威胁；技术作为贩运人口案件中的便利因素；技术与偷运移民；新的信息和通信技术对虐待和剥削儿童的影响；人工智能；机器人和无人机；等等，同时还探讨了在执法和刑事司法领域使用技术的伦理问题和人权保障措施。《京都宣言》提出要加强对新出现和不断演变的犯罪形式的应对，明确要求“加强措施应对新出现的和不断演变的犯罪形式的措施，包括最大限度地利用相关和适用的公约，例如《打击有组织犯罪公约》及其各项议定书，采取其中所载的措施，预防和打击犯罪，促进国际合作，没收和返还犯罪所得”（第 79 条）；“研究犯罪行为的趋势和所使用的方法的演变情况，以制定有效的国际合作和技术援助手段，包括在预防犯罪和刑事司法委员会及其他相关全球论坛和区域论坛的框架内增进信息共享以及观点、经验和最佳做法的交流”（第 80 条）。

十、强化国际合作和技术援助

国际合作在应对包括恐怖主义以及新出现和不断演变的犯罪形式在内的一切形式的跨国犯罪方面发挥着重要作用。

一是就恐怖主义犯罪而言，鉴于恐怖主义威胁具有跨国性以及不断演变，没有一个会员国能够单独应对恐怖主义。因此打击恐怖主义威胁的一个关键因素是加强国际、区域、次区域和双边合作，以便迅速打击不断演变的全球恐怖主义威胁，并将恐怖分子绳之以法。

二是就网络犯罪、环境犯罪、贩运文化财产以及伪造医疗产品相关犯罪等新出现和不断演变的犯罪形式而言，也需要就有关的刑事事项加强国际合作，制定专门和创新的应对政策、战略、行动和工具。目前，《联合国禁止非法贩运麻醉药品和精神药物公约》《联合国打击跨国有组织犯罪公约》及其各项议定书、《联合国反腐败公约》，以及各项国际反恐公约和议定书，为各方在引渡、司法协助、资产追回和联合侦查方面的国际合作提供了重要的法律基础。

从实践上看，国际合作依然存在一些障碍和挑战，主要包括：法律或刑事司法标准的差异；对适用的国际、区域或双边条约，被请求国现行的国内程序要求，甚至是关于国内和国际引渡和司法协助的法律和普遍做法的了解不足；各机构（国内机构和不同国家的机构）之间缺乏沟通和协调，在尚未设立中央主管机关的情况下，难以确定负责处理国际请求的机构；各机构和会员国之间缺乏信任，导致在提交请求之前没有进行有意义的协商，也没有就请求可能被拒绝的原因进行有意义的协商；难以收集国外的司法证据，特别是在冲突地区，原因包括冲突地区的会员国进行国际合作的能力有限等。[①]因此，提供技术援助对于提高打击犯罪的国际合作能力至关重要。为确保有效的国际合作，必须通过开展技术援助等加强中央机关、检察官和执法人员的能力，确保他们尽可能了解反恐和有组织犯罪案件中请求、接收和分享电子证据程序方面最新的良好做法。在这方面，联合国毒罪办、反恐怖主义委员会执行局和国际检察官协会通过实施联合举措，协助会员国加强中央机关、检察官和调查员的能力，使其能够在反恐和对有组织犯罪的相关跨境调查中保存和获取电子证据。

第 14 届联合国预防犯罪大会重申了《联合国打击跨国有组织犯罪公约》等国际文书是国际社会应对跨国有组织犯罪以及新出现和不断演变的犯罪形式的最重要工具，倡导进一步开展国际合作并提供技术援助以预防和应对一切形式的犯罪。《京都宣言》对强化国际合作和技术援助提出了具体要求，包括："认识到有效的国际合作在预防和打击犯罪方面的根本作用，突出解决、处理和有效应对国际挑战和障碍的重要性，尤其是解决妨碍上述合作的开展且不符合《联合国宪章》和国际法项下义务的措施，并在这方面敦促各国根据其国际义务避免采取此类措施"（第 67 条）；"积极参与并致力于最近启动的《联合国打击跨国有组织犯罪公约》及其各项议定书执行情况审议机制和《联合国反腐败公约》执行情况审议机制，以协助缔约国执行这些文书，查明和证实具体的技术援助需求，交流最佳做法，促进有效的国际合作"（第 60 条）；"加强刑事事项方面的有效国际合作，包括引渡和司法协助等领域，有效解决现存的挑战和困难，尤其是提出请求方面存在的困难，推广最佳做法，促进包括《联合国反腐败公约》和《联合国打击跨国有组织犯罪公约》在内的现有地区和国际文书的运用，以此作为开展引渡和司法协助合作的法律依据，并在必要时执行并缔结协定或安排以加强这方面的国际合作"（第 62

① Working paper prepared by the Secretariat on "International cooperation and technical assistance to prevent and address all forms of crime：（a）Terrorism in all its forms and manifestations；（b）New and emerging forms of crime"（agenda item 6），参见 https：//undocs.org/A/CONF.234/7。

条）；“建立或加强执法人员和其他刑事司法从业人员的区域和跨区域合作网络，交流信息和最佳做法，以期除其他外建立互相之间的信任并进一步促进国际合作”（第63条）；“继续通过技术援助和能力建设加强国际合作，包括在联合国毒品和犯罪问题办公室的支持下，在《多哈宣言全球执行方案》等正在实施的倡议和最佳做法的基础上再接再厉”（第65条）；“考虑到发展中国家面临的特别挑战和特殊需要，推动、促进和支持开展最广泛的技术援助措施，包括物质支持和培训，以使执法机关和刑事司法机构得以有效预防和打击犯罪”（第66条）。

犯罪问题研究

FANZUIWENTIYANJIU

习近平法治思想中的犯罪治理重要论述阐析

张　婧*

2020年11月，中央全面依法治国工作会议正式提出“习近平法治思想”，将其明确为全面依法治国的根本遵循和行动指南。党的十八大以来，习近平总书记在统筹推进“五位一体”总体布局、协调推进“四个全面”战略布局的伟大实践中，就犯罪治理作出一系列讲话、文章、指示、批示等，涵括了犯罪治理的战略布局、根本立场、工作格局、指导原则、实施路径等关键问题，形成了科学完备的关于犯罪治理的重要论述，是习近平法治思想的重要组成部分。认真学习、研究习近平犯罪治理重要论述，对于做好新时期刑事执行和预防犯罪研究工作具有重大理论和现实意义。

一、习近平犯罪治理重要论述的实践渊源与发展脉络

改革开放以来，我国发展取得重大成就。从国内形势看，我国国内生产总值自2012年突破50万亿元之后，2016、2017、2018三年连续跨越70万亿、80万亿、90万亿元大关，2020年突破了100万亿元，经济总量已稳居世界第二，脱贫攻坚战取得全面胜利，全面建成小康社会取得伟大历史性成就。[①]党领导人民仅用几十年时间就走完发

---

* 张婧，司法部预防犯罪研究所犯罪预防与对策工作研究室副主任、副研究员。

① 欧阳淞：《认真总结党成功应对风险挑战的历史经验（庆祝中国共产党成立100周年专论）》，载《人民日报》2021年6月28日。

达国家几百年走过的工业化历程，创造了经济发展和社会稳定两大奇迹。特别是党的十八大以来，以习近平同志为核心的党中央着眼国家长治久安、人民安居乐业，全方位落实全面深化改革的各项战略部署，全面推进依法治国，加强、创新社会治理，严打整治涉枪涉爆、电信网络诈骗、网络赌博、环境犯罪污染、食品药品犯罪等突出问题，全面加强社会治安防控体系建设，积极防范化解各类矛盾风险，保持了社会治安的良好态势。资料显示，在1999年至2019年二十年间，我国刑事犯罪发生了结构性的重大变化，严重暴力犯罪比例大幅下降，检察机关起诉严重暴力犯罪从16.2万人降至6万人。2020年，我国每10万人中的命案数为0.56，是命案发案率最低的国家之一；每10万人中刑事案件数为339，是刑事犯罪率最低的国家之一；持枪、爆炸案件连续多年下降，是枪爆犯罪最少的国家之一。[①] 2021年全国群众安全感达98.6%，我国已成为世界上公认的最安全的国家之一。[②] 这一切为我国经济社会的发展提供了相对稳定的安全保障。

然而，尽管我国刑事案件的总数有所下降，社会大局总体稳定，但风险隐患依然较多，社会新老矛盾交织叠加，人民对安全的担忧和要求不断升级，对安全的需要日益凸显。当前，我国刑事犯罪活动仍处于高发期，刑事犯罪形态和结构发生重大变化，新型非接触类案件快速上升，利用高科技手段实施的新类型犯罪明显增多，犯罪信息化、智能化、职业化趋势明显，敏感数据、个人信息泄露等风险突出，“食药环”犯罪、未成年人暴力犯罪等社会关注度高；同时，世纪疫情与百年变局交织影响，传统安全和非传统安全挑战不断增多，暴恐犯罪、网络犯罪、跨境犯罪等方面的风险更加突出，统筹安全与发展任务依旧艰巨。由此可见，当前全国范围内的犯罪形势仍不容乐观，迫切要求以建设平安社会和平安中国为目标推进犯罪治理。

“时代是思想之母，实践是理论之源。”党的十八大以来，以

---

① 郭声琨：《建设更高水平的平安中国》，载《党的十九届六中全会〈决议〉学习辅导百问》，党建读物出版社、学习出版社2021年版。

② 数据来源：2022年4月22日，中央政法委员会副秘书长在中共中央宣传部举行的“中国这十年”系列主题新闻发布会上的介绍。

习近平同志为核心的党中央将犯罪治理纳入建设中国特色社会主义社会治理体系的视野下，始终把保持社会平安稳定作为治国理政的重大任务，在不同时期作出一系列重大决策部署。在这些关于犯罪治理的决策部署中，具有里程碑标志的是建设“平安中国”战略思想的提出。“平安中国”是习近平总书记一以贯之的重要主张。早在浙江工作期间，他就提出建设“平安浙江”的构想。党的十八大后，习近平总书记于 2013 年、2014 年多次作出重要批示，要求“着力建设平安中国”[①]，“深入推进平安中国建设”[②]，“全力推进平安中国、法治中国、过硬队伍建设……保证中国特色社会主义事业在和谐稳定的社会环境中顺利推进”[③]。2016 年，他进一步提出：“要继续加强和创新社会治理，完善中国特色社会主义社会治理体系，努力建设更高水平的平安中国，进一步增强人民群众安全感”[④]，体现了平安中国思想内涵的深化。2017 年，习近平总书记在党的十九大报告中再次提出“建设平安中国”，并就新时代平安中国建设的目标任务进行了深入阐述，即分别在个人、社会和国家层面实现人民安居乐业、社会和谐有序、国家长治久安，为我国的犯罪治理工作提供了根本遵循。之后，党的十九届四中全会和五中全会更加明确、更为深刻地提出“建设更高水平的平安中国”，并将其确定为 2035 年远景目标的重要内容，标志着党对平安中国建设的认识实现新的飞跃。至此，习近平总书记关于犯罪治理的重要论述形成了包括理论指向和实践路径在内的丰富内涵。

---

① 《把人民群众对平安中国建设的要求作为努力方向　确保人民安居乐业社会安定有序国家长治久安》，载《人民日报》2013 年 6 月 1 日。

② 《发挥法治的引领和保障作用　提高平安建设现代化水平》，载《人民日报》2014 年 11 月 4 日。

③ 《顺应人民对公共安全司法公正权益保障的新期待　全力推进平安中国法治中国过硬队伍建设》，载《人民日报》2013 年 1 月 8 日。

④ 《完善中国特色社会主义社会治理体系　努力建设更高水平的平安中国》，载《人民日报》2016 年 10 月 13 日。

二、习近平犯罪治理重要论述的内涵体系

（一）战略布局论：坚持总体国家安全观，走中国特色犯罪治理道路

“方向决定道路，道路决定命运。”① 习近平总书记强调，推进全面依法治国必须走对路，要从中国国情和实际出发，走适合自己的路。2014 年 4 月 15 日，习近平总书记主持召开中央国家安全委员会第一次会议指出：“坚持总体国家安全观，走出一条中国特色国家安全道路。”② 习近平总书记在 2015 年 1 月 23 日主持中共中央政治局会议、2017 年 2 月 17 日主持国家安全工作座谈会时均强调：“走中国特色国家安全道路。”③2020 年 12 月 11 日，习近平总书记主持中共中央政治局第二十六次集体学习时，阐释了中国特色国家安全道路的基本内涵：“坚持中国特色国家安全道路，贯彻总体国家安全观，坚持政治安全、人民安全、国家利益至上有机统一，以人民安全为宗旨，以政治安全为根本，以经济安全为基础，捍卫国家主权和领土完整，防范化解重大安全风险，为实现中华民族伟大复兴提供坚强安全保障。”④ 总体国家安全观对我国当代犯罪治理体系提出更高、更新的要求，也为犯罪治理能力与体系的现代化建设注入新能量与新指标。

“总体国家安全观”本质上是对我国当下面临的新型安全问题的归结与提升，其中明确列举的“11 种安全”是高度凝练与类型化的产

---

① 《习近平在庆祝中国共产党成立 95 周年大会上的讲话》，载《人民日报》2016 年 7 月 2 日。

② 《牢固树立认真贯彻总体国家安全观　开创新形势下国家安全工作新局面》，载《人民日报》2017 年 2 月 18 日。

③ 《坚持系统思维构建大安全格局　为建设社会主义现代化国家提供坚强保障》，载《人民日报》2020 年 12 月 13 日。

④ 《坚持系统思维构建大安全格局　为建设社会主义现代化国家提供坚强保障》，载《人民日报》2020 年 12 月 13 日。

物，基本上囊括了我国所有的犯罪问题。[①] 我国犯罪治理肩负着积极有效贯彻安全政策，保障国家安全的重大使命。中国特色社会主义犯罪治理体系应紧密围绕总体国家安全观而展开实践。近年来，刑法修正案加大网络信息安全、公共安全、生物安全等方面的立法力度，确保与时俱进地维护总体国家安全，通过颁布实施国家安全法、反间谍法、反恐怖主义法、网络安全法、国家情报法等一批重要法律，为维护国家安全、核心利益和重大利益提供了有力的法治保障。2020 年 6 月 30 日，第十三届全国人大常委会第二十次会议表决通过了香港特别行政区维护国家安全法，明确规定了分裂国家罪、恐怖活动罪、勾结外国或者境外势力危害国家安全等罪行和处罚，织密了惩罪法网，这是通过犯罪治理维护国家政治安全总体国家安全观的具体体现。

（二）人民主体论：坚持人民至上，维护群众平安、保障人民权益

党的十八大以来，以人民为中心的治国理念、施政举措、制度设计等，贯穿于习近平治国理政思想的各个方面。坚持以人民为中心，实现和维护广大人民的最大利益是我们党依照宪法法律治国理政的基础，为新时期的犯罪治理提供了根本遵循。以人民为中心的犯罪治理思想集中体现为：

第一，重点维护群众平安。犯罪治理必须坚持问题导向。当前影响人民群众安全感的突出问题有三个：一是社会治安和公共安全问题，包括暴力恐怖和杀人、抢劫、盗窃、涉枪涉爆、拐卖妇女儿童等严重犯罪；二是影响人民群众财产安全的犯罪问题，包括群众反映强烈的

---

① 国家安全观的核心要义是以人民安全为宗旨，以政治安全为根本，以经济安全为基础，以促进国际安全为依托，统筹传统安全和非传统安全，把安全发展贯穿到国家发展各领域各环节，涵盖政治、军事、国土、经济、文化、社会、科技、网络、生态、资源、核、海外利益、太空、深海、极地、生物等诸多领域，构建集政治安全、国土安全、军事安全、经济安全、文化安全、社会安全、科技安全、信息安全、生态安全、资源安全、核安全、生物安全等于一体的国家安全体系，筑牢国家安全屏障。

电信网络诈骗、网络赌博、网络传销以及侵犯公民隐私、侵害数据安全等新型网络违法犯罪活动；三是环境整治和生物安全问题等。近年来，我国刑法修正频率加快，修改领域聚焦于公共、民生领域的安全议题，先后对食品、药品安全，网络犯罪，环境公害犯罪等进行修改，并增设了高空抛物、妨害公交安全驾驶、特殊职责人员性侵未成年人等新罪名，正是抓住了犯罪治理中人民最急最忧的突出问题，体现了以人民为中心的价值导向。

第二，坚持宽严相济的刑事政策。随着“平安中国”建设的稳步推进，我国社会治安明显趋于好转，犯罪结构也呈现出“重罪案件大幅下降，轻罪案件相应上升”的变化趋势。适应刑事犯罪结构性变化的新趋势，完善宽严相济的刑事政策，扩大适用非羁押手段，最大限度地减少对立面，是习近平法治思想的重要内涵之一。[①] 一是激活特赦制度。党的十八大以来，习近平总书记两次签署特赦令，激活了自1975年以来备而未用长达40多年的特赦制度。特赦制度的激活，诠释了慎刑恤囚、矜老恤幼的刑事政策思想，被高度肯定为“法治与善治的生动实践”“法安天下、德润人心的重大举措”。[②] 二是逐步减少死刑适用。为贯彻党的十八届三中全会“逐步减少适用死刑罪名”的精神，《刑法修正案（九）》调整我国刑罚结构，取消走私文物罪等13个经济性非暴力犯罪的死刑，成为我国犯罪治理走向理性的重要表现。

第三，加强人权法治保障。习近平总书记说：“要树立正确法治理念，把打击犯罪同保障人权、追求效率同实现公正、执法目的同执法形式有机统一起来，坚持以法为据、以理服人、以情感人，努力实现最佳的法律效果、政治效果、社会效果。”[③] 围绕这一目标，我国对犯

---

① 陈一新：《习近平法治思想是马克思主义中国化最新成果》，载中国新闻网2020年12月30日，https://www.chinanews.com.cn/gn/2020/12-30/9374487.shtml。

② 白少康：《坚持在法治轨道上推进国家治理体系和治理能力现代化》，载《人民日报》2021年3月2日。

③ 习近平：《关于严格规范公正文明执法》（2019年5月7日），载习近平：《论坚持全面依法治国》，中央文献出版社2020年版。

罪治理作出一系列重大部署，为通过法治保障人民权益、增进人民福祉明确了举措和路径。比如，在立法方面，将“尊重和保障人权”明确写进刑事诉讼法；制定个人信息保护法、数据安全法，修改妇女权益保障法、预防未成年人犯罪法等，全面保障特定群体权益。在司法方面，深入推进以审判为中心的刑事诉讼制度改革，严格落实罪刑法定、罪责刑相适应原则，回应人民群众反响强烈的社会现实关切，依法纠正了一批重大冤错案件，维护司法公正和社会公平正义。在执法方面，严格规范办理减刑、假释、暂予监外执行案件，制定办理暂予监外执行案件工作流程，出台《关于加强减刑、假释案件实质化审理的意见》，推动标本兼治、保障执法更加严格公正。

（三）治理格局论：构建共建共享共治的社会治理格局

2019 年，党的十九届四中全会通过的《中共中央关于坚持和完善中国特色社会主义制度 推进国家治理体系和治理能力现代化若干重大问题的决定》提出：“坚持和完善共建共治共享的社会治理制度。”共建共治共享，即共同参与建设、共同参与治理、共同参与分享，国家、人民以及社会组织通过结构性地整合成为一个“共同体”来共同治理。具体到犯罪治理领域，就是要构建国家主导、社会参与的犯罪治理体系，整合社会各类犯罪治理力量，引导社会组织或个人参与犯罪预防、刑事立法、刑事司法、刑罚执行等，形成全社会参与犯罪防治的最大合力。

党的十八大以来，各地把共建共享共治作为建设更高水平平安中国的实现途径和价值追求，不断健全和完善党委领导、政府负责、民主协商、社会协同、公众参与、法治保障、科技支撑的社会治理体系，走出了一条中国特色的犯罪治理之路。例如，社区矫正是立足我国基本国情发展起来的具有中国特色的非监禁刑事执行制度。社区矫正工作自 2003 年开始探索实践，2009 年在全国全面试行，成为被判处管制、宣告缓刑、裁定假释、暂予监外执行的法定非监禁性执行方式。2019 年 12 月 28 日通过的社区矫正法全面总结提炼了社区矫正多年来的实践经验，明确在坚持党委领导、政府负责的同时通过政府购买服务等方式鼓励和引导社会力量积极参与社区矫正，建立政府和社会专群结合、社会力量积极参与的互动机制，实现了人民在社会治理中的主体地位。[①]社区矫正作为我国共建共享共治的理想制度，对于积极引入社会力量参与犯罪治理、提升被矫正者再社会化能力、节省司法资源起到重要作用。

（四）治理原则论：坚持系统治理、综合治理、依法治理、源头治理相结合

习近平总书记深刻指出："治理和管理一字之差，体现的是系统治理、依法治理、源头治理、综合施策。"[②]党的十九届四中全会部署新时代推进国家治理现代化时强调，着力固根基、扬优势、补短板、强弱项，构建系统完备、科学规范、运行有效的制度体系，加强系统治理、依法治理、综合治理、源头治理，把我国的制度优势更好地转化为国家治理效能。这"四个治理"构成了中国特色犯罪治理体系的核心要素，也明确了我国犯罪治理的主要原则和目标。

第一，坚持系统治理。治理犯罪现象是系统工程，国家治理水平和治理体系的完善、社会有机体的参与和支持都是积极防控犯罪的力量，国家仅仅是其中的一个方面。我国犯罪治理实践长期坚持通过建立多元立体的犯罪治理体系应对违法犯罪形势，以提升犯罪治理现代化水平。以治理重新犯罪为例，单方面寄希望于刑罚执行肯定是不够的，关键是要充分调动犯罪治理社会力量，将有利于预防、抑制重新犯罪的各种力量都纳入犯罪治理体系中，才可能从根本上遏制重新犯罪。

第二，坚持依法治理。法治是犯罪治理体系成熟定型的重要标志。党的十八届四中全会提出，避免因"立法缺位、执法越位、司法

---

① 姜爱东：《认真学习宣传贯彻〈社区矫正法〉 全力推动社区矫正工作高质量发展》，载《中国司法》2020 年第 2 期。

② 《习近平在参加十二届全国人大二次会议上海代表团审议时强调：推进中国上海自由贸易试验区建设加强和创新特大城市社会治理》，载《人民日报》2014 年 3 月 6 日。

无位”给社会治理带来法治短板，做到法律完善、执法规范和司法公正。20世纪80年代初，由于社会治安状况严重恶化，各类暴力案件频频发生，为了有效遏制犯罪和保障人民生命财产安全，国家决策提出了“严打”“从重从快”的刑事政策，由于过分突出政策效用而忽视了法律制约的属性。1997年刑法废除类推制度，全面确立了罪刑法定原则，推行“宽严相济”的刑事政策，改变了片面追求惩罚而忽视宽容或谦抑的政策导向，开创了犯罪治理的新局面。

第三，坚持综合治理。综合治理则主要强调的是治理手段与措施的多元性，即综合运用政治、经济、文化、行政、法律、道德等正式或非正式的犯罪反应机制进行犯罪治理。例如，针对未成年人犯罪的治理，要坚守“源头预防，综合治理”的理念，深挖家庭、学校、社会等未成年人违法犯罪的深层诱因，构建全方位的未成年人犯罪治理体系。修改后的未成年人保护法，其最大亮点就是涵盖家庭保护、学校保护、社会保护、司法保护等各环节的制度更新，并增设“网络保护”“政府保护”两大专章，体现了全方位保护的立法态度，而这些都是综合治理在未成年人司法制度中的落实。

第四，坚持源头治理。针对我国案件快速增长的趋势，习近平总书记强调诉讼的前端治理、源头治理，防止我国成为诉讼大国。一方面，不断加强人民调解工作，完善社会矛盾纠纷多元预防调处化解综合机制。①近年来，全国人民调解组织每年调解矛盾纠纷达900多万件，其中近80%的矛盾纠纷化解在基层一线。目前，全国有人民调解委员会70.8万个，其中村（社区）调委会4万个；行业性、专业性人民调解组织3.6万个，派驻有关部门调解组织2.7万个。②另一方面，加强特殊人群管理服务和危机干预，重点围绕刑满释放人员、社区矫正对象等特殊人群，开展心理矫正服务、帮扶教育、危机干预，努力从源头上预防和减少极端事件发生。健全政府、社会、家庭“三位一

---

① 习近平：《坚定不移走中国特色社会主义法治道路为全面建设社会主义现代化国家提供有力法治保障》，载《求是》2021年第5期。

② 左力：《加强新时代调解工作助力建设更高水平的平安中国》，载《习近平法治思想研究与实践》专刊2022年第4期。

体”关怀帮扶特殊人群工作体系，完善帮教衔接机制，推动由政府向全社会参与、多样化治理转变。

（五）治理路径论：推进社会治安立体化、专业化、智能化

党的十九届四中全会《中共中央关于坚持和完善中国特色社会主义制度 推进国家治理体系和治理能力现代化若干重大问题的决定》指出，完善社会治安防控体系，坚持专群结合、群防群治，提高社会治安立体化、法治化、专业化、智能化水平。

第一，社会治安立体化。2019年，习近平总书记在中央政法工作会议上提出“要加快推进立体化、信息化社会治安防控体系建设”。[①]立体化社会治安防控体系是我国新时期为应对违法犯罪形势而提出的系统化治理策略之一，是社会治安综合治理的主要依托。立体化社会治安防控体系所具有的系统性和完备性使其在应对犯罪治理方面具有较大的优势。例如，恐怖主义犯罪是极端思想控制下的有组织暴力体系，而应对恐怖主义就树立“体系对抗体系”的思路，通过各类防控网的构建，形成一个全方位、立体化的防范恐怖主义犯罪网络。

第二，推进社会治安法治化。习近平总书记指出：“深入推进平安中国建设，发挥法治的引领和保障作用，坚持运用法治思维和法治方式解决矛盾和问题。”[②]社会治安法治化，就是运用法治思维和法治方式推进社会治安防控体系建设。近年来，立法机关围绕加强社会治安防控体系建设的总体需要，加强相关法律法规的立、改、废、释和相关政策的制定完善工作。针对社会治安领域的重点难点问题，出台一系列地方性法规、地方政府规章，促进从法治层面予以解决。

第三，社会治安专业化。习近平总书记指出：“深化对社会运行规

---

① 《习近平出席中央政法工作会议并发表重要讲话》，载新华网2019年1月16日，http://news.cri.cn/2019-01-16/21c57457-1b25-7c14-8706-6cc5f8424487.html。

② 《习近平：发挥法治的引领和保障作用 提高平安建设现代化水平》，载新华网2014年11月3日，http://www.xinhuanet.com/politics/2014-11/03/c_1113097916.htm。

律和治理规律的认识，善于运用先进的理念、科学的态度、专业的方法、精细的标准提升社会治理效能。”① 当前，违法犯罪活动的手段和方式日趋信息化、动态化、智能化，社会治安问题变成专业性非常强的领域，需要通过增强干警等专业队伍的综合素质和专业技能，不断提升打击违法犯罪活动、维护社会秩序的专业能力和水平。

第四，社会治安智能化。习近平总书记指出：“要强化智能化管理，提高城市管理标准，更多运用互联网、大数据等信息技术手段，提高城市科学化、精细化、智能化管理水平。”② 现代信息技术在国家和社会治理现代化中扮演着互联互通的角色，为利用现代技术精准研判及科学预测犯罪形势提供有力支撑。例如，近年来我国监狱治理工作与时俱进，积极探索应用现代信息技术赋能监狱各工作环节和流程，将监狱安防、行刑、改造等各个治理环节纳入“数据治理”，构建集信息数据自动采集、分析、研判、处置等为一体的治理格局，实现智慧化监狱建设与现代化治理的深度融合，极大提高了刑罚执行工作质效。

（六）治理保障论：全面加强政法干部队伍建设

政法队伍是法治中国、平安中国建设的重要力量，新的历史使命和繁重任务要求必须全面加强政法队伍建设，为新时代犯罪治理工作提供根本保证。政法队伍主要由法院、检察院、公安机关、国家安全机关、司法行政机关工作人员构成。2018 年党和国家机构改革后，随着政府法制工作部门并入司法行政机关，政法队伍已从执法司法普法队伍变成了横跨立法执法司法普法四个领域的队伍。③

习近平总书记关于政法队伍建设的重要论述集中体现于他在近年

---

①《习近平：坚持走中国特色社会主义社会治理之路　确保人民安居乐业社会安定有序》，载新华网 2017 年 9 月 19 日，http://www.xinhuanet.com/politics/2017-09/19/c_1121690682.htm。

②《习近平：在参加十二届全国人大五次会议上海代表团审议时的讲话》，载《人民日报》2016 年 3 月 6 日。

③ 黄文艺：《新时代政法改革论纲》，载《中国法学》2019 年第 4 期。

来的中央政法工作会议上的重要讲话之中。习近平总书记指出，“新形势下，政法队伍要按照‘五个过硬’即政治过硬、业务过硬、责任过硬、纪律过硬、作风过硬的要求，坚持政法队伍‘三化’即正规化、专业化、职业化建设方向，努力建设一支信念坚定、执法为民、敢于担当、清正廉洁的政法队伍”。[①] 习近平总书记强调：“对法治专门队伍的管理必须更严标准、更高要求。”[②] 坚持经党中央批准，从2020年7月至2021年12月，全国政法机关坚持试点先行、自下而上，分市县、中央和省级两批次开展教育整顿，一批顽瘴痼疾得到有效整治，广大政法干警接受了一次革命性锻造。通过开展全国政法队伍教育整顿，有力推动了政治生态进一步优化、纪律作风进一步好转、素质能力进一步增强、执法司法公信力进一步提升。

三、习近平法治思想引领下我国犯罪治理实践的重大成就

（一）严厉打击恐怖主义犯罪

当今世界正面临前所未有的大变局，国家安全也面临着暴力恐怖、民族分裂活动、宗教渗透和邪教破坏活动等诸多风险挑战。对于恐怖主义，习近平总书记提出必须采取“零容忍”的态度，全面彰显了习近平总书记严惩恐怖主义犯罪的决心和韬略。2014年4月25日，习近平总书记在中共中央政治局就切实维护国家安全和社会安定进行第十四次集体学习时进一步指出：“要建立健全反恐工作格局，完善反恐工作体系，加强反恐力量建设。要坚持专群结合、依靠群众，深入开展各种形式的群防群治活动，筑起铜墙铁壁，使暴力恐怖分子成为过

---

① 习近平：《论坚持全面依法治国》，中央文献出版社2020年版。

② 习近平：《坚定不移走中国特色社会主义法治道路为全面建设社会主义现代化国家提供有力法治保障》，载《求是》2021年第5期。

街老鼠、人人喊打”[1]。构建反恐法治体系，建设完善的反恐法治，是党和国家高度重视的工作，经过几年的努力，国家陆续出台了一系列有关维护国家安全的法律，逐步夯实和丰富了反恐法治体系，为全面开展国内国际反恐实践提供了充足的法治资源。

（二）依法惩治腐败犯罪

党的十八大以来，全面深入推进反腐败伟大斗争是我国刑事治理中引起世界瞩目的重大标志性事件。通过科学把握我国反腐倡廉建设经验规律，准确研判当下反腐败斗争的严峻形势，充分认识反腐败斗争的长期性、复杂性和艰巨性，适时调整以往“标本兼治、侧重治本”的反腐战略，不失时宜地确立“坚持标本兼治，当前要以治标为主，为治本赢得时间”的反腐新思路，旗帜鲜明地提出“反腐败高压态势必须继续保持，坚持以零容忍态度惩治腐败”的反腐政策，综合运用“打虎”“拍蝇”和“猎狐”的立体化反腐举措，严肃查处腐败案件、严厉制裁腐败分子，减少腐败存量、遏制腐败增量，不断加强反腐败斗争的顶层设计，创新反腐思想理论和制度安排，推动反腐败纪法贯通、法法衔接，完善腐败犯罪的犯罪种类、犯罪构成及刑罚结构，建立腐败犯罪特别没收程序、缺席审判程序。[2] 2022 年“两高报告”显示，人民法院首次适用刑事缺席审判程序审理程三昌案，裁定没收外逃人员徐进、张正欣境内外巨额违法所得；检察机关对 17 名逃匿、死亡贪污贿赂犯罪嫌疑人启动违法所得没收程序，法定特别程序的制度价值得以充分彰显。

（三）深入开展扫黑除恶专项斗争

黑恶势力是社会的毒瘤，严重破坏经济社会秩序，侵蚀党的执政根基。2018 年 1 月起，为期 3 年的扫黑除恶专项斗争在全国展开。围

---

① 习近平:《切实维护国家安全和社会安定》，载《人民日报》2014 年 4 月 27 日。

② 曹波:《零容忍政策下我国反腐刑罚结构的再调整》，载《行政与法》2018 年第 7 期。

绕三年为期的工作目标，按照宽严相济刑事政策的要求，坚持“打早打小”的策略，尽可能将黑恶势力消灭于萌芽状态或发展时期，坚决防止黑恶势力“做大做强”；坚持依法严惩涉黑涉恶犯罪分子的方针，把扫黑除恶同反腐败结合起来，实现扫黑除恶与打击“保护伞”同频共振，彻底摧毁隐藏其背后的各种各样的“保护伞”；坚持标本兼治、综合治理，统筹整合各方资源，综合运用各种手段，形成扫黑除恶的强大合力，从根本上铲除黑恶势力滋生土壤、遏制黑恶势力蔓延。截至 2021 年 11 月 30 日，全国各地共打掉涉黑组织 160 余个、恶势力犯罪集团 1000 余个，破获各类刑事案件 1.5 万起，抓获违法犯罪嫌疑人 1.4 万余名。[①] 对孙小果、陈辉民等黑恶势力犯罪组织头目依法判处死刑，一批涉黑涉恶犯罪分子受到法律严惩。

（四）推进网络犯罪治理

习近平总书记反复强调，网络空间不是“法外之地”，同样要讲法治，更指出：“利用网络鼓吹推翻国家政权，煽动宗教极端主义，宣扬民族分裂思想，教唆暴力恐怖活动，等等，这样的行为要坚决制止和打击，决不能任其大行其道。利用网络进行欺诈活动，散布色情材料，进行人身攻击，兜售非法物品，等等，这样的言行也要坚决管控，决不能任其大行其道。”[②] 习近平总书记还特别强调，要制定完善互联网领域法律法规，推动依法管网、依法办网、依法上网，确保互联网在法治轨道上健康运行。针对电信网络诈骗，习近平总书记对打击治理电信网络诈骗犯罪工作作出指示，强调全面落实打防管控各项措施和金融、通信、互联网等行业监管主体责任，坚决遏制电信网络诈骗犯罪多发高发态势。近年来，司法机关认真贯彻习近平总书记关于网络强国的重要思想，依法严惩电信网络诈骗及关联网络黑产犯罪案件。2021 年，最高检会同公安部等出台办理电信网络诈骗等刑事案件指导意见，全链条打击、一体化防治，起诉电信网络诈骗犯罪近 4 万人，

---

① 《2021 年公安工作十大关键词》，载《民主与法制》周刊 2022 年第 4 期。

② 习近平：《确保互联网在法治轨道上健康运行》，载习近平：《论坚持全面依法治国》，中央文献出版社 2020 年版。

切实保护人民群众财产权。

（五）加强未成年人司法保护

未成年人的健康成长，关乎千千万万个家庭的幸福安宁，关乎国家和民族的未来。习近平总书记深刻指出，“培养好少年儿童是一项战略任务，事关长远”。“党和政府要始终关心各族少年儿童，努力为他们学习成长创造更好的条件。”[①]党的十八大以来，以习近平同志为核心的党中央从国家和民族未来的战略高度，对未成年人保护工作作出一系列重要决策部署，修改、制定相关法律，保护未成年人权益和健康成长的法律体系进一步完善。2020年10月17日，第十三届全国人大常委会第二十二次会议通过了新修订的未成年人保护法；2020年12月26日，第十三届全国人大常委会第二十四次会议通过了预防未成年人犯罪法和《刑法修正案（十一）》；2021年10月23日，第十三届全国人大常委会第三十一次会议又通过了家庭教育促进法。2020年4月21日，最高人民检察院发布了《关于加强新时代未成年人检察工作的意见》；2020年12月24日，最高人民法院发布了《关于加强新时代未成年人审判工作的意见》；等等。上述立法和规范性文件，针对罪错未成年人，在有条件个别下调刑事责任年龄的同时，确立了罪错未成年人分级干预体系。自2021年起，全国检察机关内设未成年人检察部门，全国审判机关内设少年法庭，统筹整合现有未成年人工作机构和编制资源，不断推进未成年人检察和审判工作专业化，加大对未成年人保护和犯罪预防力度，为未成年人健康成长提供有力的司法保障。

① 《习近平在会见中国少年先锋队第七次全国代表大会代表时寄语全国各族少年儿童强调美好的生活属于你们美丽的中国梦属于你们》，载《人民日报》2015年6月2日。

通过体育运动预防青少年犯罪

——国际犯罪治理的一种新模式

谢晓燕　周　勇*

21世纪，特别是2015年以来，在联合国预防犯罪和刑事司法领域兴起一个新的热点，这就是积极倡导并大力推行“通过体育运动预防青少年犯罪”的理念与实践。经过几年的发展，体育运动作为预防青少年犯罪的一个新工具，日益受到国际预防犯罪政策制定者、实务工作者和专家学者的认可和青睐，“通过体育运动预防青少年犯罪”已逐渐成为国际犯罪治理领域具有发展潜力的一种新模式。本文首先概述了“通过体育运动预防青少年犯罪”模式的兴起和发展，然后介绍了“通过体育运动预防青少年犯罪”模式的实践探索，综述了“通过体育运动预防青少年犯罪”模式的基本观点，并在此基础上提出了思考与建议。

一、“通过体育运动预防青少年犯罪”模式的兴起与发展概况

21世纪以来，联合国各种预防犯罪的政策框架和准则（如2002

---

* 谢晓燕，司法部预防犯罪研究所监狱工作研究室助理研究员；周勇，司法部预防犯罪研究所副所长、研究员。

年通过的《预防犯罪准则》[①]）开始强调青年的参与、教育、技能和社会发展对于增强青年人对暴力和犯罪抵御能力的重要性，指出体育可以为这种能力做出贡献。2015 年 4 月召开的第 13 届联合国预防犯罪和刑事司法大会通过的《多哈宣言》[②]强调了青年参与预防犯罪工作的基本作用，也强调了通过社会发展方法进行全面预防犯罪工作的重要性。2015 年 9 月，国际社会通过的《2030 年可持续发展议程》指出，体育作为促进和平的工具，在促进宽容、尊重以及个体和社区赋能方面做出了很多贡献。特别是，体育运动对于青少年的身体发育、社交技能和情绪健康发展十分重要，同时也在培养不同性别、不同背景青少年之间的协作精神、理解、宽容和包容方面发挥着重要作用。这就是说，体育运动为青少年提供了提高生活技能的重要机会，使他们能够更好地应对日常生活挑战，避免参与暴力、犯罪或吸毒。这表明，体育运动可以作为预防青少年犯罪的一个有效手段。

《多哈宣言》经联合国大会核准后，为促进《多哈宣言》目标的实现，联合国毒品和犯罪问题办公室（以下简称联合国毒罪办）于 2016 年发起了“执行《多哈宣言》全球方案”。该方案主要包括四项举措，其中的一项举措就是倡导通过基于体育的方案和生活技能培训来预防青少年犯罪。具体来说，通过与各国政府、体育组织和民间社会组织的合作，推动以体育为基础的举措，传播体育的益处，借助体育运动的力量来增强青少年的社会和个人技能，提高其对犯罪、暴力和毒品的抵御能力。为此，联合国毒罪办组织专家以现有证据为基础研发了“快乐运动快乐生活”项目，编写了《快乐运动快乐生活训练师手册》。该项目是一个将体育活动和生活技能培训相结合的青少年干预课程，主要目的是帮助 13—18 岁的青少年远离暴力、吸毒和犯罪。2017 年，该项目首先在巴西试点，随后试点范围逐步扩大，到 2019 年，已在全球 12 个国家试点。联合国毒罪办对“快乐运动快乐生活”项目在这些国家的试点情况进行了内部评估，通过日常监测和

---

① 《预防犯罪准则》（联合国经济及社会理事会第 2002/13 号决议附件）。

② 联合国第 70 届会议 A/RES/70/174 号决议，参见 https：//undocs.org/zh/A/RES/70/174。

观察、对青少年和培训师的深度访谈、焦点小组讨论、参与国的报告等方法收集大量定量数据和定性材料并加以分析，在此基础上形成的题为《通过体育运动预防青少年犯罪：对联合国毒罪办“快乐运动快乐生活”项目的洞悉》的研究报告于2020年9月发布。

2019年7月，联合国经济与社会理事会通过了题为《将体育运动纳入青年预防犯罪和刑事司法战略》的第2019/16号决议。同年12月18日，联合国第74届会议第50次全体会议通过了《将体育运动纳入青年预防犯罪和刑事司法战略》的第74/170号决议。该决议认识到“青年预防犯罪和刑事司法工作以及体育促进发展与和平的互补性”，强调体育作为预防青少年暴力和预防犯罪的工具的潜力，责成联合国毒罪办进一步支持查明和传播有关将体育用于预防犯罪和暴力的相关信息和良好做法，并鼓励会员国推动将体育纳入预防犯罪和刑事司法战略框架，重视和推动利用体育运动作为促进预防犯罪和刑事司法以及法治的手段，更广泛地开展和融合以体育为基础的活动，以预防各个阶段的犯罪，促进罪犯重新融入社会并打击累犯。显然，这大大促进了“通过体育运动预防青少年犯罪”模式的进一步传播和推广。

2019年12月16日至18日，按照《将体育运动纳入青年预防犯罪和刑事司法战略》要求，联合国毒罪办在泰国曼谷举行了一次关于将体育运动纳入青年预防犯罪和刑事司法战略的专家组会议，来自预防犯罪和刑事司法领域的各国政府专家、该领域的民间社会组织代表以及体育组织、学术界、国际组织和相关联合国实体的代表共46人出席了会议。会上，专家们认真审查了将体育运动纳入青年预防犯罪和刑事司法战略、计划和方案的有效方式和方法，确定了新出现的良好做法，并强调有必要对这些方案进行充实的评价，从而更好地理解实行体育方式预防犯罪干预措施的效果。会议最后形成了《关于将体育运动纳入青年预防犯罪和刑事司法战略问题的专家组会议成果》[①]。

---

① Outcome of the expert group meeting on integrating sport into youth crime prevention and criminal justice strategies，参见 https：//undocs.org/en/A/CONF.234/14。

在2021年3月7日至12日于日本京都举行的第14届联合国预防犯罪和刑事司法大会（以下简称联合国预防犯罪大会）上，“通过体育运动预防青少年犯罪”成为了众人热议的话题之一。据汇总，大会总共4个实质性议题中的2个实质性议题（具体为“预防犯罪促进社会和经济发展的全面战略”和“关于各国政府促进法治的多方面办法”）以及总共4个讲习班中的1个讲习班（具体为“教育和青年参与是使社会具有抵御犯罪的能力的关键”），均涉及通过体育运动预防青少年犯罪。此外，第14届联合国预防犯罪大会还有2个辅助会议（具体为“促进全面预防青年犯罪：利用体育活动和基于体育的学习活动来触及处于危险中的青年”和“将体育纳入青年预防犯罪和刑事司法战略”），对通过体育运动增强青少年抵御犯罪能力的相关问题进行了比较深入的专门讨论。第14届联合国预防犯罪大会通过的《关于推进预防犯罪、刑事司法和法治：努力实现〈2030年可持续发展议程〉的京都宣言》第30条明确指出了通过体育增强青少年权能以预防犯罪。

二、“通过体育运动预防青少年犯罪”模式的实践探索

事实上，在2016年联合国毒罪办制定“快乐运动快乐生活”项目之前，就有多个国家在运用体育运动来减少、预防青少年犯罪方面开展了实践探索，如美国“午夜篮球”项目，在晚上至凌晨的时间段内，为贫困和无所事事的青少年提供打篮球的机会；英国“职业俱乐部进社区”项目，为减少逃学和旷课的青少年提供参观足球俱乐部的机会。尽管这些项目都在一定程度上降低了当地的青少年犯罪率，但由于缺乏具体的操作标准和评估办法，对于体育运动在预防青少年犯罪中发挥多大作用的说服力有待进一步提高。

联合国毒罪办“快乐运动快乐生活”项目充分借鉴了以往实践经验，提出将联合国和其他国家在开展生活技能培训以预防犯罪和吸毒方面所积累的专业知识迁移到体育环境，通过体育运动和基于体育的活动着力提高个体关键生活和社会技能以及对犯罪和毒品相关知识的

掌握，以最大限度地减少与犯罪、暴力和药物滥用有关的风险因素并最大限度地强化与其相关的保护因素，进而积极影响青少年的态度和行为，预防反社会和危险行为。下面对联合国毒罪办“快乐运动快乐生活”项目的理论假设、主要内容和试点情况作一简要介绍。

（一）“快乐运动快乐生活”项目的理论假设

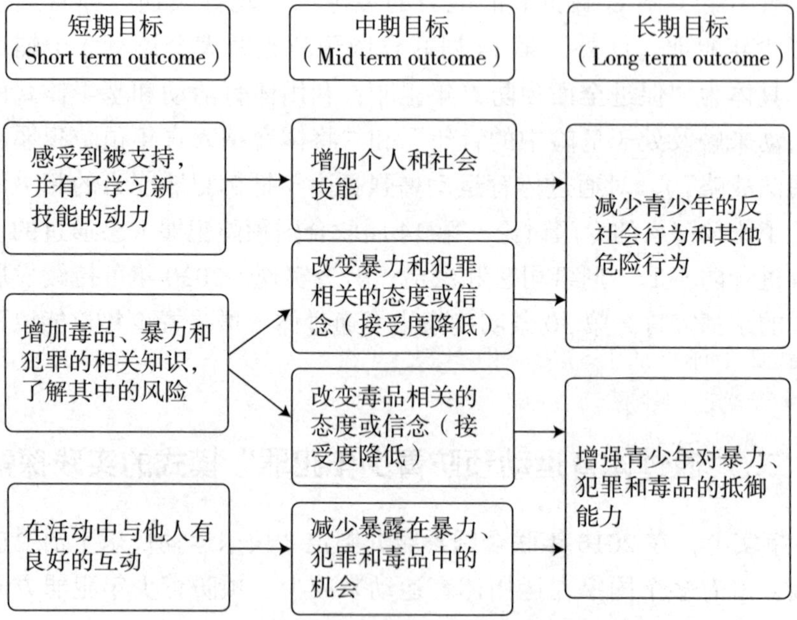

“快乐运动快乐生活”项目改变理论图①

“快乐运动快乐生活”项目基于这样一种改变理论（见上图）：青少年通过参加一些有选择的、针对犯罪危险性因素的体育运动和体能活动，有助于树立积极的价值观，增强自信，提高生活技能和知识，如压力管理能力、情绪控制能力、决策能力、问题解决能力、社交能

① Youth Crime Prevention through Sport：Insights from the UNODC “Line up Live up”Pilot Programme，参见 https://www.unodc.org/documents/dohadeclaration/Sports/LULU/LULUInsightsReport_final_web.pdf。

力、批判性思维和拒绝技巧等，以更好地应对日常生活中的挑战，进而改变其犯罪相关态度和行为，达到抵御犯罪、暴力和毒品滥用的目的。这些改变是渐进式的，依据发生的时间，改变的目标可划分为短期目标、中期目标和长期目标。其中，短期目标包括感受到被支持，并有了学习新技能的动力；增加毒品、暴力和犯罪的相关知识，了解其中的风险；在活动中与他人有良好的互动。中期目标包括增加个人和社会技能；改变暴力和犯罪相关的态度或信念（接受度降低）；改变毒品相关的态度或信念（接受度降低）；减少暴露在暴力、犯罪和毒品中的机会。长期目标包括减少青少年的反社会行为和其他危险行为；增强青少年对暴力、犯罪和毒品的抵御能力。

（二）“快乐运动快乐生活”项目的主要内容

“快乐运动快乐生活”项目共包括 10 节互动课。每节课围绕一个主题展开，时间大约 1 小时，一般包括介绍（5 分钟）、体育活动（含 1 个或 2 个体育活动，30—40 分钟）、讨论分享（5—15 分钟）和小结（对本节互动课中体育活动经历进行总结反思，深化和巩固在活动中学到的东西，10 分钟）。10 节互动课为一个完整的学习周期，全部互动课结束后青少年需要对前面所有的课程学习进行全面总结回顾。《快乐运动快乐生活训练师手册》对每节互动课作了详细介绍，并附有操作说明，以帮助训练师正确理解培训内容，规范开展工作。

这 10 节互动课的具体内容如下：

1. 目标

第一节课的主题是“目标”。每个目标的达成都需要遵守相应的规则，首先帮助参与者找到自己想获得的目标，然后思考为了达到这个目标自己需要遵守什么规则。本节课主要是为了提高参与者的批判性思维能力、有效沟通技巧、自我觉察能力和同理心。所设计的体育活动形式主要有挡板弹球以及设定特殊规则的挡板弹球。

2. 控制

第二节课的主题是“控制”。如何在危险情境中控制自己的冲动，帮助参与者掌握在自己想遵守自己内心的意愿，又不想失去控制时需要的技巧。本节课主要为了提高参与者压力和情绪应对能力、决策能力、问题解决能力、拒绝的技巧，以及自我觉察能力和同理心。所设计的体育运动形式为得分与否和禁区。

3. 力量

第三节课的主题是“力量”。本节课帮助参与者找寻自己身上的一些平时可能被忽略的价值，提高压力和情绪应对能力、决策能力、问题解决能力和有效沟通技巧。所设计的体育运动形式为珍惜优势、从错误中学习。

4. 尊重

第四节课的主题是“尊重”。本节课的目标是帮助参与者正确认识性别差异和个体差异，更好地做到性别平等，接受并包容不同类型个体的存在，帮助提高参与者的有效沟通技巧、自我觉察能力和同理心。所设计的体育活动形式为友谊足球。

5. 同伴

第五节课的主题是“同伴”。有时个体可以分辨某件事情是错误的，但是却因为不能抵制身边同伴或朋友的压力而犯错。本节课帮助参与者对这些社会影响的优点和缺点进行分析，并作出正确的选择，主要提高参与者的决策能力、问题解决能力、有效沟通技巧、拒绝技巧、自我觉察能力和同理心。所设计的体育活动形式为自由区和不可能任务。

6. 保护

第六节课的主题是“保护”。保护自己远离危险，做决定前三思而后行，对事情的可能后果进行分析，进而减少麻烦问题出现的可能性。本节课主要帮助参与者提高批判性思维能力、拒绝技巧、自我觉察能力和同理心。所设计的体育活动形式为醉酒的影响和风险分类。

7. 认知观念

第七节课的主题是“认知观念”。本节课帮助参与者辨别想象和事实，了解自己的认知观念对自己行为的影响，主要提高参与者的批判性思维能力、拒绝技巧、自我觉察能力和同理心。所设计的体育活动形式为纸牌游戏。

8. 群体

第八节课的主题是“群体”。青少年通常喜欢群体活动，那么是否加入群体、在群体中如何保持个人独立性是青少年需要面对的问题。本节课主要帮助参与者提升他们的决策能力、问题解决能力、沟通和社交技巧、自我觉察能力和同理心，以帮助参与者在群体活动中作出正确的选择。所设计的体育活动形式为群体动力。

9. 帮助

第九节课的主题是“帮助”。本节课主要帮助参与者更好地接受或者提供帮助，提升他们的压力和情绪应对能力、沟通和社交技巧、自我觉察能力和同理心。所设计的体育活动形式为杂技馆和被打断的沟通。

10. 步骤

第十节课的主题是“步骤”。本节课主要帮助参与者意识到达成目标需要循序渐进，可能需要经过很多步骤才能成功，不可能一蹴而就，在这个过程中可以利用前面 9 节课程中学到的知识和技能。所设计的体育活动形式为四步击中目标。

（三）“快乐运动快乐生活”项目的试点效果

截至 2020 年，联合国毒罪办“快乐运动快乐生活”项目已先后在全球 12 个国家中开展了试点，这 12 个国家分别为拉丁美洲和加勒比地区的巴西、哥伦比亚、多米尼加共和国和秘鲁，中亚的吉尔吉斯斯坦、塔吉克斯坦和乌兹别克斯坦，中东的黎巴嫩、巴勒斯坦和非洲的南非、乌干达和牙买加。各国参与项目试点的具体机构包括学校、社区中心、体育俱乐部、儿童机构和少年拘留所等场所。

联合国毒罪办对“快乐运动快乐生活”项目的试点情况进行了评估调查。评估调查主要着眼于相关性、质量和有效性、项目气氛、可持续性以及该计划是否按设计和预期实施五个方面。调查表明，项目试点中共有 13000 多名青少年提高了生活技能，培养了 900 多名项目训练师。调查发现，青少年对该项目的参与度非常高，95% 的被调查青少年参加了 10 节互动课中的 7 节或更多。参与项目的青少年中，

97% 的被调查者认为培训的内容是合适的、有效的；94% 的被调查者对培训效果、培训的氛围和时间安排表示非常满意；97% 的被调查者认为他们在活动中学到了可以用于生活的新技能。接受调查的教练员中，92% 的被调查者对培训效果非常满意。

根据对多米尼加共和国、吉尔吉斯斯坦、黎巴嫩、塔吉克斯坦、秘鲁和乌兹别克斯坦 2400 多名参与项目的青少年的调查发现，项目对青少年知识和生活技能的改善主要体现在以下九个方面：

一是自我觉察能力，即正确认识自己的能力。项目结果显示，29% 的参与青少年认为项目提高了自我觉察能力。

二是共情和忍耐力，即能否接受不同类型的个体，35% 的参与青少年自述其共情和忍耐力通过参与项目得到改善。

三是有效沟通能力，即在不同的环境中能否用合适的语言表达自己，35% 的青少年认为自己的有效沟通能力通过项目得到提高。

四是人际关系，即能否和他人建立并保持良好的关系，37% 的参与青少年认为在这个方面得到改善。

五是创新性思维，即是否有创新性的想法，并将这些想法变成现实，33% 的参与青少年认为参与项目有助于其创新性思维。

六是批判性思维，即合理的、反思性思维，28% 的参与青少年认为参与项目有助其批判性思维。

七是决策能力，即个体在不同的生活选择中挑选出最佳选项的能力，34% 的参与青少年自述通过参与该项目，决策能力得到提升。

八是问题解决能力，即个体分析问题、解决问题的能力，30% 的参与青少年自述其问题解决能力得到提高。

九是应对能力，即建设性处理生活中的问题的能力，29% 的参与青少年认为项目改善了其应对能力。

在南非和巴西进行的试点工作评估中发现，项目取得了短期成效：青少年感受到被支持，有了参与该计划并学习技能的动力；加强了与他人的互动联系，提高了个人社交生活技能。在试点的一些国家发现，参与项目的青少年在性别平等和性别暴力问题上的态度发生很大改变，感受到更大的赋能，并对犯罪、暴力和毒品有了更深刻的认识，但是由于试点项目的实施持续时间较短，该评估发现仍待进一步研究。

（四）推行“快乐运动快乐生活”项目的建议

在评估的基础上，为进一步推行“快乐运动快乐生活”项目，最大限度地发挥其预防和解决青少年受害、暴力和犯罪问题的作用，提出以下建议：

第一，将体育计划纳入更广泛的预防犯罪政策，并将其与积极育儿、指导就业等补充性干预措施联系起来，从而使它们能够扩大规模并保持效果。

第二，确保有针对性地设计应对特定风险和保护因素的方案，包括就干预措施旨在达到的目的以及如何做到这一点发展明确的改变理论。

第三，设计体育项目时要做到量身定制，既考虑到实施的环境因素（如学校、体育俱乐部、社区中心、青少年设施），也要考虑到社区暴力率、参与者的风险水平、性别、年龄和其他变量等更广泛的实施因素。

第四，为提高项目的执行力加大投入，特别是考虑到鉴于训练师作为青年指导者的关键作用而加大对训练师投入，通过支助方案和补充活动，使青年和训练师在项目时限之外继续参与。

第五，确保进行定期和有力的方案评估，包括需要在组织内部加强监测、评估和数据分析的能力建设。

第六，通过确保地方的主人翁精神、领导力和支持力以及项目的情境化和对社区语言、文化和现实的适应性，以长期保持项目效果的可持续性。

第七，提高社区对基于体育的方法的认知和支持，包括使用积极的语言来描述体育项目，如使用赋能较之预防犯罪更有利于避免污名化。

三、“通过体育运动预防青少年犯罪”模式的主要观点

归纳起来，“通过体育运动预防青少年犯罪”模式主要有以下主要观点。[①]

（一）关于体育运动的定义

关于体育运动，应从广义上进行理解。根据《喀山行动计划》对“体育运动”的界定，体育运动包括多种形式的大众体育、游戏运动、娱乐、舞蹈，有组织的、随意的、竞赛式的、传统的和原住民的各类体育运动游戏。[②]因此，“通过体育运动预防青少年犯罪”中的“体育运动”可理解为各种形式的体育、游戏、娱乐、舞蹈和体能活动。

（二）关于体育运动对青少年犯罪的预防作用

相关研究表明，体育运动可以有效减少、预防青少年犯罪，理由主要包括：第一，参加体育运动可以帮助青少年释放过剩的精力和体力，防止青少年因生理原因引发的犯罪；第二，参加体育运动可以帮助青少年远离与危险环境和危险人群，降低他们接触犯罪危险性因素的可能性；第三，参加体育运动可以增强青少年的规则意识，学会遵守社会规则；第四，参加体育运动可以提高青少年的耐挫折能力，学会正确处理危机问题；第五，参加体育运动可以增强青少年与社会的联系，帮助青少年与教练员、同伴等建立良好的社会关系，提高社会包容力；第六，参加体育运动可以提升青少年的心理健康水平，缓解焦虑、抑郁等负面情绪；第七，体育运动容易为青少年所接受，参与度比较高。

但是，也不能高估体育运动对青少年犯罪预防的作用，不能指望只参加体育运动的机会就能解决青少年所有的犯罪问题。体育运动干预不能替代学校教育、社会服务、刑事行政处罚和罪犯教育矫正

---

① Outcome of the expert group meeting on integrating sport into youth crime prevention and criminal justice strategies，参见 https：//undocs.org/en/A/CONF.234/14。

② 联合国第 74 届会议 A/RES/74/170 号决议《将体育运动纳入青年预防犯罪和刑事司法战略》，参见 https：//undocs.org/zh/A/RES/74/170。

的作用。体育运动可以作为一种手段参与到青少年犯罪预防的过程中，起到促进、改善的作用，与其他预防措施相互补充，进而达到犯罪预防的目的。因此，预防暴力和犯罪的体育项目和基于体育的项目，在作为针对各种相关风险因素的更全面的项目的一部分时才有效。

（三）关于“通过体育运动预防青少年犯罪”的干预人群

体育运动对青少年的犯罪预防可以划分为三个层级：初级预防，面对全部青少年人群，旨在解决可能存在犯罪机会或其他对犯罪行为有利的自然环境和社会环境条件；二级预防，针对高危青少年人群，侧重于个人层面的风险因素和保护因素，如通过让社区中的边缘化青少年群体参与进来，降低其参加群体危险行为的可能性；三级预防，面向已经违法犯罪的青少年个体，根据具体情况制定一套有针对性的干预措施，帮助他们重新融入社会，降低重新犯罪率。

（四）关于“通过体育运动预防青少年犯罪”项目的设计

一是重视对体育运动活动形式的选择。体育运动对青少年的影响并不总是积极的。如果体育运动活动形式不恰当，就有可能会产生相反的效果，如格斗类运动、武术、举重等，虽然在某些情况下具有积极作用，但如果实施不当，有时会被视为助长等级尊卑和暴力文化。因此，应谨慎选择体育运动的形式，活动形式不能鼓励对抗、暴力、性别歧视等，建议选择那些不强调输赢、重在参与的体育运动形式。

二是体育运动应做到因地制宜。根据各类风险人群不同的特征和需求因素以及项目实施的地区和环境的差异性，对预防青少年犯罪的体育项目进行适当调整。其一，年龄因素，青少年时期是个体生理、心理高速发展的阶段，不同年龄段之间课程存在显著差异，因此，在某些内容设计中，可以将目标年龄段进行详细划分，针对不同年龄段人群开发不同项目。其二，性别因素，应针对单一性别群体和混合性别群体制定更为详细的指导方案，或者可以考虑将不同性别群体分开参加体育运动。其三，环境因素，不同的实施环境会给活动的实施带来不同的挑战，如学校环境中青少年人群比较集中，但是可利用的时间和空间都比较受限；体育机构的时间和空间都比较宽松，但是一般男性成员居多，竞技性体育活动偏多，不利于生活技能的培训；封闭性机构，如少年看守所、未成年犯管教所等，由于其特殊性，应加强对项目实施安全因素的考虑。

（五）关于“通过体育运动预防青少年犯罪”项目的保障

一是注重对训练师的专业能力培养。运动教练和其他专业工作人员在确保成功实施干预方案中十分重要，如他们与青年人的互动关系、鼓励、激励青年人等方面都发挥着重要作用，因此，有必要对这些干预方案执行人进行专业能力的培训和指导。

二是建立项目评估和监督机制。根据已有研究发现，现有体育预防青少年犯罪方案往往缺少成熟的评估和监督机制，对项目的持续发展造成阻碍。因此，对干预方案进行定量和定性分析、评估干预措施的有效性、建立体育运动干预方案评估和监督机制、确保政策支持和方案供资的可持续性等，对项目的长远发展尤为重要。

三是加强社会各界合作。体育运动对青少年的犯罪预防工作需要社会各界的广泛参与。各级政府、社会组织、社区、学校之间应加强协调合作，建立伙伴关系，将体育运动预防青少年犯罪项目制度化，作为国家预防犯罪总体框架中的一部分，制定体育预防青少年犯罪实施方案，明确责任和目标，为方案的实施提供必要的政策支持、资金支持等，如建立体育运动场所、提供体育运动工具等。

四、“通过体育运动预防青少年犯罪”模式的思考与启示

作为近年来国际上兴起的一种新模式，“通过体育运动预防青少年犯罪”为创新和深化青少年犯罪治理提供了一种新思路、新途径，对于我国进一步加强青少年犯罪预防工作、推进国家社会治理现代化、建设更高水平的平安中国，无疑具有重要的参考价值和现实意义。

（一）充分认识体育运动对青少年犯罪预防的作用价值

虽然没有证据直接证明体育运动与预防犯罪和重新犯罪之间存在因果关系，但是已经有足够的证据表明，体育运动有助于增强青少年的规则意识、耐挫折能力，帮助青少年提升亲社会能力、沟通技巧等，缓解焦虑、抑郁等负面情绪，进而降低他们参与犯罪、暴力、毒品等相关危险活动的可能性。联合国《将体育运动纳入青年预防犯罪和刑事司法战略》等文件表明，体育运动作为预防青少年犯罪的一个有效工具，已经成为国际社会的共识。在我国，尽管有关法律法规中重视青少年的体育运动及其作用，如《未成年人保护法》第33条规定，学校应当与未成年学生的父母或者其他监护人互相配合，保证未成年学生的睡眠、娱乐和体育锻炼时间，不得加重其学习负担，但主要是关注体育运动健身强体的功能作用。而《国务院办公厅关于强化学校体育促进学生身心健康全面发展的意见》虽然强调要切实发挥体育在培育和践行社会主义核心价值观、推进素质教育中的综合作用，但也没有明确指出体育运动对于预防青少年犯罪的作用。由此可见，体育运动作为预防犯罪的手段在我国还鲜为人知。这就要求我们要充分认识体育运动对预防青少年犯罪的潜在作用价值，树立通过体育运动增强青少年抵御犯罪能力的理念，将“通过体育运动预防青少年犯罪”纳入我国青少年犯罪预防和刑事司法战略中，推进将体育运动预防青少年犯罪制度化，为推行通过体育运动预防青少年犯罪实践提供支撑和保障。这显然是创新我国犯罪治理新手段、推进犯罪治理现代化、建设更高水平的平安中国的迫切要求。

（二）大力推行“通过体育运动预防青少年犯罪”模式

我国一直高度重视青少年犯罪预防工作，如《未成年人保护法》第42条规定，国家鼓励、支持和引导人民团体、企业事业单位、社会组织以及其他组织和个人，开展有利于未成年人健康成长的社会活动和服务；《预防未成年人犯罪法》第2条规定，预防未成年人犯罪，立足于教育和保护未成年人相结合，坚持预防为主、提前干预，对未成年人的不良行为和严重不良行为及时进行分级预防、干预和矫治。这就要求我们要加强对青少年越轨行为和违法犯罪行为的预防干预工作。然而，在实践中，我国预防青少年越轨和违法犯罪行为主要通过道德教育、法治宣传、家庭和学校的思想教育等手段和措施来进行的，普遍存在方式方法较为陈旧、效果有待提升的突出问题，迫切需要通过创新青少年犯罪预防手段来加以解决。如前所述，已有研究和实践表明，“通过体育运动预防青少年犯罪”模式可以帮助青少年提高对暴力、犯罪和毒品的抵御能力，对于青少年犯罪预防具有积极作用，将“通过体育运动预防青少年犯罪”模式作为青少年犯罪预防的一项新工具为问题的解决提供了新视角。因此，为进一步落实未成年人保护法、预防未成年人犯罪法等相关法律法规，切实提高青少年犯罪预防工作的现代化水平，很有必要大力推行“通过体育运动预防青少年犯罪”模式。

（三）努力研发本土化的“通过体育运动预防青少年犯罪”项目

联合国毒罪办在总结已有实践做法经验的基础上，研发了“快乐运动快乐生活”项目，对项目实施的操作流程、内容安排、评估方式都作了较为详细的规定，并在全球 12 个国家进行了试点运行，取得了积极效果。但是，由于试点运行的时间短，该项目对青少年犯罪预防的长期目标仍待观察。需要指出的是，由于社会环境、文化背景和生活方式不同，“快乐运动快乐生活”项目是否适合我国青少年犯罪预防的实践有待研究。我们有必要借鉴联合国等国际有益经验，立足于我国国情和青少年实际，大力研发本土化的“通过体育运动预防青少年犯罪”项目，加强项目实践探索，为建立具有中国特色的“通过体育运动预防青少年犯罪”模式奠定基础。

（四）高度重视体育运动项目训练师队伍建设

体育运动项目的效果在很大程度上取决于训练师的水平。除了体育专业水平外，训练师的行为举止、为人处世和品德修养也很重要。这是因为，在体育运动中，训练师常常被青少年作为学习或模仿的榜样。社会学习理论认为，如果人们看到与自己相似的模型成功地解决了问题，人们会对自己的能力更有信心，也更容易采取模仿的方式解决问题。因此，训练师的能力素质对项目的实施十分重要。第一，要制定严格的训练师选择标准，对训练师的性别、工作经验、工作能力都进行筛选；第二，选择不同职业背景的人员担当训练师，如体育培训机构教练、教师、社区工作者、学者专家等，使其在项目实施的不同阶段发挥不同影响；第三，为训练师提供定期的专业培训，邀请专家学者进行针对性培训；第四，建立训练师保障机制，必要时可采取适当的激励措施，保证其参加项目的热情，以及项目的完成度和质量。

（五）积极开展“通过体育运动预防青少年犯罪”模式的研究与评估

关于将体育运动纳入青年预防犯罪和刑事司法战略问题的专家组会议中指出[①]，对于部分青少年来说，参加体育运动的经历也并不总是积极的、正向的，也有可能作为风险性因素而带来消极影响，如失败经历、身体对抗等。体育运动干预能否在青少年犯罪预防中发挥积极作用取决于多种因素的综合作用，包括体育运动的活动类型、教练和训练师、父母，以及体育环境等。这就要求加强对“通过体育运动预防青少年犯罪”模式的研究，弄清楚影响体育运动预防青少年犯罪的积极因素，揭示这些因素在预防青少年犯罪过程中的作用机制，为制定科学有效的“通过体育运动预防青少年犯罪”项目提供支撑。同时，要加强对“通过体育运动预防青少年犯罪”项目效果的监测和评估，发现存在的问题和不足，总结成功经验做法，为不断优化和完善“通过体育运动预防青少年犯罪”模式和项目提供针对性的依据。

---

① Outcome of the expert group meeting on integrating sport into youth crime prevention and criminal justice strategies，参见 https：//undocs.org/en/A/CONF.234/14。

重新犯罪实证调查常用方法与技巧介绍

炊国亮*

为了贯彻习近平新时代中国特色社会主义思想和总体国家安全观，司法部牵头成立了重新犯罪问题调查领导小组，以了解我国社会转型期重新犯罪群体犯罪的原因、趋势和规律，进而为预防重新犯罪提供针对性的意见和建议，提升国家治理体系和治理能力现代化水平。本文拟对重新犯罪实证调查过程中常用的研究方法和技巧作一个简单的介绍，以便在调查员进行具体的调查过程中有所参考。

一、常用的调查方法

重新犯罪调查属于社会调查的一种，工业革命时期就已经出现了对犯罪问题的社会调查，只不过那个时期社会调查方法尚不成熟，没有形成系统的一整套社会调查方法和流程，对犯罪现象的调查研究多停留在个别现象的心理研究和基本犯罪行为的阐述中。20世纪以后，社会调查的科学性越来越强，社会调查的方法和技巧日臻完善，迎来了社会调查的一个飞速发展期。常用的调查方法主要有以下几种。①

（一）问卷法

问卷法是社会调查过程中常用的一种研究方法，问题的基本形式

---

* 炊国亮，司法部预防犯罪研究所监狱工作研究室助理研究员。

① 袁方主编：《社会研究方法教程》，北京大学出版社2000年版，第231—419页。

主要有封闭式和开放式两种。封闭式问题，主要是给一个问题，给一个答案，让受访者根据这个问题选择一个答案。开放式问题，主要是指给一个问题，然后不限定答案，受访者可以根据自己的情况灵活回答。这两种问卷法的调查过程中一般是同时存在的，但也有些问卷调查只涉及一种问题方式，比如只有封闭式提问没有开放式提问，这是因为封闭式问题的答案是给定的，更容易做编码和统计分析。

但二者更明显的区别则在于问卷的信度和效度方面。封闭式问题的答案是固定的，一般而言受访者不容易偏题，得到的答案的可信度一般也略高一些，但是有时候问题的答案虽然可信度高，但却并不一定是我们想要的，许多时候我们往往希望调整一下问题和答案以便更接近我们想要了解的问题。与之不同，开放式问题在问卷的效度方面则要高于封闭式问题，因为问题的答案没有限定，调查员和受访者之间可以就某一问题进行对话，把问题引向深入，使之更靠近我们想要了解的问题。但同时，由于问题更开放，问卷访谈对调查员的访谈控制技术要求比较高，如何把控和引导访问过程，是比较难操作的问题。

除此之外，问卷法还有自填写问卷等方式，由于本次重犯调查主要通过问卷访谈的形式，所以对其他方式在此不作过多介绍。

（二）文献法

这里的文献指的是包含各种使用文字资料或者图片、图画等保存和传承下来的资料，比如各种史料、档案、传记、回忆录、旧报刊、杂志、照片、图书等。文献法在历史领域中得到了较早的运用，后来逐步在社会科学领域扩展开来。与问卷访谈法相比，文献法较少与研究对象直接接触，超越了时空的限制，通常是一种研究对象之外的背景材料的调查研究。

那么，如何用文献法进行调查研究呢？试举一例，假如要研究 80 年代大众舆论关注的主要内容是什么，那么可以尽可能收集 80 年代社会流行的各种报刊，然后对所有报刊文章的题目进行归纳分类，如果我们发现关于犯罪方面的文章有 1 万篇，关于下海经商方面的文章有

2万篇，关于出国留学方面的文章有3000篇，等等，然后就可以作出一个排名，表明80年代社会关注的主要问题依次是下海经商问题、犯罪问题、出国留学问题等。

以本次重新犯罪实证调查为例，在和服刑人员正式访谈前，调查员通常要首先查阅服刑人员的卷宗，目的就是了解服刑人员的一些基本背景材料，例如法院的判决书和检察院的起诉书中对服刑人员的犯罪过程的叙述是否一致，服刑人员家庭基本情况以及历次减刑情况等。这样就可以获得一个大概的认识，一旦我们在访谈过程中发现服刑人员的回答和档案中记载的情况不相符合的时候就更容易对问题的答案进行追问或纠正。

一般而言，文献法不直接介入所要研究的对象，研究成本也比较低廉，由于所研究的资料是给定的，在信度和效度方面往往有一定限制，因为有时候有些资料时间过于久远，也无法找到相关人进行求证，但是，在正式的调查研究过程中，为了不同的研究目的，可以对不同的研究法进行有效的取舍。比如重新犯罪实证调查，调查的主要方法是问卷和访谈，文献法在某种意义上是一种补充调查手段。

（三）观察法

观察法是社会调查领域常采用的一种研究方法。自从有人类活动开始，我们总是用眼睛去看、去观察，从这个意义上说，观察法应该是最古老的一种调查研究方法了，但作为一种科学的、系统的调查方法，时间却并不久远。现代的观察法指的是研究者根据某种目的或者设置某种研究提纲、有计划有步骤地用自己的感官和辅助测量工具去观测研究对象，进而收集到可重复观察、可测量的观察资料的一种方法。

一般而言，观察法可以分为参与式观察和非参与式观察。参与式观察是指研究者作为被研究对象的一员融入所要研究的群体中所进行的一种观察。在这种情况下，研究者通常有两种身份可以选择，一种是明确告知研究对象自己的真实身份，另一种是隐瞒自己的真实身份，扮演成所要研究的群体的成员。第一种情况中，由于所要研究的群体或对象知道了研究者的身份，对研究对象来说，研究者是一个外来人，为了避免研究者干扰或影响本群体正常的生活和秩序，研究对象有可能不会告诉研究者本群体一些真正的情况。同时，由于作为一个外来人，通常需要取得所要研究的群体和对象的信任，这个时间通常比较长。因此，研究者需要进行参与观察的时候，通常会选择自己比较熟悉的研究群体或者经熟人、朋友介绍而进入所要研究的群体和对象。第二种情况中，由于观察者在真实身份的条件下不易获得研究对象的真实情况，这时就需要改变自己的角色。比如，要研究某些犯罪团伙的犯罪动机和具体经过，尤其是一些还没有被发现的其他犯罪案件，研究者就乔装成罪犯进入监狱，近距离地接触研究对象，这样获得的资料有可能更丰富、更贴近真实情况。但这样一种角色的改变，容易引起伦理上的争议，即研究者能不能仅仅为了研究的需要就去欺骗研究对象，这种欺骗能否获得法律和伦理上的同意。

除了参与式观察之外，非参与式观察也是比较常用的一种方法，非参与式观察也被称为自然观察，这种研究法不介入所要研究的对象或群体，而只是在远距离进行观察。

无论在进行何种观察之前，通常都需要有一个大致的提纲，比如研究主题是什么、从哪些方面进行研究、最后想验证或推翻一个什么样的假设等。在观察的过程中，由于记忆的时间限制，时间长了可能记忆就不准确了，所以在观察的过程或者一次观察任务结束后应该马上记录下观察的要点，这样便于事后检查和总结。

虽然观察法在调查研究中被经常应用，但观察法的局限也比较明显，观察法要应用人的感官，但人的感官通常都有某种生理极限，超过了这个限度就很难进行直接观察了。此外，同样的观察经由不同的人观察可能结论也不一定一致，也就是说观察法很容易受到观察者的主观影响。

（四）访谈法

访谈法指的是访问员和受访者之间通过面对面的交流和访问来了解受访者心态和行为的一种研究方法。根据访谈人数的多少，可以将访谈分为个别访谈和团体访谈。个别访谈就是受访者和访问员两人之间的小范围交谈。团体访谈指的是一个访问员和许多人的访谈。与个别访谈相比，团体访谈人数多，有时候遇到有争议的话题，访谈环境和访谈进程比较难控制。

除此之外，由于研究目的和形式不同，访谈进程的标准化程度也不同，访谈可以被分为结构式访谈和非结构式访谈。在个别访谈中常用到这两种方式。结构式访谈指的是调查者根据问卷或者量表对受访者进行提问并收集资料的一种研究方法，结构式访谈的标准化程度较高。非结构式访谈则没有问卷和量表，标准化程度较低，访问员和受访者之间的谈话比较自由灵活，没有问卷、量表的限制，想到什么问题就可以问什么问题。

相较而言，结构式访谈由于使用问卷或量表进行询问，因此访谈的过程比较容易控制，访问员可以根据具体问题一个一个询问，然后根据受访者的回答填写答案即可。而非结构式访谈，由于没有明确的谈话问题，也许只是开头的一个主题，访问员和受访者只是就某一主题进行扩展性讨论，引出更多更深入的问题。这种开放式的讨论一般而言对访问员的要求极高，访问员不仅要具备多方面的知识，同时要在访问过程中引导受访者回答，控制访问过程，乃至和受访者之间达成一种情感上的共鸣，只有这样，才能使访谈获得一个比较理想的效果。

所以，为了使非结构式访谈的过程更容易控制、结果更理想，许多时候，即使在进行非结构式访谈的时候，我们还是会尽量避免一些漫无边际的谈话，在进行访谈之前，事先做好充分的准备工作，比如，对访谈主题进行细化、分为几个比较关键的问题、准备好恰当的措辞和应急预案、对受访者可能的回答类型进行分类设计等。

（五）实验法

实验法是心理学领域中广泛采用的一种调查研究法。典型的实验法通常对环境的控制比较严格，在调查研究中属于对因果关系的解释能力比较强的一种。成熟的实验法需要满足三项条件：前测和后测、确定实验组和对照组、自变量和因变量。

以例为证，假如想要研究某项教育改造措施对某些服刑人员的改造效果如何，可以找两组情况差不多的服刑人员，设置条件项目，比如同一年龄段的男性、暴力犯、文化程度接近等条件。提前观测两组的基本情况，确定是否情况接近或一致，然后通过问卷或量表了解服刑人员现阶段对教育改造的基本认识。待确定两组情况差不多的时候，引入刺激因素，也就是自变量——教育改造措施，接受实验刺激的那组称为实验组，没有接受实验刺激的那一组就叫做对照组。经过一段时间的教育措施改造之后，进行后测，同时对两组服刑人员进行考核、评价、打分。如果实验组的服刑人员在经过某项教育改造措施之后的考核评价分数明显提高，而没有经过教育改造措施的对照组分数没有变化，那么就可以认为这项教育改造措施确实起到了效果。因变量就是服刑人员的成绩提高了。

用实验法来寻求社会现象的因果解释方面效果一般较好，成本也比较低，需要花费的人力物力较少，并且实验环境和实验过程是可以重复检验的。但是，由于实验刺激和实验环境都是人为操作的，这样的因果结论不免有造作的可能，同时实验结果的信度和效度也会存在某种缺失。

一般来讲，社会调查的一些常用方法在研究的过程中是交互使用的，虽然研究目的只有一个，但是研究的手段和方法却可以有多种。比如，进行重新犯罪实证调查，在使用问卷对服刑人员进行访谈的过程中，也可以同时运用文献法和观察法。事先通过阅读档案了解服刑人员的基本家庭情况、犯罪情况和减刑情况，这样在问卷访谈的过程中，一旦发现服刑人员的回答与卷宗记载的情况不符合，访问员就可以及时追问，如果服刑人员因为各种原因无法回忆起某些事情，那么就以卷宗上记载的信息为准。同样，在和服刑人员访谈的过程中，有些题目如“你的生活态度如何，对未来出狱后有什么打算”，就可以通过受访者的回答同时使用观察法。假如受访者回答说“觉得活着没意思，不想活了”，但是如果通过观察发现，这位受访者指甲剪得整整齐齐，身上衣服洗得干干净净，平时又很热爱参加娱乐活动，那么就说明这位服刑人员并没有完全放弃自己，所以当他说对未来没有什么期望的话时，这个回答的真实性就要大打折扣了。

二、常用的问卷访谈技巧

（一）问题的语言

根据以往经验，尽管问卷的题目和答案已经预先给定了，但是在调研的过程中，访问员往往会对问题进行修改，以便更适合自己的提问习惯，但是仍然要尽量为受访者创造一个良好的询问条件。常用技巧如下：问题的语言尽量简单、简短；不使用带有双重或多重含义的问题；不使用带有倾向性的提问；不使用否定性的提问；尽量避免敏感性的问题；不提问受访者不知道的内容。

（二）访谈控制

访谈过程控制在调查过程中是最重要但又最难掌握的环节。访问过程控制一般有两种方法，一种是提问控制法，另一种是表情动作控制法。

提问控制主要有：一是内容转换控制。在访谈的过程中，一些受访者可能因为对题目感兴趣而越说越多，越来越偏题，这个时候访问员就要适当地把话题引回来。二是对问题和答案的复述和追问。有时候，受访者可能没听清楚问题，访问员就要重复；也有的是访问员对受访者回答有疑问，那么就要再复述一下，以便得到受访者的确认。

提问控制法最重要的是要掌握恰当的时机，因为访谈通常有一定的主题和时间限制，在恰当的时间得到所要问题的答案是访谈过程中尤其需要注意的事项。

表情动作控制法主要是通过面部表情和肢体动作来影响受访者的一种方式。第一，访问员在和受访者进行谈话的过程中，表情要适合受访者的回答，有的受访者在回答问题时，可能因为回想到某些事情而伤心难过，这时候访问员就不能面无表情，无动于衷，而是要表现出一种严肃、同情、理解的样子。当受访者因为回想某些愉快的事情而表现出喜悦的表情时，访问员也要表现出高兴的样子，要让受访者感觉到你和他一样，也很高兴。第二，有时候当受访者越说越远，偏离主题的时候，访问员可以端个茶、递个水中断受访者的话题，不知不觉间开始下一个话题，避免粗鲁地打断受访者的说话，给其造成不适感。第三，恰当使用眼睛和耳朵。在与受访者谈话的过程中，访问员要认真聆听，表现出尊重和认同受访者的谈话，同时眼光要放在恰当的位置。有些访问员一直盯着受访者看，这样既不礼貌，也给受访者一种压迫感；还有一些访问员，一心负责记录答案而不抬头看受访者，会给人造成一种不在乎受访者的感觉。所以，这两种方式在访谈过程中是尤其要注意避免的。

总之，无论任何调查和访谈，但凡有人参与，访问员都要对受访者表现出诚恳、礼貌和耐心，在相互尊重的基础上才可能获得受访者的配合与理解，才能为调查研究开个好头。在这个意义上，重新犯罪实证调查既是一次科学的调查，也是一次诚意的调查。

颅脑外伤与重新犯罪的关系*

罗雅楠　王延涛　吴小平　张　婧　葛向伟　安文霞　洪晨璐**

减少重新犯罪是国际社会面临的重大挑战，是全球犯罪治理的重要方面①。据估计，国际社会2年内重新犯罪率高达26%—60%②。中国是重新犯罪率最低的国家之一，多年来3年重新犯罪率一直维持在6%—8%③。重新犯罪具有社会危害严重、社会治安破坏力大、司法成本高等特点，给社会维稳和刑事司法系统带来了巨大挑战④。研究发现，提高

---

* 基金项目：国家社科基金青年项目（21CRK014）。

** 罗雅楠，北京大学公共卫生学院全球卫生学系副研究员；王延涛，司法部预防犯罪研究所重新犯罪调查研究中心助理研究员；吴小平，中国社会科学院大学欧洲研究系2019级博士研究生；张婧，司法部预防犯罪研究所犯罪预防与对策工作研究室副主任、副研究员；葛向伟，司法部预防犯罪研究所国外犯罪与刑事司法工作研究室主任、副研究员；安文霞，司法部预防犯罪研究所社区矫正工作研究室副主任、副研究员；洪晨璐，北京大学公共卫生学院全球卫生学系2022级博士研究生。

① 周勇：《有效减少重新犯罪的全球经验及启示》，载《中国司法》2021年第8期。

② Yukhnenko D，Sridhar S，Fazel S，*A systematic review of criminal recidivism rates worldwide*：*3-year update*，Wellcome Open Res，2020，3，p.4–28.

③ 国务院新闻办公室：《中国改造罪犯的状况》，载《中华人民共和国国务院公报》1992年第24期。

④ 司法部预防犯罪研究所课题组、周勇：《关于监狱释放罪犯重新犯罪问题的调查报告——对全国1997年—2001年监狱释放罪犯重新犯罪的考察》，载《犯罪与改造研究》2019年第5期。

罪犯身心健康管理与降低犯罪风险密切相关[①]，其中，颅脑外伤是犯罪年龄提前、犯罪严重程度增加的一个重要危险因素[②]。颅脑外伤是较常见的致残致死原因，颅脑外伤可能会导致自我调节和社会行为等重要神经功能损害，增加行为障碍和精神疾病的风险，与犯罪风险增加紧密相关[③]。因此，研究颅脑外伤人群与预防犯罪以及预防刑满释放人员再次走上犯罪道路的意义重大。当前，我国关于健康问题与犯罪关系的证据十分匮乏，尚无关于颅脑外伤与重新犯罪关系在我国人群的实证证据。为此，本研究利用 2019 年 8—12 月于我国 13 个省（直辖市）39 所监狱、13 所未成年管教所和 26 个社区矫正中心调研的 8417 名罪犯数据，分析颅脑外伤史与重新犯罪的关系，结果报告如下。

一、对象与方法

（一）对象

于 2019 年 8—12 月采取多阶段等距抽样方法抽取罪犯进行实证调查。

第一阶段，根据地理、气候、经济和行政管理等方面，把我国划分为东北、华东、华北、华中、华南、西南和西北七大地理地区。

第二阶段，在七大地理地区选取 13 个做过监狱危险性评估的省（直辖市）。

第三阶段，在这 13 个省（直辖市）内随机抽样抽取 2 所成年男子监狱（1 所轻刑犯监狱和 1 所重刑犯监狱）、1 所女子监狱、1 所未成年管教所和 2 个社区矫正中心，作为调查监测点。

第四阶段，从调查检测点中挑选 2013 年 1 月 1 日（重新犯罪大数

---

① The Lancet，*Health care for prisoners and young offenders*，Lancet，2009，p.373-603.

② Williams WH，Chitsabesan P，Fazel S，et al，*Traumatic brain injury：a potential cause of violent crime?*，Lancet Psychiatry，2018 Oct；5（10），p.836-844.

③ Williams WH，Chitsabesan P，Fazel S，et al，*Traumatic brain injury：a potential cause of violent crime?*，Lancet Psychiatry，2018 Oct；5（10），p.836-844.

据监测分析平台普查元年）起开始服刑的罪犯，先按入监入矫时间进行排序，然后按照成年男子监狱和女子监狱各调查 160 名罪犯（初次犯罪 40 人，重新犯罪 120 人），未成年管教所调查 120 名罪犯（不足 120 人则进行全员调查）的标准计算抽样间距，等距抽取罪犯进行问卷调查。

最终选取 8417 名罪犯（含初次犯罪和重新犯罪罪犯），关键变量（年龄、性别、婚姻状况、居住地类型、受教育程度、家庭类型、自报经济状况、父亲受教育程度、母亲受教育程度）无缺失值的有效样本 7502 人，有效率 89.13%。其中，初次犯罪 3019 人，重新犯罪 4483 人。该调查经过中华人民共和国司法部审批，所有调查内容均符合《中华人民共和国统计法》要求。

（二）方法

重新犯罪调查领导小组办公室邀请北京大学、北京师范大学、中国政法大学和国家统计局的有关专家学者和司法部机关厅局的有关负责同志，根据重新犯罪问题调查研究项目的目的，综合运用犯罪学、刑罚学、心理学和社会学等有关原理，编制“重新犯罪问题调查问卷”，克隆巴赫 α 系数为 0.87，效度系数为 0.67，具有较好的信度和效度。问卷主要内容包括罪犯基本信息（社会人口学变量）、本次犯罪有关情况、上次服刑有关情况、上一次服刑释放后有关情况、上一次犯罪有关情况、第一次犯罪有关情况。由培训合格的监狱调查人员（民警）采用结构化问卷调查应用系统，对监狱和社区矫正机构的在押罪犯（包括初次犯罪和重新犯罪人员）的基本情况、早期成长经历、第一次犯罪前情况及犯罪有关情况、第一次服刑情况、第二次犯罪前情况和犯罪有关情况、本次服役情况等情况开展调查。

重新犯罪人员包括监狱释放重新犯罪人员、被判处拘役、判决时余刑不足 3 个月在看守所服刑释放重新犯罪人员、解除社区矫正重新犯罪人员、单处财产刑和资格刑人员刑罚执行完毕后的重新犯罪人员，以及罪犯在监狱、看守所和社区服刑期间的重新犯罪人员。

颅脑外伤和控制变量均使用自报进行测量。其中，颅脑外伤通过自报问题“你是否受过颅脑外伤？（受过/没有）”进行测量；控制变量包括年龄（连续变量）、性别、婚姻状况（分为未婚/初婚/离婚/再婚）、居住地类型（分为农村/城镇）、受教育程度（小学及以下/初中/高中/大学及以上）、家庭类型（原生双亲家庭/单亲家庭/再婚家庭/其他家庭）、自评经济状况（富裕/一般/贫困）、父亲受教育程度（小学及以下/初中/高中/大学及以上）和母亲受教育程度（小学及以下/初中/高中/大学及以上）。

统计分析采用Stata15.0软件进行分析，通过卡方检验比较曾经有颅脑外伤或无颅脑外伤犯罪的基本情况，利用logistic回归模型分析是否曾经有颅脑外伤与重新犯罪风险的关系。检验水准 $\alpha=0.05$。

二、结果

（一）不同特征不同组别对象分布情况

调查人群中3019人（40.24%）为初次犯罪人员，4483人（59.76%）为重新犯罪人员。其中，初次犯罪人员年龄为（37.82 ± 12.35）岁，男性为2152人（71.28%）；重新犯罪人员年龄为（41.15 ± 10.21）岁，男性为3253人（72.56%）。与初次犯罪人员相比，重新犯罪人员离婚比例、再婚比例较高，原生双亲家庭比例较低、居住在城镇人群比例较高、自评经济状况富裕比例和贫困比例均较大、受教育程度较低、父母受教育程度较低。（见表1）

表1　不同特征不同组别对象分布情况

特征	初次犯罪（n=3019）		重新犯罪（n=4483）		χ^2值	P值
	人数	%	人数	%		
性别	—	—	—	—	1.47	0.225
男性	2152	71.28	3253	72.56	—	—
女性	867	28.72	1230	27.44	—	—
婚姻状况	—	—	—	—	260.98	<0.001
未婚	882	29.21	1328	29.62	—	—

续表

特征	初次犯罪（n=3019）		重新犯罪（n=4483）		χ^2值	P值
	人数	%	人数	%		
初婚	1365	45.21	1317	29.38	—	—
离婚	574	19.01	1481	33.04	—	—
再婚	198	6.56	357	7.96	—	—
家庭	—	—	—	—	21.17	＜0.001
原生双亲家庭	2720	90.10	3884	86.64	—	—
单亲家庭	210	6.96	417	9.30	—	—
再婚家庭	44	1.46	100	2.23	—	—
其他家庭	45	1.49	82	1.83	—	—
居住地	—	—	—	—	52.01	＜0.001
农村	1849	61.25	2519	56.19	—	—
城镇	1156	38.75	1943	43.81	—	—
自评经济状况	—	—	—	—	53.66	＜0.001
富裕	420	13.91	783	17.46	—	—
一般	1996	66.00	2621	58.00	—	—
贫困	603	19.98	1079	24.07	—	—
受教育程度	—	—	—	—	487.84	＜0.001
小学及以下	561	18.58	1388	30.96	—	—
初中	1205	39.91	2113	47.13	—	—
高中	676	22.39	754	16.82	—	—
大学及以上	577	19.11	228	5.09	—	—
父亲受教育程度	—	—	—	—	13.52	0.004
小学及以下	1619	53.63	2592	57.82	—	—
初中	811	26.86	1080	24.09	—	—
高中	511	16.93	713	15.90	—	—
大学及以上	78	2.58	98	2.19	—	—

续表

特征	初次犯罪（n=3019）		重新犯罪（n=4483）		χ^2值	P值
	人数	%	人数	%		
母亲受教育程度	—	—	—	—	21.48	＜0.001
小学及以下	1930	63.93	3081	68.73	—	—
初中	692	22.92	846	18.87	—	—
高中	360	11.92	506	11.29	—	—
大学及以上	37	1.23	50	1.12	—	—

（注：其他家庭包括非父母他人（亲属或朋友）家庭、被收养家庭和孤儿院）

（二）颅脑外伤与人群犯罪分布情况

初次犯罪人员中曾经有颅脑外伤者258人，占8.55%，重新犯罪人员曾经有颅脑外伤者668人，占14.90%，重新犯罪人员颅脑外伤比例高于初次犯罪人员（χ^2=67.34，P＜0.001）。从颅脑外伤发生时间来看，颅脑外伤首次发生平均年龄为23.34岁。根据当时我国不同的刑事责任年龄（14周岁为最低刑事责任年龄，14—15.9周岁为部分刑事责任，16—17.9周岁为完全刑事责任年龄，18周岁为完全民事行为能力年龄）进行划分，初次犯罪人员中有46.12%（119人）发生时间在未满18周岁，重新犯罪人群则有35.48%（237人），比例低于初次犯罪人员（χ^2=8.91，P＜0.003）。以发生时间14周岁、16周岁为分界线进行分析，发现了类似结果。（见表2）

表2　颅脑外伤与人群犯罪分布情况

颅脑外伤情况	初次犯罪（n=3019）		重新犯罪（n=4483）		χ^2值	P值
	人数	%	人数	%	—	—
是否曾颅脑外伤	—	—	—	—	67.34	＜0.001
否	2761	91.45	3815	85.10	—	—
是	258	8.55	668	14.90	—	—

续表

颅脑外伤情况	初次犯罪（n=3019）		重新犯罪（n=4483）		χ^2 值	P 值
	人数	%	人数	%	—	—
颅脑外伤首次发生时间	—	—	—	—	—	—
发生时间＜ 18 岁	119	46.12	237	35.48	8.91	0.003
发生时间≥ 18 岁	139	53.88	431	64.52	—	—
发生时间＜ 14 岁	71	25.72	115	17.22	19.11	＜ 0.001
发生时间≥ 14 岁	187	72.48	553	82.78	—	—
发生时间＜ 16 岁	93	36.05	147	22.01	8.91	0.003
发生时间≥ 16 岁	165	63.95	521	77.99	—	—

颅脑外伤与人群重新犯罪风险的关系多因素分析结果表明，与无颅脑外伤人群相比，曾经有颅脑外伤人群重新犯罪风险增加（OR=1.87，95%CI=1.61—2.18）。在控制了年龄、性别、婚姻状况、居住地类型、受教育程度、家庭类型、自评经济状况、父亲和母亲受教育程度后，OR 值下降为 1.51（95%CI=1.28—1.78），仍具有统计学意义。

三、讨论

本研究结果表明，具有颅脑外伤史与人群重新犯罪风险增加有关。国际上一系列关于颅脑外伤与犯罪风险的研究均得出了类似结论，但由于颅脑外伤诊断方法、严重程度等方面的差异，以及犯罪人群年龄组选择上的不同，使得颅脑外伤与犯罪风险“关联强度”结果方面存在争议。一项来自英国的队列研究发现，有颅脑外伤史人群在 17 岁发生犯罪行为的风险，比无颅脑外伤史人群高出 1.6 倍（95%CI=1.2—2.2）。颅脑外伤能够造成不同程度的创伤性脑损伤。一项芬兰的研究表明，与无创伤性脑损伤人群比，患有创伤性脑损伤的青少年人群犯罪风险提高了 6.8 倍[①]；另有瑞典的证据显示，患有创伤性脑损伤人群暴力犯罪的发生率是无创伤性脑损伤人群的 3.3 倍[②]。

本研究发现，重新犯罪人员具有颅脑外伤史者占 14.90%，与英国一项针对 200 名成年男性罪犯的研究结论类似。该研究发现，调查人群里中受到重度的颅脑外伤比例为 17%[③]。但是，另有一些研究结果要远高于本研究。例如，一项基于 24 项研究的系统性综述指出，罪犯中有颅脑外伤史的比例占 51%，远高于非罪罪犯群[④]；另一来自澳大利亚的病例对照研究发现，罪犯的颅脑外伤比例（42%）远高于社区非罪罪犯群（15%），并且该研究发现，罪犯与社区非罪罪犯群颅脑外伤的原因存在差异，罪犯遭受颅脑外伤的原因多为受到袭击，而社区非罪罪犯群原因则多为运动损伤[⑤]。

已有证据指出，颅脑外伤不仅是犯罪风险增加的一个潜在因素，而且与初次犯罪年龄提前和从事暴力犯罪关系密切。证据显示，12 岁以前受过颅脑外伤人群与初次犯罪年龄提前相关[⑥]；与无颅脑外伤史人

---

① Luukkainen S，Riala K，Laukkanen M，et al.，*Association of traumatic brain injury with criminality in adolescent psychiatric inpatients from Northern Finland*，Psychiatry Res，2012，200，p.767–772.

② Fazel S，Lichtenstein P，Grann M，et al.，*Risk of violent crime in individuals with epilepsy and traumatic brain injury：a 35-year Swedish population study*，PLoS Med，2011.

③ Williams WH，Mewse AJ，Tonks J，et al.，*Traumatic brain injury in a prison population：prevalence and risk for re-offending*，Brain Inj，2010，24，p.1184–1188.

④ Farrer TJ，Hedges DW. *Prevalence of traumatic brain injury in incarcerated groups compared to the general population：a meta-analysis*，Prog Neuropsychopharmacol Biol Psychiatry，2011，35，p.390–394.

⑤ Perkes I，Schofield PW，Butler T，et al.，*Traumatic brain injury rates and sequelae：a comparison of prisoners with a matched community sample in Australia*，Brain Inj，2011，25，p.131–141.

⑥ Farrer TJ，Frost RB，Hedges DW，*Prevalence of traumatic brain injury in juvenile offenders：a meta-analysis*，Child Neuropsychol，2013，19，p.225–234.

群相比，自报有颅脑外伤史人群初次犯罪年龄提前了5岁[①]。芬兰一项研究针对精神疾病青少年就诊人群的调查发现，有颅脑外伤史人群不仅具有更高的犯罪风险，并且暴力犯罪的比例也显著增高；与无颅脑外伤史人群相比，有颅脑外伤史人群暴力犯罪比例高出4.71倍，高于非暴力犯罪比例（4.32倍）[②]。提示未来以中国人群为基础的此类问题研究需要区分犯罪年龄和犯罪类型。

关于颅脑外伤增加人群犯罪风险的关联机制可能源自以下方面。一方面，颅脑外伤可能损伤脑部组织，通过神经心理机制而增加犯罪风险。研究发现，腹内侧前额叶皮层受损，会影响到判断、理性思考和控制冲动等能力，从而导致人格改变，攻击冲动、决策失误和社会行为失控风险增加，使人群变得更具有侵略性和暴力倾向。根据反社会行为相关理论，这些行为均与犯罪密切相关[③]。另一方面，具有颅脑外伤史的人群，其本身就是发生犯罪的高危人群。研究显示，颅脑外伤史与一系列增加犯罪的高危因素（如经历社会剥夺、具备冒险型人格）相关[④]。此外，颅脑外伤史可能会损害个体的学习能力或就业能力，从而提高犯罪风险[⑤]。

本研究首次利用中国人群大规模的犯罪调查数据，对颅脑外伤和

---

① Brower MC，Price BH，*Neuropsychiatry of frontal lobe dysfunction in violent and criminal behaviour：a critical review*，J Neurol Neurosurg Psychiatry，2001，71，p.720–726.

② Fazel S，Lichtenstein P，Grann M，et al.，*Risk of violent crime in individuals with epilepsy and traumatic brain injury：a 35-year Swedish population study*，PLoS Med，2011.

③ Moffitt TE，Caspi A，Harrington H，et al.，*Males on the life-course-persistent and adolescence-limited antisocial pathways：follow-up at age 26 years*，Dev Psychopathol，2002，14，p.179–207.

④ Brower MC，Price BH，*Neuropsychiatry of frontal lobe dysfunction in violent and criminal behaviour：a critical review*，J Neurol Neurosurg Psychiatry，2001，71，p.720–726.

⑤ Wehman PH，Targett PS，Avellone LE，*Educational and vocational issues in traumatic brain injury*，Phys Med Rehabil Clin N Am，2017，28，p.351–362.

犯罪关系开展研究，弥补了我国在这一领域的研究空白。然而，本研究存在一定的局限性。由于调查资料限制，本研究所使用自报问卷对颅脑外伤进行测量，无法控制损伤的严重程度和类型，可能会导致研究结果产生偏倚。未来将借助磁共振脑功能成像等技术对颅脑外伤犯罪人员开展深入研究。尽管已调整了多个指标，但某些可能影响重新犯罪的因素未能纳入模型，在研究结果的解释和推演应用上需要更谨慎。此外，研究基于横断面调查进行分析，难以得出颅脑外伤和重新犯罪的因果关系，未来将针对这一问题进行完善。

综上，本研究发现颅脑外伤与人群重新犯罪风险增加相关。提示颅脑外伤的早发现、早治疗与早干预，可能在降低重新犯罪风险方面发挥了关键作用。此外，针对监狱、看守所和社区服刑期间犯罪人员进行颅脑外伤常规筛查并提供治疗与康复方案，对于预防重新犯罪具有重要意义。

立法问题研究

LIFAWENTIYANJIU

我国现行民事法律域外适用标准和程序存在的问题与建议*

闫 佳**

一、我国现行民事法律域外适用的内涵和外延

"中国法域外适用法律体系"的含义在学术界和实务界存在不同看法。有的学者表示："国内法律域外适用指的是一国基于对外国的武装占领或在其他类似情况下，由其权力机关适用国内法来实现域外行使权力。"① 又有的学者表示："国内法域外适用指的是国家将国内具有域外效力的法律适用于其管辖领域之外的人、物和行为的过程。"② 还有的学者指出："国内法的域外适用，实质上是本国立法管辖权如何在域外

* 本文系国家社科基金重大研究课题"国际私法视域下中国法域外适用的制度构建研究"（20&ZD202）的中期成果之一；司法部法治建设与法学理论研究部级科研项目"我国现行法域外适用的标准和程序研究"（20SFB4066）的结项成果之一。

** 闫佳，司法部预防犯罪研究所戒毒工作研究室主任、副研究员。

① 霍政欣：《国内法的域外效力：美国机制、学理解构与中国路径》，载《政法论坛》2020 年第 2 期。

② 廖诗评：《中国法域外适用法律体系：现状、问题与完善》，载《中国法学》2019 年第 6 期。

得以确认和实现的问题。”[①] 本文所讨论的“中国民事法律体系”包括中国调整民事法律关系的所有法律规则，既包括立法层面的法律规则，又包括司法层面实施法律的司法适用。“中国民事法律域外适用”指的是中国民事法律体系在本国管辖范围之外区域产生法律效力的过程，也就是我国法院以现行民事法律规则为依据对域外司法管辖权进行落实的行为。

（一）立法层面：法律规范情况

我国具有域外效力的民事法律规范在各类法律与行政法规中都有所体现，并且涉及范畴比较广泛，主要包括以下四类：一是涉外单行法律，包括涉外民事关系法律适用法（以下简称《法律适用法》）、国籍法、缔结条约程序法、对外贸易法、出口管制法[②]、反外国制裁法等。这些法律与我国主权或者国家安全和发展利益息息相关。二是明确规定域外效力的法律，包括反垄断法[③]、民事诉讼法[④]、证券法[⑤]、个人信息保护法[⑥]等。这些法律部分条款具有域外适用的效力。三是法律调整范围和对象具有域外因素，如外商投资法、海商法[⑦]、民用航空法、反不

---

① 孙尚鸿：《内国法域外适用视域下的管辖权规则体系》，载《社会科学辑刊》2021 年第 4 期。

② 出口管制法是我国出口管制领域第一部专门法律，明确了域外适用和对等采取措施等内容。

③ 《反垄断法》第 2 条规定：“中华人民共和国境内经济活动中的垄断行为，适用本法；中华人民共和国境外的垄断行为，对境内市场竞争产生排除、限制影响的，适用本法。”

④ 《民事诉讼法》第四编“涉外民事诉讼程序的特别规定”。

⑤ 《证券法》第 2 条第 4 款规定：“在中华人民共和国境外的证券发行和交易活动，扰乱中华人民共和国境内市场秩序，损害境内投资者合法权益的，依照本法有关规定处理并追究法律责任。”

⑥ 《个人信息保护法》第 3 条明确在我国境内处理个人信息的活动适用本法的同时，赋予必要的域外适用效力。

⑦ 《海商法》第十四章，专门规定“涉外关系的法律适用”。

正当竞争法[1]等。四是行政法规和部门规章，如商务部出台《不可靠实体清单规定》和《阻断外国法律与措施不当域外适用办法》（以下简称《阻断办法》）等。

目前，中国法的域外适用规则尚未形成体系，具有域外效力的法律数量有限，重要的部门法中，域外适用条款是缺位的，对于涉外法律关系的调整存在一些真空和盲点。比如金融领域，修改中国人民银行法、商业银行法、保险法，增加域外适用条款，从而更有针对性地依法打击域外金融违法犯罪行为。

（二）司法层面：法律适用情况

我国现行法律域外适用存在一些问题[2]：一是法律域外适用的范围不够周延。比如我国民事诉讼法规定了涉外民事诉讼程序的特殊规则，确立"适用法院地法"规定，但是当程序法与实体法适用规则冲突时，法官面临准据法选择的困难。二是法律域外适用的效力不明确，个别域外效力规定之间存在相互抵触情况。比如《法律适用法》中明确"公共秩序保留排除外国法适用"，但未明确排除"国际条约和国际惯例的适用"，但是在对外贸易法中，明确"以公共秩序制度排除国际惯例的适用"。三是个别司法解释创设规则。个别司法解释中选法条款、数量和内容上较为详尽，一定程度上超出司法解释本身的功能和范畴，赋予司法解释更高的法律效力。比如最高人民法院在涉外民商

---

① 《反不正当竞争法》第二章"不正当竞争行为"中的列举也足以说明本法域外适用的可能性。

② 有学者认为，存在"不系统、不全面、不具体、不明确、不科学"五大缺陷。参见黄进：《弥补涉外民事关系法律适用法的五大缺陷》，载《中国社会科学报》2009 年 7 月 1 日。

事案件司法解释和批复中，就创设了一些域外适用的规制[①]。四是域外适用效果难以评估。比如我国现行法律术语翻译的标准化和规范化尚未统一，在一定程度上制约了国内法域外适用的发展。

（三）研究视角

"法律域外适用"是一个重大的理论和实践性命题，关乎国家主权和定位。在构建"人类命运共同体"、推动共建"一带一路"高质量发展的大背景下，我国法律域外适用法律体系建设还存在诸多亟待解决的问题。首先准确地界定、确定并适用我国民事法律域外适用的准据法不仅关系到实体正义，更影响程序正义的实现。限于研究的深度和广度，不能做到面面俱到，因此本文拟从涉外民事法律关系入手，重点结合当前我国现行民事法律域外适用的立法标准和司法程序进行探讨。以法律适用的"标准"和"程序"为研究视角，正是基于"一机两翼"理论[②]，即"国际私法内涵将统一实体法、冲突法和涉外民事关系适用法律等都包含在内。两翼分别是指国籍和外国法律地位问题，以及纠纷出现的情况下，对纠纷进行处理的国际民事诉讼程序，前者为涉外民事关系解决的基础"。[③]因此，民事法律域外适用的"标准"关注于实体法即准据法的适用，"程序"则注重涉外民事诉讼流程，对法律域外适用的规范和程序进行健全和优化，就是运用法律矛盾冲突的相关理论、方法以及实务经验，准据法适用的统一标准及规范程序，

---

① 例如，《最高人民法院关于涉外民商事案件诉讼管辖若干问题的规定》《最高人民法院关于适用〈中华人民共和国涉外民事关系法律适用法〉若干问题的解释（一）》《最高人民法院关于明确第一审涉外民商事案件级别管辖标准以及归口办理有关问题的通知》《最高人民法院关于适用〈中华人民共和国民事诉讼法〉的解释》（根据 2020 年 12 月 23 日最高人民法院审判委员会第 1823 次会议通过的《最高人民法院关于修改〈最高人民法院关于人民法院民事调解工作若干问题的规定〉等十九件民事诉讼类司法解释的决定》）等。这些司法解释的规定明确涉外民事法律关系所适用的规则。

② 郭玉军、车英、李洁：《韩德培法律思想研究》，载《武汉大学学报（哲学社会科学版）》2007 年第 3 期。

③ 肖永平：《冲突法专论》，武汉大学出版社 1999 年版，第 302 页。

以期在一定程度上加快推进我国现行民事法的域外适用，从而保护我国企业和公民域外的合法权益，服务高水平对外开放，维护国家主权、安全、发展利益。

二、我国现行民事法律域外适用标准及其问题

我国民事法律域外适用的依据主要基于国际法认可的管辖权原则，即属地管辖权、属人管辖权、保护性管辖权和普遍管辖权。从美国《对外关系法重述（第三次）》相关规定可以发现，美国利用法律适用中的“效果原则”和“保护原则”，使其法律适用超越传统的属地原则和属人原则，得以实现对其域外人、物和行为行使管辖权。

随着我国“一带一路”建设的推进，涉外法律领域不断拓展，我国民商事立法逐步突破“绝对属地主义”的范畴，在保证法律适用结果的确定性、稳定性、一致性的同时，也需要灵活地运用法律选择的方法。但是，法律域外适用过程中，如何认定涉外案件，如何准确理解和适用中国法，如何统一司法裁判标准，如何指导域外司法实践，成为涉外司法工作面临的问题。因此，下面重点探讨我国民事法律域外适用所涉及的认定标准、适用标准（最密切联系原则和直接适用法）以及司法审判实务等方面的问题。

（一）涉外民事法律关系认定标准

1. 立法认定标准

涉外民事法律适用都是以涉外民事法律关系认定为基础，域外对于“涉外民事关系”的认定并不完全一致[①]，赋予法官较大的自由裁量权。我国在涉外民事关系涉外性的认定上历经多个阶段。《法律适用法》没有对于“涉外民事关系”进行清晰明确的界定，最开始的认定标准是“民事关系的主体涉外”，也就是民事关系的营业所或国籍具备涉外因素；由于单纯以“主体涉外”为标准造成涉外司法实践冲突，

---

① 通常有“法官自由裁量、法律关系构成要素、是否与外国法有联系、涉外行为标准”等。

2012 年,《最高人民法院关于适用〈中华人民共和国涉外民事关系法律适用法〉若干问题的解释（一）》（以下简称《法律适用法司法解释（一）》）第 1 条对涉外民事关系认定作出解释，规定从“民事关系主体、标的物或者引发民事关系变动的法律事实”三个方面考察《法律适用法》的调整范围，从而确立了“法律关系构成因素”的标准。但是法律域外司法适用的立案标准更加复杂，2020 年,《最高人民法院关于适用〈中华人民共和国民事诉讼法〉的解释》（以下简称《民事诉讼法司法解释》）对涉外民事诉讼程序进行特别规定。由于目前我国奉行“绝对管辖原则”，导致现行法律域外适用的司法实践严重不足，明确法律域外适用的认定标准则需要在司法实践经验中提炼，逐步规范其适用的范围和内容，这样经过实践验证的标准才相对精准，而且可以经过实践不断完善，从而使其标准更加具有指导性和可操作性。

2. 司法适用问题

随着经济全球化加速发展，对外开放和“一带一路”国际合作不断深化，涉外民事争议更加频繁也越发复杂，合理认定涉外案件是我国法域外适用的先决条件。笔者根据中国裁判文书网抽样检索“涉外法律适用”案例，筛选出具有代表性的 5 个案例，重点聚焦案件的涉外性标准的认定，并根据案件当事人、案由、涉案国家或地区、法院适用的法律条款等要素进行整理分析。（见表 1）

表 1　中国法院审理涉外民商事案件涉外性认定的抽样情况①

序号	当事人与案由	案号	涉案国家或地区	涉外性	准据法
1	招商银行股份有限公司成都科华路支行与成都华川进出口集团有限公司、华川格鲁吉亚有限公司保函纠纷	（2013）川民终字第 750 号	格鲁吉亚共和国	本案系涉外保函纠纷案件	《法律适用法司法解释（一）》第 1 条第 4 项

① 案例来源于中国裁判文书网，https：//wenshu.court.gov.cn/，2021 年 2 月 28 日访问。

续表

序号	当事人与案由	案号	涉案国家或地区	涉外性	准据法
2	河南新驰国际贸易有限公司、刘某某侵害商标权纠纷	（2020）豫知民申10号	俄罗斯	本案系侵犯商标权纠纷案件	《民事诉讼法》第119条、第207条，《民事诉讼法司法解释》第408条
3	侯某某、邱某某民间借贷纠纷	（2020）赣01民终2700号	赞比亚共和国	本案虽有涉外因素，但不属于涉外案件	《民事诉讼法》第17条、第18条，《民事诉讼法司法解释》第1条
4	伍某某、FAMINCHEN房屋租赁合同纠纷	（2019）桂03民终531号	加拿大、中国	本案被告的国籍变更是在案件审理期间，属于涉外民事案件	《民事诉讼法司法解释》第522条
5	上海海捷商贸有限公司与捷豹路虎（中国）投资有限公司买卖合同纠纷	（2017）沪0115民初98639号	中国	本案的主合同约定英格兰法院为管辖法院，其与本案争议并无实际联系，不属于涉外民事案件	《民事诉讼法》第23条

根据上述抽样选取的5个案例，可以看出在我国司法实践中对于案件涉外性的认定较为复杂，仅依据《法律适用法司法解释（一）》“法律关系构成因素”标准，可能会存在一些问题：

一是涉外性认定标准存在争议，可能会将不属于涉外民商事案件涵盖在内。以河南新驰国际贸易有限公司、刘某某侵害商标权纠纷案为例，是否具备涉外性是此案的关键问题。虽然一方当事人系在俄罗斯注册的有限责任公司，具有主体涉外性，可以按涉外案件处理，但是本案系侵害商标权纠纷，对商标权的保护，应以商标权的有效存在为前提和基础。该案经过一审、二审、再审[①]以及审判监督程序，最后裁定一审、二审部分法律适用错误。商标权作为知识产权具有地域性，对于没有在中国注册的商标，即使其在外国获得注册，在中国也不享有注册商标专用权，从而认定其不具有涉外性因素，应适用国内法来处理。由该判决折射的规则可以看出，涉外性标准的认定需要根据特定的案件进行具体分析，综合运用我国民事领域法律规则和司法解释。

二是认定结果偏差。例如侯某某、邱某某民间借贷纠纷案件中，按照“法律关系构成要素”标准，当事人一方声称其经常居住地为赞比亚共和国，公司在非洲赞比亚成立，主张该案具有涉外性因素。但是法院经审理后认定双方当事人均为中国公民，一方当事人以民间借贷向人民法院起诉，且款项支付的事实有部分发生在国内，本案虽有涉外因素，但不属于涉外案件。

综上所述，涉外案件因素需要严格审定，遵循“谁主张，谁举证”的原则，确保其涉外因素客观性、规范性。如果盲目扩大涉外案件的范围，会增加纠纷解决的司法成本；如果过度限制涉外认定标准，又会构成判决承认的阻碍，不利于保护当事人。因此，需要通对现行《法律适用法》进行修改完善，进一步明确涉外民事关系认定的适用标准，才能公平解决纠纷，维护我国司法主权，保护当事人合法权益。

（二）“最密切联系原则”适用标准

1. 立法适用标准

最密切联系原则源于萨维尼“法律关系本座说”[②]，后广泛应用于美国的立法和司法实践中。特别是美国《第二次冲突法重述》确立了“最密切联系原则”。其中第6条[③]明确了“最密切联系原则”的三个

---

① 该案件再审认定：“原审法院将涉外定牌加工方式固化为不侵犯商标权的除外情形，违背了商标法上商标侵权判断的基本规则，系适用法律错误的意见。”案例来源于中国裁判文书网，https://wenshu.court.gov.cn/，2021年5月11日访问。

② See F. Visscher, *General Course on Private International Law*, Recueil des Courts 232, 1993, p.126, 153.

③ 《第二次冲突法重述》的核心条款是第6条，它旨在给予法官在所有的涉外民商事案件中解决法律适用问题的指导方针。

特征：（1）政府利益是基础。最密切联系往往是政府利益最重要的连结点，该连结点是基于政策推导出来的。[①]（2）分类是法律适用的基础。无论是涉外合同还是涉外侵权领域都有详细的类型，适用不同的规定。即使是同一类型案件也会选择与某一连结点有密切联系的法律。（3）连结点列举有具体指向。[②]"最密切联系原则"理论在国际私法学界受到广泛重视，奥地利、瑞士和德国等国将"最密切联系原则"作为"帝王条款"来适用。[③]最密切联系原则的确立，有助于认定事实的统一性和适用法律的规范性，突破性提出准据法适用指引，从而有效地发挥其效能。

在我国，"最密切联系原则"已经纳入《法律适用法》相关条款中，该法第2条第2款明确规定："……对涉外民事关系法律适用没有规定的，适用与该涉外民事关系有最密切联系的法律。"第6条和第19条，将"最密切联系原则"上升为解决"区际冲突"和"自然人国籍的积极冲突"的主要方法。[④]在涉外合同以及有价证券的法律适用中该原则也同样适用[⑤]。虽然上述条文明确该原则的适用，但是由于法律

---

① 参见周新军：《论国际合同中最密切联系原则的运用》，载《国家检察官学院学报》2001年第3期。

② 例如，在适用《法律适用法》第6条的原则决定一个争议点的准据法时，应当考虑的连结点包括：经常居住地、主营业地、损害发生地等，这些连结点根据特定争议点的相对重要性来衡量。

③ 参见肖永平、王承志：《第三次冲突法重述：美国学者的新尝试》，载《武汉大学学报（哲学社会科学版）》2004年第1期。

④ 《法律适用法》第6条规定："涉外民事关系适用外国法律，该国不同区域实施不同法律的，适用与该涉外民事关系有最密切联系区域的法律。"第19条规定："依照本法适用国籍国法律，自然人具有两个以上国籍的，适用有经常居所的国籍国法律；在所有国籍国均无经常居所的，适用与其有最密切联系的国籍国法律。自然人无国籍或者国籍不明的，适用其经常居所地法律。"

⑤ 《法律适用法》第39条规定："有价证券，适用有价证券权利实现地法律或者其他与该有价证券有最密切联系的法律。"第41条规定："当事人可以协议选择合同适用的法律。当事人没有选择的，适用履行义务最能体现该合同特征的一方当事人经常居所地法律或者其他与该合同有最密切联系的法律。"

对其规则标准制定得过于简单，法官在司法实践中具有较大的自由裁量权，容易造成不同审级法院理解和适用的差别。

2. 司法实践适用问题

在我国的司法实践过程中，“最密切联系原则”应用较为广泛。根据有关学者选取适用“最密切联系原则”的 80 个典型案例分析来看，“最密切联系原则”案例主要集中在合同和侵权领域，其中援引《法律适用法》第 2 条的案例将近 20%，援引第 41 条的案件超过 80%[①]。适用“最密切联系原则”时，如何确定“连结点”是法院重点考虑的因素。笔者通过中国裁判文书网查阅，依次输入“最密切联系原则”“法律适用法”“连结点”后，仅剩 15 个典型案例。（见表 2）

表 2　法院根据连结点确定准据法的案件分析[②]

判决查询关键词	数量（件）	比例（%）
最密切联系原则	4160	100
法律适用法	2677	64
连结点	15	0.3

笔者抽样选取 4 个典型案例（见表 3），对法官选择“连结点”予以考量的情形进行分析，可以发现以“连结点”（最密切联系地）为标准来确定准据法的结果不一。即使在同一个案例中，由于选择不同的“连结点”也会出现适用不同法律的情形。因此，“最密切联系原则”立法上属于概括性规定，为统一该原则的适用标准问题，有必要将我国司法实践中积累的经验通过立法形式转化为指导性案例，或者通过司法解释的形式作出规定，并且对该原则适用要求进行确定，从而避

① 有学者选取法院适用最密切联系原则作出的 80 个有代表性的判决进行研究发现，15 个援引《法律适用法》第 2 条，剩下的 65 个案件援引第 41 条规定。参见卢月：《论〈涉外民事关系法律适用法〉中最密切联系原则的司法适用》，载《时代法学》2015 年第 4 期。

② 资料来源于中国裁判文书网，https://wenshu.court.gov.cn/，2021 年 6 月 6 日访问。

免连结点选择的随意性。

表 3　中国法院审理“最密切联系原则”案件的抽样情况[①]

序号	当事人与案由	连结点
1	中国太平洋财产保险股份有限公司苏州分公司与德迅物流公司保险人代位求偿权纠纷	该案在法律没有明确规定、当事人没有约定的情况下，运用最密切联系原则识别冲突规范时，综合多方因素，最后将保险事故发生地确定为准据法的连结点
2	河南省煤田地质局二队、李某某确认合同无效纠纷	二审法院调查后表示：一审法院表示当事人对于合同适用法律不具有选择权，对于准据法来说，利用该原则确定时存在不足之处，所以其确定是以合同履行地为标准
3	吴某某、李某某损害股东利益责任纠纷	一审法院以当事人主张的损害事实主要发生在我国境内，因此本案与我国具有连结点为由，确立法院管辖权
4	尼玛克焊接技术（北京）有限公司、锦州市圣合科技电子有限责任公司买卖合同纠纷	本案属于非金钱给付义务合同，基于合同特征，采取特征性履行推定为最密切联系原则的连结点，从而确定将与特征义务履行地有最密切联系的法院作为其管辖法院

（三）“直接适用的法”适用标准

1. 立法适用标准

“直接适用的法是指一种强制性规范，因该规范的性质而具有对涉外民事关系直接适用的效力。”[②]该理论追溯至萨维尼的“法律关系本座说”，后来经国际私法学者福勋·弗朗西斯卡斯（Phocion Francescakis）正式论证确立，并提出“国家制定一系列法律规范调整涉外法律关系，有些法律规范打破传统冲突规范的束缚，被直接适用于涉外民事关系

① 案例来源于中国裁判文书网，https://wenshu.court.gov.cn/，2021 年 2 月 28 日访问。

② 张春良：《直接适用的法与相关制度的体系平衡》，载《法学研究》2018 年第 3 期。

中，通过法律的调整，更好地维护国家利益和社会利益”。[①]该制度也在欧洲一些国家中使用。我国《法律适用法》第4条明确“直接适用的法”制度，只对国内法律“强制性规定”有效。但是，由于该规定较为原则和模糊，没有明确强制性、指引性的适用标准，引起学者对该制度可操作性的质疑，也在司法实践中给法官带来困扰，误用、滥用强制性规定的问题比较突出。[②]

《法律适用法司法解释（一）》第8条[③]对其予以详尽阐释，并且列举了“直接适用的法”的5种常见类型[④]，并以第6项“其他情形”作为兜底条款。由此可见，这一制度赋予法官一定的自由裁量权，如果频繁启用“直接适用的法”制度将导致大量的涉外案件适用我国的法律，这与我国冲突法本身的立法目的不符，而且容易影响国家对外民商事贸易。另外，司法解释中所列举的其他情形也有待进一步推敲。[⑤]“直接适用的法”范围和标准的确定属于国内外的理论难题，我国现有司法解释还不够完善，同时“直接适用的法”能够直接适用到涉外案件中，需要进行个案分析，综合各种情形后才能总结出规律性标准和适用范围。

---

① 韩磊：《试论“直接适用的法”的经济法属性及其适用》，载《北京理工大学学报（社会科学版）》2017年第2期；徐冬根：《国际私法趋势论》，北京大学出版社2005年版，第392页。

② 参见黄进、连俊雅、杜焕芳：《2014年中国国际私法司法实践述评》，载《中国国际私法与比较法年刊》2015年。

③ 参见《最高人民法院关于适用〈中华人民共和国涉外民事关系法律适用法〉若干问题的解释（一）》（2020年修正）第8条规定：“有下列情形之一，涉及中华人民共和国社会公共利益、当事人不能通过约定排除适用、无需通过冲突规范指引而直接适用于涉外民事关系的法律、行政法规的规定，人民法院应当认定为涉外民事关系法律适用法第四条规定的强制性规定……”

④ 5种常见类型包括：涉及劳动者权益保护的；涉及食品或公共卫生安全的；涉及环境安全的；涉及外汇管制等金融安全的；涉及反垄断、反倾销的。

⑤ 参见刘仁山：《“直接适用的法”在我国的适用——兼评〈《涉外民事关系法律适用法》解释（一）〉第10条》，载《法商研究》2013年第3期。

2. 司法适用问题

笔者在“中国裁判文书网”上对“《法律适用法》第4条”适用进行案例检索，相关案件数量达到114件，其中适用“直接适用的法”的“强制性规定”有39件，占比达到34%[①]。法院援引《法律适用法》第4条、《法律适用法司法解释（一）》第10条等案例高达80%，而且各法院为适用强制性法律而依据的理由，以“公共政策”和“法律规避”的理由居多[②]。例如，在中国长城工业与中行（香港）担保合同案中，当事人双方商议后，同意按我国香港特别行政区法律来管辖。但是，最高人民法院审理后认定，双方协议选择适用的法律无效。由于我国属于外汇管制国家，担保应当履行登记和审批手续都具有强制性要求，即境内机构需要进行登记并审批通过才可以为境外提供外汇担保。本案中国家外汇部门并未对该担保进行审核，相关登记手续也并未按要求办理，因此必须以内地法律为依据。因此，本案仍应适用内地有关法律规定予以处理。[③]由此可见，我国的“强制性法律”应予以“优先适用”，一方面，根据“公共秩序保留”制度，法院可以排除当事人选择的准据法；另一方面，根据“法律规避无效”制度，在一些特殊涉外经济法律关系领域，我国为维护国家重大经济利益制定了一系列强制性规则。[④]以合同为依据，对于当事人来说，“意思自治”和“直接适用的法”适用具有同等效力，但是两者冲突时的选择要更为严谨，尤其是对于“直接适用的法”的适用范围和标准进行准确的界定，才能排除“意思自治”的适用。但是，从国际私法目的的角度展开分

---

① 资料来源于中国裁判文书网，https://wenshu.court.gov.cn/，2021年8月2日访问。

② 参见万鄂湘主编：《〈中华人民共和国涉外民事关系法律适用法〉条文理解与适用》，中国法制出版社2011年版，第37—38页。

③ 参见中国银行（香港）有限公司与中国长城工业总公司担保合同纠纷民事判决书［最高人民法院（2001）民四终字第16号］。

④ 例如，《外汇管理条例》第18条、《出口管制法》第5条、《海商法》第44条、《国际海运条例》第2条。

析，又不适合对“直接适用的法”适用范围进行过度的拓宽[①]，例如在当事人选择的法律符合我国法律法规要求和规定的情况下，在司法审判过程中应对当事人准据法的选择予以充分尊重。

综上所述，无论是最高人民法院发布的规范性文件，还是涉外法治的司法实践中确立的司法解释标准、典型指导案例等，都为我国涉外民事法律域外适用提供了依据。但是，我国现行民事法律域外适用仍然存在一些问题，司法审判自由裁量、标准的确定性和规范性还有待细化。因此为了保障更高水平对外开放，最高人民法院出台《关于人民法院服务保障进一步扩大对外开放的指导意见》[②]，不断完善涉外法律适用规则体系建设。此外，应重视针对具体案件释法说理，以个案推动法治，逐步统一法律适用标准，确保法院依法行使司法管辖权，让每一个司法案件体现公平正义，平等保护当事人合法权益。

三、我国现行民事法律域外适用的程序及其问题

我国民事法域外适用需要实体法和程序法的协调和对接，涉外民事案件管辖权的确定影响法律选择的方向和准确法的确立，涉外民事实体法赋予涉外管辖权，两者相互促进和制约。随着我国域外法律工具箱的不断充实，域外法律实体规范逐步扩大化、具体化和体系化，其实施需要涉外民事诉讼程序予以协调和配合。因此，下文就我国现行民事法律域外适用程序存在的困境和问题进行分析。

（一）我国涉外民事诉讼程序相关规定

涉外民事诉讼程序是我国司法机关基于国家主权直接引申出受理、审判、执行涉外民事案件的整个诉讼过程。涉外民事案件的诉讼程序依“法院地法”，已成为国际私法中公认的、普遍采用的原则。我国

① 《法律适用法司法解释（一）》未涉及外国“直接适用的法”之适用问题。

② 《最高人民法院关于人民法院服务保障进一步扩大对外开放的指导意见》，载最高人民法院网 2020 年 9 月 25 日，http://www.court.gov.cn/fabu/xiangqing/266851.html。

亦明确“凡是在中华人民共和国领域内进行的民事诉讼均适用我国民事诉讼法”，针对涉外民事诉讼过程中“司法、仲裁、管辖、一般性规定、司法协助”等进行明确和细致的规定。[①]

随着我国“一带一路”建设的推进，涉外民商事纠纷大幅增加，我国相继出台法律法规和部门规章。一是《最高人民法院关于涉外民商事案件诉讼管辖若干问题的规定》（2020年修正），进一步明确涉外案件管辖权和重大涉外案件范畴[②]。二是修改完善涉外民事案件送达方式，增加邮寄送达、公告送达、委托人送达以及依据国际和双边司法协助条约送达。[③]三是最高人民法院出台《关于依法妥善审理涉新冠肺炎疫情民事案件若干问题的指导意见（三）》[④]，聚焦受疫情影响较大的涉外商事海事纠纷提出具体司法指导意见，对域外证据收集、取证、期限，承认和执行外国法院判决裁定的时效中止，外国法查明与适用，以及涉外信用证和独立保函两类案件审理提供具体指引。由此看出，无论是涉外民事纠纷的识别、案件管辖权冲突、送达、准据法确定、域外法查明还是外国法院判决的裁定和执行，我国不断规范涉外民事诉讼的程序问题，并及时修改和调整相应规定，给予司法审判精准的指引。

（二）我国涉外民事诉讼程序司法程序中的实证分析

本部分从中国裁判文书网筛选出5起较为典型案例，关于案例的抽样选择，既注重案例程序的多样性，又照顾审案法院的多级性；既考虑法院管辖程序的合理性，又选取管辖权异议的案例，并且以问题

---

① 《民事诉讼法》第四编为涉外民事诉讼程序的特别规定。

② 《民事诉讼法》第19条规定的重大涉外案件，包括争议标的额大的案件、案情复杂的案件，或者一方当事人人数众多等具有重大影响的案件。参见《最高人民法院关于适用〈中华人民共和国民事诉讼法〉的解释》（2022年修正）。

③ 详见《最高人民法院关于涉外民事或商事案件司法文书送达问题若干规定》（2020年修正）。

④ 《最高人民法院关于依法妥善审理涉新冠肺炎疫情民事案件若干问题的指导意见（三）》，载最高人民法院网2020年6月16日，http://www.court.gov.cn/zixun/xiangqing/236501.html。

为视角，注重对司法程序中遇到的问题进行剖析。（见表4）

表4　中国法院审理涉外民商事案件程序问题抽样统计 ①

序号	当事人及案由	案号	涉案国家（地区）	适用法律	程序法依据
1	张某某、马某某案外人执行异议纠纷	（2019）浙民终952号	美国	适用中华人民共和国法律	《民事诉讼法》涉外民事诉讼程序的特别规定
2	李某某与屈某等合同纠纷	（2020）京民终236号	中国	适用中华人民共和国法律	《民事诉讼法司法解释》第551条
3	刘某某、王某某民间借贷纠纷	（2019）最高法民终563号	加拿大、中国	本案为民间借贷纠纷案件，当事人依照法律规定可以明示选择涉外民事关系适用的法律	《法律适用法》第3条，《民事诉讼法司法解释》第522条
4	美怡有限公司、嘉昌控股有限公司侵权责任纠纷	（2019）最高法民再157号	英国	本案名为侵权之诉，实际仍涉及履行系争合同所产生的争议	《民事诉讼法司法解释》第531条
5	康文森无线许可有限公司、华为技术有限公司确认不侵害专利权纠纷	（2019）最高法民终732、733、734号之二	德国、中国	遵循国际礼让原则，符合国际司法惯例	《民事诉讼法》第108条，《民事诉讼法司法解释》第171条

从上面5个案例的归纳梳理情况来看，法院在审理涉外民商事案件程序中，主要存在以下三个方面问题：

第一，涉外民事诉讼程序的适用依据问题。

一是，需要对涉外民事诉讼程序问题进行识别，区分程序问题与实体问题。例如，在“美怡有限公司、嘉昌控股有限公司侵权责任纠

① 案例来源于中国裁判文书网，https://wenshu.court.gov.cn/，2021年6月2日访问。

纷”案件中，双方争议焦点名义为侵权之诉，实际是管辖权纠纷上的程序问题。法院需要围绕双方争议的焦点，将程序和实体问题同时纳入审查范围，但是选择法律适用的准据法上存在争议。该案中，实体侵权问题依据《法律适用法》规范的指引选择，如果当事人双方有约定，可以选择适用我国香港特别行政区法律；但是程序问题通常根据“程序问题适用法院地法”的规定适用“法院地程序法”，由我国内地法律管辖。同样，在“刘某某、王某某民间借贷纠纷”案例中，由于当事人一方是外国籍，根据主体涉外性，可以适用涉外民事诉讼特别程序，即适用我国法院地法律。但是，双方争议点是借贷纠纷，可以依据《法律适用法》第 41 条关于“当事人可以协议选择合同适用的法律”的规定，适用双方约定的法律，因此会出现实体法和程序法法律冲突的情况。根据《法律适用法》第 8 条规定，在涉外民事关系定性中对“法院地法律”适用，是以实体法适用为依据，而涉外民事诉讼程序以《民事诉讼法》第 270 条规定为依据，“在中华人民共和国领域内进行涉外民事诉讼，适用我国民事诉讼法”的适用需进一步探究和分析。

二是，针对案例具体情况对“法院地法”进行多方考量和判定。“法院地法”是程序问题最易于确定的法律。“法院地法”倾向形成的原因不是单一的，而是许多原因“合力”的结果。有学者指出，在我国涉外民事法律适用中，“回家去的趋势”客观存在。[①] 该趋势有其历史和现实的必然性，但自身确实存在不少弊端。例如，阻碍判决的承认与执行、加剧当事人“挑选法院”、妨碍国际民商事的正常交流等。在全球化和中国国际地位日渐凸显的背景下，“法院地法”的片面性成为学者们批评的对象。因此，需要对“法院地法”倾向进行适当的限制。[②]

第二，执行异议之诉案件中程序适用的问题。

---

① 参见何其生、许威:《浅析我国涉外民事法律适用中“回家去的趋势”》，载《武汉大学学报（哲学社会科学版）》2011 年第 2 期。

② 参见何其生、许威:《浅析我国涉外民事法律适用中“回家去的趋势”》，载《武汉大学学报（哲学社会科学版）》2011 年第 2 期。

在涉外民事案件中，区分“实体法和程序法”是先决条件，但是有时候划分两者的标准很难界定。例如，在“张某某、马某某案外人执行异议之诉”案件中，法院认为执行不动产在我国管辖区，根据“最密切联系原则”适用中华人民共和国法律。对此，双方在法律适用上存在异议，其原因在于《法律适用法》及其司法解释未明确涉外不动产合同的法律程序的适用规则，在涉外不动产合同法律适用的司法实践中，准据法选择存在三种情形，可以适用不动产物权所在地法律、最密切联系地法律或者当事人意思自治确定的法律。此外，该案在案件执行上双方也存在异议。当事人对执行标的提出确权之诉，这属于实体权利的确认。根据《民事诉讼法司法解释》第 310 条、第 311 条的规定，由于双方争议焦点不属于“足以排除强制执行的民事权益”，最后法院经审理驳回执行异议请求。

第三，涉外民事诉讼程序管辖权冲突问题。

涉外民事诉讼管辖权的规定主要集中在民事诉讼法及最高人民法院的司法解释中，包括法院地管辖、地域管辖、协议管辖、专属管辖等。但是在涉外民事诉讼管辖权冲突中，不仅要从本国利益出发，也要遵循国际礼让原则，符合国际司法惯例。例如，在“康文森无线许可有限公司与华为技术有限公司专利许可纠纷”案中，由于国际平行诉讼的存在使得不同法域的法院在审理中面临复杂的情形。双方争议焦点包括中国法院是否具有管辖权，以及中国法院裁定对德国裁判的影响。对于我国领域内发生的民事纠纷案件，我国法院基于“最密切联系原则”享有司法管辖权，尽管德国正在进行的平行诉讼不会影响中国法院的管辖权，但我国法院的裁定遵循“国际礼让原则”，不涉及实体法律问题，因此不会对德国诉讼造成消极影响。

根据上述 5 个案例分析可知，我国法院在审理涉外民事案件过程中，应当根据案件事实、当事人诉辩意见等确定案件的争议焦点问题。这些问题可能是程序问题，如管辖权问题、送达问题，也可能是实体问题，如合同的效力问题等。对于涉外民事诉讼程序问题，我国法院应当根据上述法律适用规范的规定，同时遵循国际礼让原则，遵守国际司法惯例，而非仅仅根据冲突规范的指引，简单地选择我国“法院地法”作为程序问题的准据法。

四、完善我国现行涉外民事法律域外适用的标准与程序的建议

法院在中国法域外适用中的作用逐渐凸显，笔者通过典型司法判例分析，简要梳理了新形势下我国涉外民事法律域外适用的问题。笔者建议，我国民事法域外适用从整体上可以采取系统性理论，统筹协调法律域外适用中立法、司法、执法的各阶段，立足我国国情和现实需要，坚持遵循国际法基本原则和国际关系准则，用足用好现有域外适用法律法规，明确涉外的标准和程序，最终形成具有实际可操作性的解决方案，保障和服务于我国高水平对外开放。具体而言，可以采取以下措施：

（一）统一我国现行民事法域外适用标准的建议性路径

近年来，最高人民法院相继出台的司法政策和司法解释，为法官审判实践提供指引，对于解决自由裁量的困境发挥了不可替代的作用。但是，我国法域外适用的司法实践和经验较为薄弱，特别是《最高人民法院关于完善统一法律适用标准工作机制的意见》出台后，建立中国法域外适用案件的适用标准、统一裁判尺度，对于维护国家利益、保护当事人合法权益具有重要的意义。因此，笔者仅就涉外民事法律适用标准提出建议，以期在一定程度上推动法律适用标准的统一。

1. 完善涉外民事法律关系认定标准

如前所述，涉外民商事案件情形纷繁复杂，合理界定涉外民商事法律关系的范围，是实施现行法律域外效力的前提，也直接影响判决的承认和执行。借鉴我国签署的海牙《选择法院协定公约》[①]中“排他选择法院协议”以及“国际案件”的判断标准，“即除非当事人都居住在同一

① 《中国签署〈选择法院协议公约〉》，载外交部网 2017 年 9 月 12 日，https://www.fmprc.gov.cn/wjb_673085/zzjg_673183/tyfls_674667/xwlb_674669/201709/t20170912_7670813.shtml。

缔约国，并且排除被选择法院所在地以外，当事人的关系以及与争议有关的其他因素都只与该国有联系，才能认定该案件具有‘国际性’，属于‘国际案件’”。[①]换言之，如果争议双方“主体、客体和法律事实”不具备涉外因素，即使被选择的域外法院作出相关判决，该案件也不具有“国际性”。同样，我国《法律适用法》关于涉外因素的兜底条款则给予法官很大的自由裁量权，导致了判断标准的多元化。因此，为了营造良好的营商环境，最高人民法院针对涉外性认定标准的司法解释可以略作修改。一方面，借鉴海牙《选择法院协定公约》，对涉外标准进行严格限制，除了“主体、客体、法律关系”三要素具有“涉外性”以外，还需要将“合同履行地、履约过程、不可抗力”等因素纳入判定范畴，统筹考虑。另一方面，尊重“当事人意思自治”选择权，赋予当事人争议解决协议管辖权利。结合我国高水平对外开放需求，在民事案件“涉外因素”认定标准上逐步达成统一、规范、可操作性的准则，在尊重我国国情基础上，实现与国际规则的接轨。

2. 完善“最密切联系原则”适用标准

如前文所述，“最密切联系原则”兼具法律选择的灵活性和实现个案争议解决的优势，部分国家将其贯穿国际私法规范中，明确只要含有“涉外因素”的案件，都适用与该案件事实有“最密切联系”的法律。但是，我国“最密切联系”规定的界定和适用标准过于模糊，容易导致法官自由裁量权不好把握。对此，《瑞士联邦国际私法》第117条[②]就采取了以“特征性履行理论”作为确定“最密切联系地”的方

---

① 《一图读懂〈选择法院协议公约〉六项核心内容》，载搜狐网2017年11月2日，https://www.sohu.com/a/201901244_159412。

② 根据该条规定，以特征性义务履行人来决定最密切联系的关系时，下述合同的特征性义务履行人分别为：（1）赠与合同中，赠与人；（2）财产使用合同中，给予使用的一方当事人；（3）劳务合同中，提供劳务的一方当事人；（4）仓储合同中的保管人；（5）担保合同中的担保人。参见北大法宝，http://www.pkulaw.cn/fulltext_form.aspx?Gid=67109993。

法。《奥地利国际私法》第 48 条[①]也要求当所有的涉外当事人都与另一个国家有更密切联系时，才适用“最密切联系地法律”。《比利时国际私法典》第 19 条规定，当存在与案件“有更密切联系”的法律时，应选择“更密切联系地法律”。[②]我国司法实践中对于“最密切联系原则”的适用较为广泛，但也遇到了一些问题，因此可以借鉴美国《第二次冲突法重述》规定其实施的要素[③]，法院在判定“最密切联系”的法律时，应针对特定争议点，查明与纠纷有关的连结点，在权衡关联度时重点考察相关法律与案件的联系程度；满足当事人意思自治，遵守国际秩序和国际司法惯例，确保法律选择方向具有确定性、可预见性和一致性。[④]

3. 完善“直接适用的法”适用标准

如前所述，我国“直接适用的法”在司法实践的具体适用中容易造成混淆。据考察，美国俄勒冈州《涉外侵权和其他非合同请求法律

---

① 根据该条第 1 项规定，非契约损害求偿权，依造成此种损害的行为发生地国家的法律。但如所涉及的人均与另外同一国家的法律有更密切联系时，适用该国家的法律。第 2 项规定，因不正当竞争而发生的损害与其他求偿权，依受此竞争影响的市场所在国家的法律。参见北大法宝，http: //www.pkulaw.cn/fulltext_form.aspx?Db=qikan&Gid=ab918a1eca3ac686f7938bfa42e9c170bdfb。

② 《比利时国际私法典》总则部分第 19 条第 1 款规定，作为例外，如果综合考虑各种情况明显发现争议事项与根据本法确定的准据法所属国家仅有非常微弱的联系，但是却与另一国家有非常密切的联系，则根据本法确定的准据法不予适用。在此种情况下，应适用该另一国家的法律。转引自曲波:《〈比利时国际私法典〉例外条款立法评析及其启示》，载《东北师大学报（哲学社会科学版）》2010 年第 6 期。

③ 美国《第二次冲突法重述》第 6 条第 2 款规定的七大因素包括：州际及国际体制的需要；法院地的相关政策；其他利害关系州相关政策以及在决定特定问题时这些州的有关利益；对正当期望的保证；特定领域法律所依据的政策；结果的确定性、可预见性和一致性；将予适用的法律易于确定和适用。转引自马志强:《美国〈第二次冲突法重述〉中最密切联系原则评析》，载《公民与法（法学版）》2010 年第 5 期。

④ 许庆坤:《美国冲突法中的最密切联系原则新探》，载《环球法律评论》2009 年第 4 期。

适用法》第6条列举7种“直接适用的法”[①]，同时将适用法院地法限定在特定情形下，如当事人明示或者默示选择适用“法院地法”；与法院当地的公共利益相关的合同或者请求；与俄勒冈州存在“最密切联系”的合同或者请求。[②]我国“直接适用的法”主要是以《法律适用法司法解释（一）》为依据，明确可以直接适用“强制性规定”的五种情形。通过对域外相关制度的梳理，笔者建议：一方面，可以借鉴美国俄勒冈州的立法经验，仅对相对确定的情形直接规定适用“法院地法”，对于不确定的领域可以先采取案例指导制度，为法官识别此类“直接适用的法”提供参照依据。另一方面，通过完善司法解释补充其具体认定标准，比如法官在判定“强制性规定”时，应当综合分析相关法律的内容、性质和目的，同时考虑案情与我国联系的密切程度，并且注重对当事人的公平和我国重要公共政策的实现。“直接适用”的情形可以包括：主要履行地在我国且有不动产的合同；在我国证券交易所发生的证券交易；履行地在我国的进出口贸易；以及涉及国家主权领域和社会重大公共利益的其他排除适用的规则；等等。

---

① 美国俄勒冈州《涉外侵权和其他非合同请求法律适用法》第6条规定，以下诉讼中的非合同之债适用俄勒冈州的法律：（1）争议发生之后，诉讼当事人同意适用俄勒冈州法律；（2）在诉讼中，当事人均未提及外国法的适用问题；（3）在诉讼中当事人一方或双方提出使用外国法，但是未能按照法院的要求，协助法院查明外国法的相关规定；（4）针对俄勒冈州公共机构所提诉讼，除非根据俄勒冈州法的授权代表该公共机构的个人放弃使用俄勒冈州法律；（5）针对位于俄勒冈州的土地建筑物或其他不动产的所有人，出租人、持有人所提诉讼，以弥补或阻止对该不动产的损害，以及因此而发生在俄勒冈州的行为；（6）雇主和雇员之间的诉讼，该雇员受雇于俄勒冈州，伤害易发生在俄勒冈州；（7）根据俄勒冈州法律，经授权在俄勒冈州提供服务的职业人员因失职而引发的诉讼。转引自王承志：《美国俄勒冈州侵权及其他非合同之债法律选择法案述评——兼论〈涉外民事关系法律适用法（草案）〉之侵权法律适用条款》，载《中国国际私法学会2010年年会暨涉外民事关系法律适用法研讨会论文集》，第601页，参见万方数据，https：//d.wanfangdata.com.cn/conference/7363410。

② 许庆坤：《美国冲突法中的最密切联系原则新探》，载《环球法律评论》2009年第4期。

（二）完善我国民事法域外适用程序的建议性路径

随着中国综合国力的提升，我国的大国地位日渐凸显，“一带一路”高质量发展和海南自由贸易港、粤港澳大湾区的建设，我国国际经济贸易日益频繁。同时，我国涉外审判领域也在不断改革，比如涉外巡回法庭建立、最高人民法院国际商事法庭设立等，这一系列改革举措方便法院行使涉外审判职能，提升司法服务水平。如前所述，我国涉外民事诉讼程序还存在一些问题，比如诉讼程序相对封闭保守，涉外案件特殊性关注不足，民事诉讼法涉外诉讼程序规则可操作性不强等。因此，笔者建议应该在我国国情和司法实践的基础上，结合现有民事诉讼程序功能，从机制体制和程序优化的角度构建具有中国特色的涉外民事诉讼程序。

一是进一步完善涉外民事管辖权制度，确立积极管辖权。为满足我国更高水平的对外开放以及保护我国企业和公民在海外的合法利益的需要，我国的涉外民事诉讼程序应当对涉外民事管辖权作出特别规定。我国目前涉外民事诉讼过分强调“实际联系”的管辖原则，难以满足国际民商事争议的需要，特别是跨国知识产权保护、互联网等引发新型民商事纠纷，需要充分利用我国自身的司法资源和优势予以解决。有学者和实务界人士提出：“《选择法院协议公约》在管辖方面与我国目前民事诉讼法的规定不同，基本排除了‘实际联系原则’适用。中国作为负责任的大国，有责任倡导和推动国际公约批准的条件和时机，不断完善我国涉外民事诉讼法制度与体系。”[①] 也有学者建议，“中国应以《选择法院协议公约》的批准为契机，完善中国涉外司法与国际仲裁制度，在知识产权、专属管辖和实际联系要求三个方面作出限制性声明。”[②] 为此，笔者建议：一方面，修改现行民事诉讼法的相关规定，赋予我

---

① 刘仁山：《我国批准〈选择法院协议公约〉的问题与对策》，载《法学研究》2018年第4期；宋建立：《〈选择法院协议公约〉及对我国的影响》，载《人民司法》2019年第4期。

② 肖永平：《批准〈选择法院协议公约〉的利弊分析及我国的对策》，载《武大国际法评论》2017年第5期。

国司法管辖权不限于属地管辖、属人管辖，可以根据“效果原则”“意思自治原则”“不方便法院原则”等拓展涉外管辖权。另一方面，适时修改针对涉外协议管辖制度所规定的“实际联系原则”，在管辖权领域的“竞争管辖权”中增加更多的事项，增设“禁诉令制度”和“平行诉讼协调制度”，有效完善管辖权配套机制，对抗和反制管辖权冲突，从而扩大中外当事人在中国法院进行诉讼的机会①，提升中国涉外司法效能。

二是以当事人保护为核心，建立积极的民事诉讼程序，有效保护涉外民事主体利益，实现程序正义。一国法院的管辖权范围和能力，直接影响到本国企业和公民的海外利益和合法权益。例如，欧盟建立具有广泛管辖权的法院，欧洲法院采取两种方式不断拓展其管辖范围，一方面凡是欧洲法院受理的案件均可以直接管辖，另一方面凡是欧盟成员国法院受理的案件，成员国之间均可以进行间接管辖，通过这两种执行管辖权的方式，切实保护欧盟会员国利益，实现法律适用统一。②英国为满足当事人利益的保护需要，不断进行司法体制改革，建立跨国商事争议解决中心，宣传本国司法制度优势，吸引各国当事人选择英国机构处理跨国争议，使伦敦成为全球争议解决中心。同样，德国法院不断完善独立、快捷、成本低廉，以及快速高效的执行程序，促进德国成为国际案件争议解决中心的同时，更加有效地保护本国国家利益和国民的合法权益。③因此，为维护我国国家利益和海外公民、企业的合法权益，应该在充分论证的基础上，适时启动我国涉外民事诉讼改革，建立积极的国际民事诉讼程序。一方面，正如我国部分人大代表所呼吁的“尽快制定符合我国国情的外国国家豁免

---

① 目前，我国已经设立了专门的知识产权法院、综合性的海事裁判机构以及最高法设立的国际商事法庭。

② 参见刘世元:《欧洲法院的管辖权及其在欧洲一体化进程中的作用》，载《法学评论》1999 年第 4 期。

③ 参见何其生:《大国司法理念与中国国际民事诉讼制度的发展》，载《中国社会科学》2017 年第 5 期。

法”[①]，将我国的“绝对豁免”改为“限制豁免”[②]，建立中国国家豁免法律体系，确立豁免例外的领域和事项，实行限制豁免原则，司法机关可以受理中国法人与自然人起诉外国国家、政府及其地方的分支机构，为我国采取法律对抗措施提供法律依据，从而防范和减轻我国公民、法人海外利益的损失，有效维护我国主权、安全、发展利益。另一方面，如前所述，我国涉外民事诉讼制度从涉外送达、取证、外国判决承认和执行制度等方面不断完善，注重程序法与实体法的衔接和协调，特别是现有域外适用条款在程序上的衔接，增加“阻断条款”程序性对接制度，突出对当事人利益的保护，适应我国经济大国的地位。

三是加强国际司法合作力度，推进国际司法协助机制的建立。无论是送达、取证还是临时措施的协助，都需要加强国际合作。因此，国内法院在适用民事诉讼法规定进行域外送达时，还必须考虑履行国际条约的义务，解决我国民事诉讼法与《海牙送达公约》的协调对接问题。据统计，截至 2018 年 9 月，我国缔结民商事司法协助条约 20 项（18 项生效），但是条约对判决的承认和执行力度不够，我国需要有一套常规性的承认与执行判决的规则，这些规则应当适时写入我国的民事诉讼法。[③]因此，为更好地发挥中国负责任大国作用，积极参与全球治理体系改革和建设，我国需要在“大国司法制度理念”的指导下，从内部改革国际民事诉讼制度，建立合理高效的司法协助机制，统筹推进国内法治和涉外法治，提升我国司法制度的国际竞争力，增强我国在国际法律事务中的话语权和影响力[④]，为国际法律事务的发展贡献中国智慧和力量。

---

① 《35 名人大代表联署议案：加快制定外国国家豁免法》，载中国日报网 2020 年 5 月 27 日，https://language.chinadaily.com.cn/a/202005/27/WS5ecdfa81a310a8b241158d58.html。

② 由于我国外国国家豁免法缺失，对纠纷的解决、中国国家利益及自然人法人利益的保护极为不利，导致在国际交往中处于被动。

③ 参见何其生：《大国司法理念与中国国际民事诉讼制度的发展》，载《中国社会科学》2017 年第 5 期。

④ 参见刘敬东：《大国司法：中国国际民事诉讼制度之重构》，载《法学》2016 年第 7 期。

论暂予监外执行制度的系统性改革与完善*

司绍寒**

目前，暂予监外执行在制度设计上和实践中都存在较多的问题。2012年刑事诉讼法和监狱法的修改，以及2014年《暂予监外执行规定》等文件对暂予监外执行制度进行的修改和补充，解决了原有规则不清、程序不明的部分问题。由于暂予监外执行制度设计上的深层次缺陷仍然存在，在既有的基础上小修小补，单纯强调严格规范执法，治标不治本。故笔者建议，在刑事执行变更的理论框架下，恢复暂予监外执行的临时性，针对不同情形设定持续性的后续措施，由法院统一作出裁判，以此对现有制度进行系统性改革与完善。

一、暂予监外执行制度存在的问题

（一）制度设计上的问题

第一，对现实情况考虑不足，无相应的后续措施。患有严重疾病，是刑事诉讼法规定的暂予监外执行的情形之一。在现实生活中，不是所有的疾病都能治愈，治疗后一般会有治愈、阻断恶化、无法治愈等几种结果。但是刑事诉讼法仅考虑到"治愈"这一种结果，并规定

---

* 本文系2020年度国家社科基金项目"刑事执行立法研究"（20BFX100）和2023年度司法部预防犯罪研究所所级项目"用刑事执行中止代替暂予监外执行的可行性研究"的阶段性成果。

** 司绍寒，司法部预防犯罪研究所科研管理处副研究员。

"暂予监外执行的情形消失后，罪犯刑期未满的"应当及时收监；而对于其他情况，则未予以规定。由于对现实情况考虑不足，也就没有设置相应的后续措施。

第二，没有明确的监外执行期限。刑事诉讼法对暂予监外执行的期限没有明确规定。[①]虽然根据《暂予监外执行规定》，社区矫正机构应当每3个月审查保外就医罪犯的病情复查情况，并向批准、决定机关反馈。发现依法应予收监执行的，应当提出收监执行建议，[②]但这并非真正的暂予监外执行期限。

第三，可以完全折抵刑期，使罪犯的罪责刑失衡。暂予监外执行期间是否折抵刑期，刑事诉讼法没有明确规定。但依照我国现行法律规定和司法实践的做法，罪犯暂予监外执行的期间计入实际执行的刑期。[③]暂予监外执行的适用情形为罪犯自身的身体原因，却能因此免于入监服刑，以一纸证明获得比缓刑、假释、减刑等更好的结果，对罪犯及其家属的诱惑巨大，从而导致了罪责刑的失衡。

第四，决定机关分散。暂予监外执行决定权分属于不同部门。根据刑事诉讼法的规定，在罪犯交付执行前，暂予监外执行由交付执行的人民法院决定；在交付执行后，暂予监外执行由监狱或者看守所提

---

① 根据1990年司法部、最高人民检察院、公安部《罪犯保外就医执行办法》第12条的规定，保外就医时间一次可以批准半年至一年。需要办理延长保外就医期限手续的，每次可以延长半年至一年。以往的实践中，监狱管理机关一般在第一次作出暂予监外执行决定时，给予罪犯半年的保外就医期限。半年后病情没有好转的，每次延长一年期限。《罪犯保外就医执行办法》因2014年底《暂予监外执行规定》的颁布实施而被废止，但其第12条内容并没有被纳入新规定。而法院直接决定暂予监外执行的期限问题，仍然没有明确规定。

② 《暂予监外执行规定》第21条、第23条。

③ 《刑事诉讼法》第268条第3款规定："不符合暂予监外执行条件的罪犯通过贿赂等非法手段被暂予监外执行的，在监外执行的期间不计入执行刑期。罪犯在暂予监外执行期间脱逃的，脱逃的期间不计入执行刑期。"《最高人民法院关于适用〈中华人民共和国刑事诉讼法〉的解释》第518条规定："被收监执行的罪犯有不计入执行刑期情形的，人民法院应当在作出收监决定时，确定不计入执行刑期的具体时间。"

出书面意见，报省级以上监狱管理机关或者设区的市一级以上公安机关批准。[①]暂予监外执行一项制度，法院、监狱（监狱管理机关）、看守所（公安机关）三个机关都有决定权，这种制度的割裂必然带来适用标准不统一、法律严肃性下降。

第五，决定的作出以行政机关为主，却导致了变更司法判决的结果。暂予监外执行除法院直接决定外，主要通过监狱和看守所系统内的行政决定作出。这些决定普遍存在着公开性不够、决定机关中立性不够的问题。由于是行政决定，罪犯很难直接向决定机关表达自己的诉求，罪犯程序权利保护存在缺陷。罪犯服刑依据的是法院的裁判，但暂予监外执行主要由行政机关作出决定，且能折抵刑期，缺少明确的时间限制，这就使行政机关的权力实质性地变更了司法机关的裁判结果。

（二）司法实践中的问题

一是临时性措施长期化。从名称上看，暂予监外执行应是为患病罪犯确诊和治疗提供的一项临时性刑事执行变更措施，但其却在实践中不断“异化”，致使临时性变更长期化。由于对现实情况考虑不足，法律没有规定相应的后续措施，在出现不能治愈或者阻断恶化后不能完全恢复的情形时，就只能持续性适用“可治愈”的相关规定，通过不断延期，等待“暂予监外执行的情形消失”后的收监执行。加上缺少明确的监外执行期限、可以完全折抵刑期这两个制度缺陷，暂予监外执行通过不断“延期”，成为长期性措施。

二是疾病诊疗和决定暂予监外执行的先后顺序颠倒。这里先要明确一个概念，即生病和治疗有一个过程，一般先有症状导致健康受损，然后去医院确诊是何种疾病，再确定诊疗方案。因此，相应的刑事司法程序应是“出现症状—决定暂予监外执行—监外确诊治疗—视诊疗情况确定后续措施”。刑事诉讼法规定“有严重疾病需要保外就医的”

---

① 《刑事诉讼法》第 265 条第 5 款规定：“在交付执行前，暂予监外执行由交付执行的人民法院决定；在交付执行后，暂予监外执行由监狱或者看守所提出书面意见，报省级以上监狱管理机关或者设区的市一级以上公安机关批准。”

本不需要确诊，因为监狱和监狱医院条件有限，可能无法确诊或者即使能够确诊但没有治疗条件。而暂予监外执行规定却将“患有属于本规定所附《保外就医严重疾病范围》的严重疾病，需要保外就医的”作为暂予监外执行的适用条件之一，[①]实际上就是要求“先确诊，再决定”，这已经违背了暂予监外执行制度设计的初衷，颠倒了疾病诊疗和决定暂予监外执行的先后顺序，进一步使临时性变更长期化。

三是违法获取医疗鉴定和诊断证明。由于制度上的缺陷，导致暂予监外执行，特别是保外就医过程中，司法腐败问题突出。有的罪犯或其亲友贿赂监狱执法人员或者相关医务人员，出具虚假病情诊疗鉴定资料，夸大病情，使罪犯病情表面上符合保外就医条件，通过保外就医的方式出狱。[②]一些人甚至潜逃出境，逍遥法外。一些保外就医的罪犯，已经在社区矫正监管下进入稳定的生活状态。但由于法律规定要定期审查病情，以便对恢复情况较好的罪犯收监执行，一些罪犯为了维持监外稳定的生活状态，“不得不”以非法手段获得虚假病情诊断证明。

四是暂予监外执行政策执行不当，导致监狱行刑成本高昂。频繁出现的司法腐败问题，使暂予监外执行政策不断收紧。近年来，全国监狱罪犯暂予监外执行人数呈逐年下降趋势，2012—2017年全国社区矫正对象中，暂予监外执行人员分别为23520人、23833人、22104人、18886人、18082人、17930人。[③]加之，刑事诉讼法规定暂予监外执行系“可以”而非“应当”，工作人员为避免承担责任，不愿意启动暂予监外执行程序，许多地方对患有严重疾病的罪犯“该保不保”，[④]罪犯家属因此不断“维权”，要求追究责任，监狱不得不花大量

---

① 参见《暂予监外执行规定》第5条。

② 尚爱国：《违规违法“减假暂”顽瘴痼疾的成因与整治》，载《人民检察》2022年第19期。

③ 司法部社区矫正管理局编：《全国社区矫正发展情况与数据统计》，法律出版社2018年版，第4页。

④ 尚爱国：《违规违法“减假暂”顽瘴痼疾的成因与整治》，载《人民检察》2022年第19期。

时间、精力和财力处理。随着押犯数量增长，年龄结构老化，很多身患重病的罪犯不能保外就医，监狱不得不承担其高昂的医疗费用，且呈增长态势。

二、暂予监外执行的系统性改革建议

暂予监外执行制度之所以长期以来弊端较多，改革进展和成效有限，主要存在如下困难：一是暂予监外执行本身存在较大的缺陷，改革难度较大。二是决定权和执行权均处于割裂状态，使改革难以协调统一推进。三是将改革视角囿于监禁刑范围内，缺少从整个刑事执行视角出发制定的综合改革方案。若仅从细枝末节处予以完善，难有实质性改观。故笔者认为，应从刑事执行的宏观视角出发，从多个方面进行系统性的改革，方能建立起较为完善的暂予监外执行制度。

（一）调整既有观念，重塑改革目标，完善刑事执行政策

过去收紧暂予监外执行政策，最主要的原因就是暂予监外执行在司法实践中弊端重重。但由于制度设计上的缺陷，单纯地强调严格规范执法治标不治本。笔者认为，暂予监外执行制度涉及罪犯的生命权、健康权与国家刑罚权之间的平衡，在未来应正确贯彻落实宽严相济刑事政策，对应该暂予监外执行的，坚持适用暂予监外执行；对于罪行较重、人身危险性较高的，应慎用暂予监外执行；要坚决在暂予监外执行过程中避免司法腐败。

改革的目标应是消除暂予监外执行的制度弊端，建立起符合客观实际的刑事执行变更制度。这是遏制司法腐败、调整刑事政策、发展刑事执行工作的前提和基础。暂予监外执行制度建立于1979年，[①]我

---

① 1979年《刑事诉讼法》第157条规定："对于被判处无期徒刑、有期徒刑或者拘役的罪犯，有下列情形之一的，可以暂予监外执行：（一）有严重疾病需要保外就医的；（二）怀孕或者正在哺乳自己婴儿的妇女。对于监外执行的罪犯，可以由公安机关委托罪犯原居住地的公安派出所执行，基层组织或者原所在单位协助进行监督。"

国当时的社会经济发展水平、法治建设水平、医疗技术水平与现在相比，不可同日而语。那时的监狱（劳改场所）条件还较为简陋，更不具备治疗严重疾病的条件。因此法律就只作了简单规定，“有严重疾病需要保外就医的”可以暂予监外执行。这一规定在当时是可行的，然而却只写了“一半”，保外就医后治好了如何处理、治不好如何处理，都没有说。1996 年的刑事诉讼法补充了一些，“暂予监外执行的情形消失后，罪犯刑期未满的，应当及时收监。罪犯在暂予监外执行期间死亡的，应当及时通知监狱”。[①]后面虽然又经历几次修改，并将暂予监外执行改由社区矫正机构监管，但是仍然仅停留在“暂予”监外执行这一“临时性”制度中，始终未考虑罪犯重病带来的持久性、不可逆的健康性损伤及其对罪犯生活和刑事执行的影响，始终未能建立完整的、正式的，可以长久适用的刑事执行变更制度。因此，改革和完善的方向应是将原有法律没有说完的“后一半”说完整，合理确定“暂予”监外执行的“临时性”期限，针对不同的结果确定不同的后续措施。

暂予监外执行制度的完善，应考虑监狱经费和工作压力问题。监狱经费中医疗费用是一项巨大的支出，一个重病患者的医疗护理费用可能远超数十个健康罪犯的日常经费。实践中，一些罪犯家庭经济状况差，无力承担医疗费用，不愿协助办理保外就医，要求监狱为罪犯办理医疗保险，将罪犯送往医疗条件好的大城市医院救治，承担救治费用。[②]在我国人口老龄化的大趋势下，监狱罪犯的医疗经费可能会长期处于高增长状态，给监狱财务状况带来沉重压力。如果监狱经常性因为罪犯患病而疲于应对维稳工作和责任追究，不利于刑事执行工作的开展。

暂予监外执行制度的完善，应考虑刑事执行政策的调整。为解决监狱押犯居高不下的状况，扭转罪犯医疗费用高增长的趋势，规范严格执法，坚决遏制腐败，同时照顾到罪犯就医和融入社会的需求，应当尽早批准更多有患病可能的低危险性罪犯监外执行，在社区矫正机

① 参见 1996 年《刑事诉讼法》第 216 条。

② 参见杨木高:《当前监狱暂予监外执行的现状、存在的问题及改革构想》，载《中国监狱学刊》2020 年第 2 期。

构的监管下生活和就医。这些罪犯包括年龄结构偏大的罪犯、身体有残疾的罪犯、有基础疾病的罪犯、怀孕或在哺乳期的女犯等。

（二）恢复暂予监外执行的临时性，并针对不同情形辅以后续措施

暂予监外执行制度应与罪犯患病就医的实际需求和过程相匹配。从患者的病情诊断和治疗的全过程看，发病初期需要进行诊断并确定初步治疗方案；而在确诊和治疗方案确定后，患者病情一般会阻断恶化、保持平稳，此时则需要持续性的后续治疗和康复。与之相应，应将暂予监外执行分为前后两个阶段：前一个阶段以确诊、阻断病情恶化、确定初步有效治疗方案为目的，恢复暂予监外执行的“暂时性”，允许罪犯出狱就医；后一个阶段要在平衡刑事执行和促进康复的基础上，针对不同情形设定明确的、可长期执行的后续措施，使罪犯在监管下进行持续性治疗和康复。

对于患有严重疾病的罪犯，为确保前一阶段“暂予”监外执行的临时性，应设置期限上限：一般疾病的诊断和初步治疗基本可以在 3 个月内完成；特殊复杂疾病一般可以在 6 个月内完成。后一阶段后续措施的设定应分情况处理：第一种情况是，诊断和初步治疗确定后，罪犯病情可治愈或能保持较好的稳定状态，监狱医院有条件有能力完成后续治疗，此时应结束暂予监外执行，及时收押，由监狱医院治疗。第二种情况是，罪犯在确诊和初步治疗后，身体恢复效果不好，不能保持较好的稳定状态，并且可能会持续较长一段时间，或者无法治愈。此时应结束临时性的暂予监外执行，有针对性地设置后续措施：对于罪行较轻，人身危险性较低，或者执行满一定期限的罪犯，应提前批准监外执行；对于人身危险性较高的，收监后在监狱医院执行。

女犯怀孕或在哺乳期，亦不宜在哺乳期后全部收监执行，可以分类设置规则：第一种情况是，过失犯罪、非暴力犯罪、防卫过当、避险过当等具有较低人身危险性，或者刑期较短（5 年以下）的女犯，则可以提前批准监外执行。第二种情况是，涉毒、涉黑犯罪，因暴力

犯罪被判处5年以上有期徒刑，以及其他人身危险性较高的女犯，可以直接在监狱医院分娩哺乳。目前，监狱医院基本上都可以满足分娩哺乳方面的需求，有特殊情况的可以在社会医院分娩，回监狱医院哺乳。为保障婴儿的权利，提升女犯改造质量，应允许婴儿随母亲在监内（监狱医院）居住。

（三）在刑事执行变更的理论框架下，建立法定假释制度，发挥其他措施的功能作为后续措施

暂予监外执行从总体上说属于刑事执行变更。改革后，暂予监外执行前一阶段恢复其“暂时性”，属于刑事执行的临时变更；而建立后一阶段的持续性后续措施属于“长期”变更。在后一阶段形成新的法律文书，将新的刑事执行状态固定下来，具有非常重要的意义。一是可以稳定罪犯的服刑状态，避免其时刻担心被收监执行。这样可以极大降低其非法获取医疗鉴定的动机，安心在新的状态下重新融入社会。二是由于无须频繁进行健康状况审查，可以大幅降低执法风险，减少司法腐败。三是由于结束了“临时性”状态，可以名正言顺地采用严格的社区矫正监管手段，预防其脱逃或重新违法犯罪。

第一，可以用法定假释代替部分暂予监外执行。我国目前采用的是裁量假释制度，法院需要审查罪犯刑期、悔罪和再犯危险等一系列条件后，作出是否准许假释的裁定。裁量假释条件较严，适用率较低，假释制度的优势没有发挥出来。而法定假释是指法律作出强制性规定，罪犯在服完一定的刑期之后就必须获得假释，罪犯没有选择是否假释的余地，国家机关也没有裁量权。法定假释有其独有优势，多见于英美法系国家，一些大陆法系国家后来也开始逐渐采用。笔者曾建议，建立我国的法定假释制度，将年满70周岁的老年犯；或者年满60周岁，身体患有严重疾病或者生活不能自理的罪犯；以及部分罪行较轻的女犯纳入法定假释范围[①]。假释后的罪犯纳入社区矫正监管。这样一

① 参见司绍寒：《构建我国法定假释制度的思考》，载《犯罪与改造研究》2020年第6期；司绍寒：《关于建立二元假释制度的思考》，载《中国司法》2018年第9期。

来，相当一部分本来无法获得裁量假释而只能适用暂予监外执行的罪犯可以通过法定假释适用社区矫正。

第二，可以变更为进入精神病院强制医疗、强制隔离戒毒。监狱内的精神病人主要是有部分刑事责任能力的精神病罪犯和入狱后新罹患精神病的罪犯。《精神卫生法》第52条规定："监狱、强制隔离戒毒所等场所应当采取措施，保证患有精神障碍的服刑人员、强制隔离戒毒人员等获得治疗。"但监狱作为刑罚执行机关，难以满足精神卫生法规定的诊断治疗条件[①]和康复环境保障，无法替代精神卫生机构来开展专业的精神科治疗[②]。监狱内吸毒人员的戒毒也存在类似的问题，普通的监狱无法为罪犯戒毒提供相应的治疗措施和环境，治疗和改造效果都不甚理想。因此，可以采用刑事执行变更的方式，将患有精神病的罪犯送入精神病医院强制医疗，将吸毒成瘾的罪犯送入强制隔离戒毒所强制隔离戒毒。

第三，强化后续监管手段。获得法定假释的罪犯，在社区矫正期间，无须频繁汇报病情，但应强化监管措施。特别是要充分发挥信息技术的优势，加强信息化核查和电子定位的管理，将其活动范围尽量控制在生活、医疗必需的范围内，可以禁止其进入机场、火车站、长途汽车站附近，禁止出境。而对于经过精神病院强制医疗和强制隔离戒毒，取得一定效果的罪犯，也可以通过法定假释在社区服刑，同时要求其接受社区康复。[③]

（四）强化监狱医院建设，使之与实际执法需求相匹配

对不能获得法定假释，不能转为强制精神病医疗或强制隔离戒毒的患病罪犯，可由监狱医院为其提供持续性治疗、护理以及愈后康复。这就需要在现有的基础上，加大监狱医院的建设力度，使之满足实际

① 参见《精神卫生法》第25条。

② 参见上海市监狱管理局生活卫生处提篮桥监狱联合课题组、杨汇、王东晟等:《上海监狱精神病罪犯管理问题研究》，载《犯罪与改造研究》2017年第7期。

③ 参见《精神卫生法》第四章、《禁毒法》第48条、《戒毒条例》第五章。

执法需求。

第一，对现有监狱医院加以改造升级。比如，可以通过改造监狱医院的相关病房，使之适合分娩、哺乳及抚育婴儿，以收纳处于妊娠期和哺乳期的女犯。由于我国禁毒成效显著，强制隔离戒毒所目前收纳人员不足，可以将现有的部分强制隔离戒毒所转制为监狱医院。

第二，要发挥监狱医院的优势，弥补其不足。从医疗技术上来看，监狱医院难以与社会医院匹敌，且在短期内难以大幅提高。如果让监狱医院负责确诊复杂疾病或者实施高难度手术，恐怕很难实现。但是监狱医院仍有其优势，即在确诊及治疗方案有效后的持续性治疗、观察及护理。因此，在投入有限的前提下，可以重点强化监狱医院在这些领域的建设，提升收纳患病罪犯的能力。

第三，利用社会医疗资源，盘活监狱现有的医疗资源。目前，监狱医院现有能力难以满足罪犯日益增长的医疗需求，罪犯现有医药费保障程度和现行的罪犯医药费全额报销模式，使社会医院不会全盘接手监狱医院。而出于监管安全的考量，也不可能将罪犯医疗全部交给社会医院。但可以采用医院托管、合作办医等模式，分层次推进监狱医疗工作社会化改革，激活监狱现有的医疗资源，最大限度地在监内为罪犯提供基本医疗需求，减少罪犯出监机会，缓和监管安全和医疗安全之间的矛盾。[①]

（五）建立统一的司法裁判机制，统一刑事执行变更的适用

在刑事执行变更的理论框架下，恢复暂予监外执行的临时性，针对不同情形将法定假释、强制精神病医疗、强制隔离戒毒作为后续措施，在进行系统性制度重构的基础上，应由法院统一作出裁判，以保证在统一刑事执行程序下科学、合理、有序地组织协调各种刑事执行内容，消除当前多头决定、行政决定的弊端。

在临时性暂予监外执行和变更为持续性后续措施的前后两个环节，均应由法院作出裁判。临时性裁判可以批准不超过3个月暂予监外执

① 见何选才、雷世章、马献芳:《监狱医疗社会化改革研究》，载《犯罪与改造研究》2016年第8期。

行期限，特殊情况下可以延长至 6 个月。在伤情、病情危重凶险之时，监狱可以先送社会医院，同时申请法院临时裁判。期满后如果不具备收监执行的条件，则通过法院裁判获得法定假释，或变更为强制精神病医疗、强制隔离戒毒。

法院审查的是形式上的合法性，包括罪犯的病情、鉴定医师的资质、监狱系统的决定程序、证据的完整性（包括监狱内受伤和患病情况、医疗诊断记录、患病罪犯日常生活的视频等），而非越俎代庖进行实质性身体检查。同时建议加强检察机关事前监督。在监狱提请法院裁判的同时，检察机关就应介入。除非发现新情况、新证据及罪犯脱逃、工作人员受贿等情形，否则不再就病情本身发展变化启动检察监督程序。

此外，还要统一暂予监外执行的法律规范。一方面，统一整合监狱法、《中华人民共和国看守所条例》、社区矫正法等各种法律法规中暂予监外执行的规定，消除其矛盾冲突、重复规定之处，使之统一于刑事诉讼法的基本规定中。另一方面，要建立刑事诉讼各阶段统一收押标准，使强制措施和暂予监外执行的条件保持一致，对于一些不符合收押标准的犯罪嫌疑人、被告人，自始就采取取保候审、监视居住等非监禁强制措施；对于羁押后在看守所内出现相关情形的，可以及时转为取保候审和监视居住；最大限度减少监狱收押病患罪犯，减轻监狱医疗经费负担。

行刑问题研究

XINGXINGWENTIYANJIU

关于提高监狱行刑效能的宏观思考

——以黑恶势力罪犯为切入点

陈宝友 *

从宏观上看，我国存在着“监狱治理—刑事司法治理—社会治理—国家治理”的“层递式四位一体”犯罪治理体系。从监狱这个基础治理单位“向外看”，刑事司法治理承担着司法制度供给，尤其是司法协调和制约机制供给的任务；社会治理承担着社会帮教、衔接等合力供给任务；国家治理承担着基本法律和基础资源供给任务，共同形成一个有机联系的体系。监狱作为刑罚执行机关，是国家社会治理“最后手段”中的“关键最后一环”，具有对各类社会矛盾风险承接和转化的“安全阀”“反馈器”和“改造域”的作用，其效能应保持与刑事司法治理、社会治理和国家治理同步的状态，反之亦然。这是由犯罪原因的复杂性和犯罪治理体系化规律所决定和要求的。

效能，是指事物所蕴藏的有利的作用。① 监狱行刑效能是指在刑罚执行中，监狱等法定机关在发挥法定职能，实现正确执行刑罚、惩罚和改造罪犯、预防和减少犯罪目的过程中的效益与机能。监狱行刑效能体系包括目标体系、结构体系和评价体系。监狱行刑效能目标体系的内容包括行刑安全效能、行刑公正效能、行刑改造效能。其中，安全效能是基础性效能，以防控罪犯自杀、行凶、脱逃等事故为重点；

---

* 陈宝友，司法部预防犯罪研究所犯罪预防与对策工作研究室主任、研究员。

① 参见《新华汉语词典》，商务印书馆 2013 年版，第 1073 页。

公正效能是价值性效能，包括行刑应有必要的惩罚力度、合理的权利保障、警察廉洁执法，以满足人们对公平正义的要求；改造效能是功利性效能，以预防重新犯罪为目标方向。三方面效能交织存在，相互影响。监狱行刑效能结构体系，是指由行刑物质和资源、制度和机制、人力和技术等不同方面要素构成的，监狱行刑各种效能赖以发挥的系统性结构。监狱行刑效能评价体系，是指在效能结构体系作用下，评价效能目标体系实现程度的标准、方法和程序。以黑恶势力罪犯为切入点，意在于“聚焦挑战”中促进监狱行刑效能体系优化，提升国家犯罪治理能力和水平。

一、“扫黑除恶”对监狱行刑效能的总体挑战

（一）“扫黑除恶”带来“四位一体”式全面深刻挑战

2018 年初，为期三年的“扫黑除恶”专项斗争正式启动。截至 2020 年 7 月底，全国检察机关共批捕黑恶势力犯罪 48217 件 141713 人，提起公诉 32371 件 205000 人。其中，批捕涉黑犯罪 9412 件 26923 人，提起公诉 5270 件 57828 人。[①] 从提起公诉人数看，已达到全国监狱在押罪犯总数的 1/8。[②] 这还仅仅是从 2018 年初到 2020 年 7 月的提起公诉人数。虽然被提起公诉不等于被定罪和判刑以及进入监狱服刑，但这个数量也是巨大的和应予以重视的。同时，黑恶势力犯罪罪名具有突出特点。例如，2019 年全国检察机关共起诉涉黑犯罪 30547 人、涉恶犯罪 67689 人，同比分别上升 194.8% 和 33.2%，比较集中的罪名有组织、领导、参加黑社会性质组织罪，起诉 24144 人，同比上升 196.4%；寻衅滋事罪，起诉 21546 人，同比上升 51.1%；敲

---

① 参见《全国检察机关深入推进扫黑除恶专项斗争批捕涉黑恶犯罪 48217 件、起诉 32371 件》，载最高人民检察院网 2020 年 8 月 21 日，https：//www.spp.gov.cn/spp/xwfbh/wsfbt/202008/t20200821_477416.shtml。

② 参见《全国共有监狱 681 所押犯 164 万》，载中国人大网 2012 年 4 月 25 日，http://www.npc.gov.cn/zgrdw/huiyi/cwh/1126/2012-04/25/content_1719250.htm。

诈勒索罪，起诉9333人，同比上升68%。上述三罪合计占黑恶犯罪总人数的近六成。另外，全国检察机关“打伞破网”，批捕黑恶势力“保护伞”790人，同比上升127%；起诉1385人，同比上升295.7%。[①]

监狱是“层递式四位一体”犯罪治理体系的末梢，必须承接来自“扫黑除恶”专项斗争过程和结果的各方面挑战。一是在基层治理层面，长期盘踞地方、欺压群众、污染基层生态的“村霸”和宗族恶势力受到集中打击，其固有的负面族群组织性和文化属性特点，对监狱行刑提出一定挑战；二是在维护政治生态层面，大量“保护伞”“关系网”和“黑财黑产”被深挖彻查和收缴，其盘根错节的社会关系和负能量的渗透性不容小觑；三是在社会治理层面，在大量滋生于民间借贷、工程建设、交通运输、市场流通、文化旅游等重点领域的黑恶势力犯罪受到打击后，蕴含其中的较高重新犯罪风险的挑战不可忽视；四是在刑事司法政策层面，有关打击黑恶势力犯罪的政策措施较多，而关于刑罚执行中管理教育黑恶罪犯和社会帮教等方面的内容较少，容易形成犯罪治理“头重脚轻”、后续乏力的局面。[②]

（二）“扫黑除恶”对行刑“效能张力”的挑战加剧

监狱行刑“效能张力”的加剧，可以从“一个事实”和“一个现象”的矛盾中得到集中体现。“一个事实”，是指多年来我国监狱行刑取得的显著成就的事实。比如，近年来监狱安全水平持续提高，罪犯脱逃在许多年份是个位数，甚至达到“零脱逃”的历史最好水平，成为世界上最安全的监狱；即使在肆虐全球的新冠疫情突袭下，全国监狱系统只有极个别监狱发生问题，且确诊罪犯全部治愈出院，实现零

---

① 参见《最高检案管办主任董桂文就2019年全国检察机关主要办案数据答记者问》，载北大法律信息网2020年6月2日，http://www.chinalawinfo.com/news/NewsFullText.aspx?NewsId=104387。

② 例如，最高人民法院、最高人民检察院、公安部、司法部联合发布的《关于办理黑恶势力犯罪案件若干问题的指导意见》《关于办理恶势力刑事案件若干问题的意见》《关于办理“套路贷”刑事案件若干问题的意见》《关于办理黑恶势力刑事案件中财产处置若干问题的意见》《关于办理实施“软暴力”的刑事案件若干问题的意见》。

死亡，绝大多数监狱实现零感染，也没有发生其他重大安全事故，体现了监狱行刑的高效能事实。“一个现象”，是指由近年发生的个别案件引起的社会舆论对监狱行刑效能质疑的现象。比如，受到社会各界广泛关注的云南孙小果案、内蒙古罪犯“纸面服刑”案、北京郭文思违规减刑案。以上现象，在形式上表现为有关监狱行刑的一种矛盾状况；在内容上折射出监狱行刑安全效能与公正效能和改造效能在一定程度上的“失衡”；在根源上显示了“层递式四位一体”犯罪治理体系存在的不足；在本质上反映出新形势下监狱行刑主要矛盾的突出问题。

当前监狱行刑的主要矛盾为，国家和社会对监狱正确执行刑罚，惩罚和改造罪犯，最大限度降低重新违法犯罪率的日益增长要求与期待，与体系性行刑供给能力不足之间的矛盾。20 世纪提出的关于监狱矫正罪犯是否有效的“马丁森炸弹”仍然在一定程度上困惑着监狱行刑。[①]面对大量黑恶势力罪犯对刑罚执行以及治理重新犯罪提出的严峻挑战，完善犯罪治理长效机制势在必行。事物是在矛盾运动中发展变化的，监狱行刑效能的提高有赖于监狱行刑主要矛盾的解决。可以说能在多大程度上解决这个主要矛盾，就能在多大程度上提升监狱行刑效能和整体犯罪治理水平。

二、黑恶势力罪犯群体对监狱行刑效能的挑战

作为有组织犯罪，黑恶势力犯罪具有“组织特征”“经济特征”“行为特征”和“危害性特征”，且“非法控制性”突出。黑恶势力罪犯较一般罪犯负能量更大、渗透力更强，必然对监狱带来多重严峻挑战。[②]

---

① 参见曾赟：《中国监狱罪犯教育改造质量评估研究》，载《中国法学》2013 年第 3 期。

② 参见最高人民法院、最高人民检察院、公安部、司法部联合发布的《关于办理黑恶势力犯罪案件若干问题的指导意见》。

（一）对监狱安全效能的挑战

“扫黑除恶”专项斗争之所以取得显著成效，解决了一些以前没有解决的问题，关键在于国家的“顶层设计”、严密组织及系统性推动。而黑恶势力罪犯对监狱行刑安全效能的挑战，既在于罪犯本身有易于行凶、脱逃、扰乱监狱秩序的特点，又在于国家政策和组织层面是否会“前紧后松”，加剧行刑效能张力，造成犯罪治理“短板”。

第一，相关政策的不平衡可能带来的不利影响。为期三年的专项斗争可谓摧枯拉朽、力度空前、成效显著，显示了严密组织和系统性推动的优势。应予以关注的是，要防止在刑罚执行阶段对黑恶势力罪犯的特点认识不清、重视不够，甚至发生犯罪治理政策不平衡的问题。一方面，要看到黑恶势力犯罪本身负能量较强的内在特点，其由社会转移到狱内、由广泛转为聚集、由显性转为隐性、由外在的强硬转为内在的顽固，其在被国家强力打击下产生的“反作用力”，很可能以不同形式表现在刑罚执行阶段；另一方面，对于进入监狱的黑恶势力罪犯，容易在“重打击、轻预防”的治理犯罪思维模式下，对其不再给予案发时和追诉中的各种重视，认为“一关了之，万事大吉”，忽视蕴藏其中逐渐积累的风险，导致政策注意力和投入资源的减少，或者在政策措施上片面强调管理控制，相对忽视矛盾化解和对心理、行为的矫治，形成治理黑恶势力犯罪的“短板”，对监狱安全形成威胁，对国家长治久安带来不利影响。

第二，对罪犯可能发生的“延迟反应”应予关注。在为期三年的集中打击黑恶势力专项斗争中，由于时间紧、任务重、黑恶势力犯罪情况复杂，以及对政策法律把握的不足，有的办案机关在办案程序中和定罪量刑方面，存在“人为拔高”和定性不准确、打击面扩大等情况。在侦查、起诉、审判各办案机关内部也有对黑恶势力案件的定性与量刑存在不同意见的情况。对刑事诉讼程序中的这些情况，犯罪嫌疑人或被告人在国家强大的“扫黑除恶”攻势下，面对尚不确定的罪名和刑罚，可能不敢有激烈的反抗，只能选择“委曲求全”，期待被判处较轻的刑罚。但在其进入监狱服刑后，因为定罪量刑已经“尘埃落定”，有充足的时间进行考虑和准备如何反应。在黑恶势力罪犯之间也可能进行罪名和刑罚轻重的比较。这些都可能造成刑事申诉的多发，或发生其他影响监狱秩序的问题。客观来看，罪犯有权利维护自身合法权益，对此监狱应依法予以保障，但对于可能由上述情况带来的种种不安定因素，应提前考虑和做好应对准备。

第三，对法律政策调整的“叠加效应”应予重视。近年来，因为刑法修正和刑事政策的不断调整，对被判处刑罚的黑恶势力罪犯的减刑、假释、暂予监外执行产生突出影响，很可能形成“叠加效应”。例如，在《刑法修正案（八）》实施后，被审判机关决定限制减刑、取消假释的重刑犯产生消极改造和自残、自杀、袭警、越狱等过激行为的风险增加。[①] 又如，2014 年 1 月中央政法委出台《关于严格规范减刑、假释、暂予监外执行，切实防止司法腐败的意见》，提高了对职务犯罪、破坏金融管理秩序和金融诈骗犯罪、黑社会性质组织犯罪等三类罪犯减刑的标准，要求从严把握，强调考察“罪犯本人及其家属是否通过主动退赃、积极协助追缴境外赃款赃物、主动赔偿损失，积极消除犯罪行为所产生的社会影响”等方面因素，作为此三类罪犯减刑的重要条件。《刑法修正案（九）》在《刑法修正案（八）》废除 13 个适用死刑罪名基础上，再减少 9 个适用死刑的罪名，并加大惩戒腐败力度，对重大贪污犯罪规定“终身监禁”，严格规定行贿罪的从宽处罚条件，等等。在多种因素的叠加作用下，罪犯减刑、假释案件办理数量逐年递减的情况比较突出。[②] 可以说这些年来，监狱工作一直在“做加法”，持续承担着不断增加的来自各方面的压力。但监狱的“物

---

① 参见中央司法警官学院课题组、于佑任：《〈刑法修正案（八）〉对重刑犯监狱的影响及对策》，载《河南司法警官职业学院学报》2013 年第 4 期。

② 北京市监狱管理局清河分局 2011 年至 2017 年减刑、假释案件办理情况为：2011 年为 2135 件，占比 42.8%；2012 年为 2013 件，占比 39.9%；2013 年为 1838 件，占比 45%；2014 年为 1577 件，占比 50.2%；2015 年为 1009 件，占比 33.1%；2016 年为 719 件，占比 22.1%；2017 年为 365 件，占比 11.3%。参见北京市监狱管理局清河分局课题组、李鹤鸣：《罪犯管理手段的新思考——以北京市监狱管理局清河分局为例》，载《犯罪与改造研究》2019 年第 7 期。

理容量”和“效能容量”是有限的，上述情况使监狱行刑“效能张力”不断加大，“叠加效应”越发凸显，而有关刑罚执行的法律政策调整相对不足，使“层递式四位一体”犯罪治理体系难以充分发挥作用，应引起重视。

（二）对监狱公正效能的挑战

监狱行刑时间长、执法环节多，在罪犯记分考核、减刑、假释、暂予监外执行等重要制度适用以及日常管理中，存在相当大的执法裁量空间。在新的形势和挑战下，相关法律和规范滞后，在执法标准、执行程序等方面存在一些“模糊地带”，在大量黑恶罪犯进入监狱后，监狱行刑公正面临更多挑战。

第一，对罪责刑相适应原则在行刑中的可能影响。《刑法》第 5 条规定：“刑罚的轻重，应当与犯罪分子所犯罪行和承担的刑事责任相适应。”这体现了科学理性的刑罚观念，是刑罚执行应该坚持的基本原则。黑恶势力罪犯危险性突出，既可能影响监狱安全，也可能对监狱行刑的方式方法和执法公正性提出挑战。例如，黑恶势力罪犯身份意识和改造意识较差，恶习较深、行为养成较差、改造难度大；有暴力倾向，做事不计后果，凶残性、破坏性大，极易铤而走险；惯以暴力方式处理同其他罪犯的矛盾，或通过暴力手段在罪犯群体中树立威信、谋求势力范围；聚合力强，鼓动性、煽动性大；伪装性、投机性强；等等。总之，随着涉黑恶罪犯关押数量增多，监管安全风险等级增高，发生袭警、脱逃、伤害、自杀、哄监闹狱等监管事故的概率增大。[①]在这种情况下，监狱和警察必然要加强管控措施，必然面对更多的各类紧急事件处置问题。如果监狱和警察不能及时采取合法和适当的应对措施，进行妥当的处理，难免发生执法力度或者执法方式失当问题，

---

① 特别是一些短刑期涉黑涉恶罪犯，因减刑机会少，更加胆大妄为，无视监规纪律，有的公然顶撞干警，主动要求“关禁闭”，反改造气焰十分嚣张。据统计，自开展扫黑除恶专项斗争至 2019 年 10 月底，H 省监狱系统因违规抗改严管、禁闭涉黑涉恶罪犯 130 人次。参见乔敬一：《涉黑涉恶罪犯改造难点及对策思考》，载《中国司法》2020 年第 7 期。

影响罪责刑相适应原则的实现，造成法律权威的减损和罪犯法律认同度的降低。

第二，对“尊重和保障人权”精神的可能影响。多年来，我国罪犯合法权益保障水平持续提高，充分体现了国家对“尊重和保障人权”精神的重视。但应当注意保持权利保障与特定的经济社会发展状况相适应，不应过高或过低，以更准确地体现“尊重和保障人权”精神。应全面准确理解依法严厉打击黑恶势力犯罪的法律政策精神，防止在对黑恶势力罪犯的减刑、假释、暂予监外执行中发生不当的“权利克减”或者“超标准保障”。对于黑恶势力罪犯中一些“敢于对抗”和“善于纠缠”的罪犯，更应重视这方面标准的把握，否则容易背离“扫黑除恶”的初心使命、偏离法治化的轨道，这也是罪责刑相适应原则和适用法律人人平等原则的要求。

第三，对正确执行刑罚和执法廉洁性的可能影响。黑恶势力犯罪的“非法控制”特征反映了相关罪犯负能量巨大，必然对监狱正确执行刑罚、开展各项执法活动的廉洁性形成较大威胁。例如，一些黑恶势力罪犯原本就有人大代表、政协委员、企业家等身份，其寻求“保护伞”、编织“关系网”的能力很可能转化到狱内；作为黑恶势力犯罪“保护伞”的人员被判刑入狱，更是熟悉“潜规则”和执法机关工作规律，显然这些服刑人员的腐蚀性和渗透力相较于一般服刑人员更强。同时在监狱法中，我国尚未建立起明确的刑罚执行管辖和回避制度，黑恶势力罪犯，尤其是重大黑恶势力犯罪人员，与刑罚执行机关人员和其他有关部门人员难免存在某种联系，等等。这些对监狱执法公正性的影响不容忽视。虽然在“扫黑除恶”中建立了对黑恶势力罪犯跨省异地执行刑罚的制度，但限于具体政策层面，还带有一定的局限性，内容仍需完善。①

---

① 参见最高人民法院、最高人民检察院、公安部、司法部联合发布的《关于跨省异地执行刑罚的黑恶势力罪犯坦白检举构成自首立功若干问题的意见》。

（三）对监狱行刑改造效能的挑战

第一，对监狱“犯因性改造”[①]效能的挑战。黑恶势力犯罪原因异常复杂。从社会控制理论角度看，黑社会性质犯罪的本质特征是具有非法控制性，无论是以暴力手段方法残害百姓还是获取非法经济利益，其根本的目的是控制一定区域或行业。其之所以能够取得非法控制，与政府相关部门行使职权缺位、基层政权组织控制不足有关，导致在一定区域或行业内形成管控的薄弱地带，为黑恶势力生长留下可乘之机。从社会结构理论角度看，黑社会性质组织犯罪是一种病态的社会现象，与我国社会结构性变革所带来的新旧体制冲突、贫富差距加大、社会阶层固化等有关。从亚文化冲突角度看，黑社会性质犯罪亚文化是对社会主义文化的抵制，是其组织成员在长时间的违法犯罪活动过程中逐渐形成的价值观体系，能够显示自身的价值与标识取向，包括暴力亚文化、腐败亚文化、帮会亚文化等内容。这些方面显示了黑恶势力犯罪发生原因和背景的复杂性，表明治理包括黑恶势力犯罪在内的重新犯罪具有很大的难度。[②]此外，近年来重新犯罪现象的突出值得引起重视。根据四川省监狱管理局的一项调研显示，截至2018年1月，四川省在押重新犯罪罪犯占在押犯总数的24.40%，呈现出许多特点。例如，重新犯罪性质情节更加严重、主观恶性大、犯罪手段残忍。[③]

---

① 此处的“犯因性改造”借用了吴宗宪博士论文的“犯因性差异理论”内容。具体参见吴宗宪:《罪犯改造论——罪犯改造的犯因性差异理论初探》，中国政法大学2006年博士学位论文。

② 王惠敏:《黑社会性质组织犯罪形成原因分析》，载《鲁东大学学报（哲学社会科学版）》2019年第1期。

③ 在初次犯罪中，原判3年以下有期徒刑的占49.67%，10年及以上有期徒刑、无期徒刑和死缓的占17.35%；而重新犯罪罪犯原判3年以下有期徒刑的占5.77%，10年及以上有期徒刑、无期徒刑和死缓的占42.14%。参见四川省监狱管理局课题组:《四川省刑释人员重新犯罪问题探析》，载《犯罪与改造研究》2020年第5期。

而且重新犯罪率的增长带有普遍性，呈现比较明显的增长态势。[①]在"扫黑除恶"专项斗争中，发现在行业治理、基层治理、特殊群体管理等多个方面存在不足，也发现其中蕴含的形成黑恶势力犯罪的多种原因。认识犯罪原因是掌握犯罪规律和进行犯罪治理的基础。从"犯因性改造"的角度看，在复杂的犯罪原因和背景下，以监狱行刑手段及时空的"单一性"和"有限性"，来应对黑恶势力罪犯改造需求的"复合性"和"无限性"，无疑是巨大的挑战。如果要认真地考虑如何提高包括黑恶势力罪犯在内的罪犯的教育改造质量，有效预防重新犯罪，就必须以科学的态度认真研究犯罪和重新犯罪的系统性原因，研究监狱行刑效能发挥的规律特点，并对既有的犯罪治理观念、治理模式、治理方法等方面进行适当调整，系统性地解决问题。

第二，对监狱"人格性改造"效能的挑战。[②]人格是监狱改造罪犯的重要客体，需要正向文化的坚实支撑。监狱是一个亚文化比较集中的区域，而黑恶势力犯罪带有的亚文化比较突出，是黑恶势力罪犯难以管理改造的内在原因。黑恶势力罪犯更多地存在价值观扭曲、犯罪恶习深、犯罪心理结构固定等特点，在监狱内极易形成顽固犯和危险犯，表现出不认罪服法、仇视社会、抗拒改造等问题。而在黑恶势力罪犯出狱后，因"犯罪标签化"更突出、亚文化社会关系更复杂，导致社会排斥更明显、回归正常社会生活更难，对监狱改造效能提出挑战。应深刻认识道德缺陷在刑释人员重新犯罪原因中的作用。从重新

---

① 相关调查显示，我国 1997—2001 年监狱释放罪犯的 3 年内重新犯罪率已达到 8.15%，与 1982—1986 年监狱释放罪犯的 3 年内重新犯罪率 5.39% 相比，15 年间的增长幅度超过了 50%；即使在 1997—2001 年，每年从监狱中释放的罪犯的重新犯罪率均较上年呈现出小幅增加的趋势；与此同时，在过去十多年中，全国监狱系统判刑两次以上的重新犯罪罪犯占押犯总数的比重逐年上升，已由 1990 年的 8.55% 增加到 2003 年的 13.78%。这些数字表明，我国重新犯罪的形势不容乐观，呈现出较大上升的严峻趋势，凸显了预防与遏制重新犯罪的紧迫性和重要性。参见司法部预防犯罪研究所课题组、周勇：《关于监狱释放罪犯重新犯罪问题的调查报告——对全国 1997 年—2001 年监狱释放罪犯重新犯罪的考察》，载《犯罪与改造研究》2019 年第 5 期。

② 参见陈士涵：《论改造客体》，载《犯罪研究》2000 年第 2 期。

犯罪的个体原因看，“缺德”是致使他们重新走上犯罪道路的主要原因。这些罪犯大都抱着“狱内损失狱外补”的态度，回归社会后不思悔改，把吃喝玩乐当成人生的唯一目的和最大幸福，在思想上表现为强烈的拜金主义、享乐主义和极端个人主义。[①] 此外，黑恶势力罪犯特定的心理特点也会增加改造难度。在有组织犯罪中，“从众心理”和“众从心理”往往同时存在，而当心理迷茫的时候，“从众心理”和“众从心理”更容易获得活动机会，从而形成一种“召唤”或“凝聚”。而此“召唤”或“凝聚”既可形成在一个既有的犯罪组织内部，也可形成在一个既有的犯罪组织的内外之间，使得一个既有的犯罪组织具有对外开放性与吸纳性。这些特点会强化其组织性和认同性，在一定程度上“解构”监狱正面文化系统及其功能，对监狱改造效能形成“抵抗和抵消”，值得重视。[②]

第三，对监狱“认同性改造”效能的挑战。监狱“认同性改造”效能以罪犯对法律裁判的公正性和恰当性的认同为基础。在“扫黑除恶”专项斗争中，“打财断血”是核心内容之一，目的在于摧毁罪恶势力的经济基础和再生能量。由于黑恶势力犯罪常常涉及巨额的资金和财产，所以对相关财产的处置成为各方关注的焦点。同时，近年来的黑恶势力犯罪有一个突出特点，即更加注重“以合法形式”来实施和掩护犯罪行为，其往往通过企业、公司的形式，以多种“合法”或边缘手段谋取经济利益或逃避打击。市场经济的交易复杂性和犯罪组织的特意规避行为，使办案机关在认定相关行为性质和处理相关财产时容易产生一些问题。为此，2019 年最高人民法院、最高人民检察院、公安部、司法部联合发布的《关于办理黑恶势力刑事案件中财产处置若干问题的意见》作了比较详细的规定，为规范相关工作提供了依据。但在实践中也有扩大化处理的情况，如对该意见第 15 条规定的“其他应当追缴、没收的财产”情况，把握其标准的难度较大，且缺乏相应

① 参见段峰：《重新犯罪归因分析与预防》，载《河南司法警官职业学院学报》2004 年第 1 期。

② 参见万国海、马荣春：《有组织犯罪的研究导向：超越具体类型的一种“规划”》，载《苏州大学学报（法学版）》2015 年第 2 期。

的救济途径。另外，在审前返还、先行处置制度的设计上，与过往涉案财物处置制度相同，仍然存在着制度过于简单，可操作性较弱的问题。例如，该意见第9条第2款规定："人民检察院、人民法院对于公安机关委托评估、估算的数额有不同意见的，可以重新委托评估、估算。"此处仅规定了人民检察院、人民法院对于公安机关委托评估、估算的数额有不同意见的，可以重新委托评估、估算。但实际上评估、估算数额对于被追诉人定罪量刑具有重要意义，当被追诉人对于公安机关委托评估、估算的"聚敛的财产及其孳息、收益的数额"有不同意见时，也应当赋予其申请重新委托评估、估算的权利。[①]否则可能造成相关财产处理不当，或引发对执法公正性的怀疑，影响罪犯或其亲属相关权益，增加其认同法律权威和真心接受改造的难度。

总之，黑恶势力罪犯对监狱行刑效能的影响是全面的，加剧了监狱行刑目标效能中安全效能与公正效能、改造效能之间的"张力"，也凸显了总体行刑资源的不足，对优化行刑结构效能和行刑评价效能提出更高要求。

三、提升监狱行刑效能的宏观思考

最好的社会政策就是最好的刑事政策。刑事政策是国家据以与犯罪作斗争的惩罚措施的总和。[②]提升监狱行刑效能，总的动力来源是在宏观层面加强"国家赋能"。发挥监狱行刑效能的关键在于强化"体系赋能"，激励和保护监狱行刑效能的重点在于优化"评价赋能"。

（一）加强"国家赋能"，全面提升监狱效能

1.形势分析

1988年，我国监狱共有674所，在押罪犯104万人，监狱警察30

---

① 参见万毅：《为处置扫黑除恶案件涉案财物提供有力制度支撑》，载《人民法院报》2019年5月5日。

② 参见［法］米海伊尔·戴尔玛斯－马蒂：《刑事政策的主要体系》，卢建平译，法律出版社2000年版，第1页。

万名；2012年，我国共有监狱681所，在押罪犯164万人，监狱警察30万名；2014年，我国共有监狱680所，在押罪犯170余万人，监狱警察30万名。可以看出，2014年与1988年相比，押犯人数上升了63%，而监狱数仅上升了0.9%，监狱人民警察的数量几乎未变，监狱数量和监狱警察数量的增长速度远远赶不上押犯数量的增长速度。① 近年来，我国犯罪形势的总体变化，也对监狱行刑效能提出了挑战。例如，2010年以来，我国经济发展水平始终保持高速增长，严重暴力性犯罪数量下降，财产类犯罪和网络诈骗类犯罪立案数量上涨，与传统犯罪相异的涉黑犯罪、毒品类犯罪、涉及国家安全类犯罪、破坏环境类犯罪、侵犯知识产权类犯罪、食品安全类犯罪，以及青少年校园暴力等类型犯罪增加。② 犯罪结构类型和犯罪人特点的显著变化，必然要求监狱行刑的模式与行刑方法的及时调整，尤其对行刑基础保障提出了更高的要求。近年来，在监狱行刑效能目标体系中，行刑安全效能水平提高相对明显，罪犯脱逃和其他重大案件发生率保持在较低水平；行刑公正效能和改造效能水平发展相对滞后，这与国家对监狱的投入不足和效能结构不合理、评价效能不尽科学有关。

2. 加强国家“资源赋能”

应加强国家“资源赋能”，以宏观国家政策的有力支持，促进行刑效能“增量扩容”。多年前监狱系统出现的震惊全国的“邵东监狱事件”和“大连监狱事件”，在客观上促进了全国监狱体制改革的试点和全面实行，实现了“全额保障、监企分开、收支分开、规范运行”，比较全面地解决了当时制约监狱行刑的基本保障问题，也为持续提升监狱行刑效能奠定了基础。③ “扫黑除恶”专项斗争具有重要的现实意义和深远的历史意义，是在我国全面建成小康社会和全面提升社会治

① 转引自刘畅：《〈刑法修正案（八）〉颁布以来的监狱工作研究》，载《云南警官学院学报》2014年第6期。

② 参见中国犯罪学学会组织编纂：《中国犯罪治理蓝皮书：犯罪态势与研究报告（2018）》，法律出版社2019年版，第280—283页。

③ 参见陈志海：《行刑理论的多维探究》，北京大学出版社2008年版，第214—220页。

理能力水平的重要时刻，开展的一项内容广泛的综合性社会治理政策，其对监狱行刑带来的挑战应在国家层面予以保障，这是全面提升监狱行刑效能的重要契机。

国家“资源赋能”的关键，在于把监狱工作放到党和国家工作大局中谋划和推进，列入国家和地方经济社会发展的长期和整体规划，把监狱工作纳入当地社会治理工作目标体系，积极争取中央财政和省级财政支持，为各项基础建设项目提供有力的资源保障。一是在提供必要和动态财政保障的同时，加强土地供应、基础设备设施等方面的保障，重点推进建设不同戒备等级监狱、女子及未成年人监狱、监区，缓解监狱整体封闭性过强、分类改造不深入、刑罚个别化不足的问题；二是在政策上实行罪犯劳动项目政府采购制度，解决长期困扰监狱的“改造和生产之间的矛盾问题”，促进以改造为中心的监狱生产转型升级，为充分发挥监狱改造效能创造条件；三是大幅度提高监狱警力配置，并建立与司法人员员额制相适应的监狱专业化、职业化警察队伍机制，注重加强职业保障与荣誉感保护，促进命令服从模式与指导回应模式的协调；四是开展融合侦查、起诉、审判、刑事执行整体司法系统的信息和大数据交流协作平台建设，促进形成完善的刑事司法协调机制。

3. 加强国家“法律赋能”

通过“法律赋能”，使刑事立法对国家资源的分配更合理，减少“短板效应”，提高整体犯罪治理体系水平。为此，应建立完善相关专门法、刑事执行法、刑事实体法、刑事诉讼法“四法合一”的黑恶势力犯罪治理法律体系：一是制定反有组织犯罪法，借鉴有益立法经验，针对犯罪规律特点，把“扫黑除恶”专项斗争中的“基层治理”“行业治理”“打财断血”“打伞破网”等成功做法纳入其中，固定法律共识；二是抓住修改监狱法的重要契机，完善对黑恶势力罪犯的管理教育内容，配置专门的警察和其他执法力量，制定黑恶势力罪犯出狱前后的衔接管理措施等，形成法律配套机制；三是结合前述法律，完善刑法、刑事诉讼法中有关治理黑恶势力犯罪的规定和程序，形成相互衔接、协调一致的法律体系；四是完善刑事司法统计制度、建立犯罪预警和报告制度，为国家犯罪治理提供更为全面准确的决策信息。

（二）强化“体系赋能”，提高行刑结构效能

行刑结构效能存在的“张力”主要受两方面影响：一方面，监狱押犯总数持续高位，罪犯改造形势越来越复杂；另一方面，相关组织体系合力不足，减刑、假释、申诉等关键行刑制度功能发挥不够，导致监狱压力积累多、疏解少、行刑功能“淤塞”。

1. 加强政策投放和体系管理

在犯罪治理的“层递式四位一体”结构中：一是重视监狱刑罚执行与其他刑事程序的“双向互动”作用，尤其重视监狱收押能力对犯罪追诉程序的“反馈意义”，在刑事政策上借鉴和发挥适用认罪认罚从宽制度的成功经验，加大社区矫正等非监禁刑的运用，使监狱罪犯数量总体保持在监狱效能承受范围内，并促进监禁刑与非监禁刑的合理适用及衔接；①二是优化体系职能，明确省级司法行政部门领导责任、监狱管理部门管理责任、监狱主体责任、地方属地责任，落实权力责任清单，并组织各省份摸清黑恶势力罪犯底数，研究特点及规律，加强层级指导，及时制定出台黑恶势力罪犯管理教育指导手册；②三是保持高层推进模式，把三年“扫黑除恶”专项斗争后的政策重点转移到刑罚执行的“化恶为善”上，着力消除黑恶势力的恶性和负面影响力，包括开展根治“保护伞”的专项治理，完善黑恶势力罪犯刑罚执行的执法回避制度，落实宽严相济刑事政策，实行刑罚个别化措施，合理分配行刑资源，注重多种改造手段的综合运用；四是建立完善“罪犯

---

① 认罪认罚从宽制度对降低司法成本、提高司法效率、促进社会矛盾化解起到显著作用。截至 2019 年 12 月，全国检察机关办理刑事案件适用认罪认罚从宽制度的比例已达 83.1%；2020 年尽管受疫情影响适用率一度有所下降，但 1—8 月整体适用率仍达到 83.5%。参见张军：《认罪认罚从宽：刑事司法与犯罪治理“中国方案”》，载《检察日报》2020 年 11 月 6 日。

② 可包括：安全篇，以防范罪犯自杀、行凶、脱逃、应急处置等为内容；法律篇，以规范罪犯依法申诉、财产纠纷处理等为内容；教育篇，以深化道德、价值观教育、劳动技能培训、心理矫治等为内容；廉政篇，以公正执法、职业风险防范等为内容。

改造综合体”，丰富改造组织体系，将知识教育、心理咨询、劳动技能培训等内容通过政府购买服务等方式交由社会合理承担，吸纳罪犯亲属、犯罪被害人等非正式力量，促进罪犯主动承担刑罚义务，消弭罪犯与家庭和社会的紧张关系，[①]适当推行罪犯矛盾调解制度，发挥罪犯群体内部秩序维护作用，完善律师法律帮助、法律援助等制度，为有法律需求的罪犯提供应有支持，等等。

2. 创新制度适用，激活行刑效能

制约监狱行刑效能的一个重要方面在于减刑、假释、暂监外执行、申诉等制度的适用不足。相较于认罪认罚从宽制度等立法和司法改革举措，监狱行刑制度的改革相对滞后。应更加明确“局部即全局”“制度即体系”的理念，以创新务实的态度和做法激活行刑制度适用，发挥其突出的“内生性”作用，促进罪犯积极改造，解决刑事政策不平衡和司法制度体系的“淤塞”问题。其中罪犯假释制度的适用完善需求比较突出。应发挥假释制度应有的“内生性”作用，消除黑恶势力罪犯进入监狱带来的行刑资源紧张加剧、风险增加等风险。一是更新理念，认识到假释制度并非监狱自己的制度，而是预防和减少犯罪的社会治理制度。近年来，我国一些地区已取得扩大假释适用的成功经验，并未发生重新犯罪增加的情况，应组织开展专项假释适用的研究和调研，促进形成科学的假释刑事政策。二是合理借鉴医学“临床治愈”概念，科学确定监狱改造效果的认定标准。这需要加强公、检、法、司四机关的密切配合，达成理念共识、确定相关规则及标准，把刑法规定的罪犯假释制度从“字面的法律”更好地落实成为“现实的法律”。应将《刑法》第 81 条规定的“没有再犯罪的危险的”法定假释条件，根据监狱行刑规律和罪犯改造质量评价规律，细化成易于操作、程序性的、以证据化方式体现的标准体系，减少由此带来的执法风险。三是借鉴“以审判为中心”的诉讼制度改革经验，加强案件庭

---

① 参见刘崇亮、储槐植:《以知识为主的综合改造刑》，载《河北法学》2014 年第 3 期。

审实质化建设，把“以庭审为中心”落实到位，促进假释制度适用。[①] 假释是刑罚执行变更制度，关涉刑罚制度的整体效能，其决定权在于审判机关。所以在发挥其“向前引导”侦查、起诉功能的基础上，尤其应注重发挥假释“向后支持”刑罚执行效能的作用，完善与审判机关和法律监督机关的协调机制，在假释案件审理中落实“证据裁判”规则和程序公正要求，以规范化和程序化来保障假释的公正性，进而提升假释制度的适用率，激活监狱行刑效能。应适时制定统一的刑事执行法，明确监狱管理部门以及其他参与刑罚执行的各有关机关的责任、权能和关系，从而完善刑事执行体制，保障行刑权得到有效的落实，促进假释等重要制度的功能发挥。[②]

（三）优化“评价赋能”，为效能提升创造有利环境

评价影响效能。究其原因，一方面，在于行刑的复杂性带来的实际困难；另一方面，在于监狱的封闭性产生的信息不对称。

1. 监狱行刑效能评价应坚持“三个原则”

一是在评价内容上坚持“相对性原则”。监狱法规定了“将罪犯改造成为守法公民”，反映的是立法者的价值判断和追求，这对黑恶势力罪犯也同样适用。重要的是把这个价值逻辑变成事实逻辑，使抽象的法律规定得到具体实现。但在现有的人类认识能力和监狱实际情况下，这个“从价值到事实”的追求无法绝对实现，只能相对实现。因为从认识论角度看，没有绝对改造不好或完全改造不了的罪犯，也没有能绝对改造好和保证其永远不再犯罪的罪犯；从方法论角度看，改造罪犯的效果在很大程度上取决于改造投入的成本，包括时间成本、资金成本等方面，即不是“能不能做到”的问题，而是“应不应该或可行与否”的问题；从因果关系角度看，“多因一果”是任何安全事故发生的规律，不宜以“唯结果论”评价行刑效能；从实践角度看，应

---

① 参见陈卫东：《“以审判为中心”的解读与实现》，载《法制日报》2016 年 8 月 24 日。

② 参见井坡：《浅议我国假释制度改革》，载《犯罪与改造研究》2019 年第 4 期。

在总体上坚持“改造能改造的，不能改造的不使为害”，即在保障公正与安全的底线基础上，合理配置行刑资源，降低成本，提高总体行刑效能。二是在评价依据上坚持“法定性原则”。刑罚执行是执法活动，最基本和最重要的要求是严格依法办事，监狱法、刑事诉讼法、刑法以及相关规范性文件，为监狱刑罚执行提供了基本规范和要求，是评价效能的法律依据，应避免内部文件对法定性原则的不当影响，应防止地方化和部门化倾向可能带来的责任追究偏颇和对行刑效能的影响。三是在评价方法上坚持“科学性原则”。科学性是对行刑规律性的要求，是尊重犯罪规律、监狱工作规律和社会治理规律的体现。科学的评价标准应做到在全面客观基础上的具体化、区别化、可操作化，在监狱行刑整体工作基础上，针对不同的监狱类型、不同的工作层级和不同的岗位制定不同的职责内容和评价标准要求，并结合评价的相对性原则和法定性原则进行评价。

2. 监狱行刑效能评价应完善“三项内容”

一是加强监狱警察履职保护和完善执法追究责任标准。党的十八届四中全会提出，建立健全司法人员履行法定职责保护机制，防止干扰司法人员依法履职、维护职务稳定性、防止不当追责、保障司法人员依法履职安全、落实司法人员依法履职社会保障。[①]应建立完善监狱警察“过错责任追究原则”，增强责任认定和追究中的法治化、科学化，减少行政化、形式化，激发监狱警察主体效能作用。[②]二是完善罪犯改造相关评价标准，对包括重新犯罪率的调查与评价、罪犯权益保障的合理尺度及评价等方面内容制定科学合理的标准和程序。应在传统有效经验基础上，以系统性、科学性思维，向前对接“智慧公安”“智慧检察”“智慧法院”建设，向后对接“智慧城市”“智慧社区”等建设，探索依托海量数据管理和改造罪犯、预防重新犯罪的科学化之路，为全面科学评价监狱行刑效能创造条件。三是把社会评价

---

① 参见黄文艺：《中国司法改革基本理路解析》，载《法制与社会发展》2017年第2期。

② 参见周折、陈宝友：《论监狱警察履职保护制度中过错责任原则的确立》，载《犯罪与改造研究》2020年第10期。

作为一项重要工作对待，避免监狱封闭性和信息不对称引发的评价偏颇。在一定程度上，“监狱行刑效能与社会的开放程度呈反比”，在万物互联和人工智能时代到来之际，监狱内外信息不对称情况更加突出。应扩大狱务公开，更好地利用新媒体思维和手段，推进“数字监狱”建设，并融入社会相关建设，突出典型案例和先进人物的良好示范作用。通过多种方式向社会客观展示监狱的形象和工作成就，以及对国家和社会治理的重要意义，为全面提升监狱行刑效能创造有利环境。

国外罪犯重新融入社会研究及其思考与借鉴

葛向伟*

一、罪犯重新融入社会概念的提出

尽管国外学术领域大约在二十年前就开始提出和使用罪犯重新融入社会这个概念，但是直到近年来才在国际刑事司法领域被广泛接受。2015 年 12 月 17 日，国际社会最具权威性和普遍适用性的标准文件《联合国囚犯待遇最低限度标准规则》（也被称为《纳尔逊·曼德拉规则》，以下简称《曼德拉规则》）在适用了近半个世纪之后修订并在规则 4 中明确提出，唯有利用监禁期间在可能范围内确保犯人释放后重新融入社会，从而能够遵守法律、自食其力，才能达到这一目的（指保护社会免受犯罪之害和减少再犯）。促进罪犯“重新融入社会”的概念就此在国际文件的基本原则中予以确立。

从促进罪犯“重返社会”或者其类似概念再到“重新融入社会”的概念更替，经历了一个漫长的演变过程。1955 年，第 1 届联合国防止犯罪和罪犯待遇大会通过的《联合国囚犯待遇最低限度标准规则》中使用的是“确保罪犯返回社会”的提法，第 58 条规定：判处监禁或剥夺自由的类似措施的目的和理由毕竟在保护社会、避免受犯罪之害。唯有利用监禁期间在可能范围内确保犯人返回社会时不仅愿意而

---

* 葛向伟，司法部预防犯罪研究所国外犯罪与刑事司法工作研究室主任、副研究员。

且能够遵守法律、自食其力，才能达到这个目的。1966 年，联合国通过的世界人权文件《公民权利和政治权利国际公约》在规定囚犯待遇时使用的是“社会复员”的概念，第 10 条第 3 款规定：监狱制度应包括以囚犯改造和社会复员为基本目的的待遇。1989 年，《儿童权利公约》使用的是“重返社会”的概念，第 40 条第 1 款规定：缔约国应考虑到其年龄和促进其重返社会并在社会中发挥积极作用的愿望。2002 年，联合国《预防犯罪准则》使用了“融入社会”的概念，认为预防犯罪应当采取广泛的途径，包括“帮助罪犯融入社会和其他预防机制（比如重返社会项目）来预防再次犯罪”（第 6 条 d 款）。2006 年，区域性法律文件中《欧洲监狱规则》修订版在基本原则第 6 条中提出：应当对所有监禁进行管理，以便促进被剥夺自由的人重新融入自由社会。2012 年，联合国大会批准的《联合国女性囚犯待遇和女犯非监禁措施规则》（也被称为《曼谷规则》，以下简称《曼谷规则》）首次在全球范围内使用“重新融入社会”的说法，要求“监狱管理机构在与缓刑机构、社会福利部门、地方社区组织和非政府组织合作设计并实施综合的释放前和释放后的重新融入社会项目的过程中，应当考虑女犯的性别特殊需求”（第 46 条）。事实上，在《曼谷规则》出台之前，从 2010 年开始，联合国就启动了《囚犯待遇最低限度标准规则》的修改，因此，在 2015 年的《曼德拉规则》中使用“重新融入社会”的概念，与《曼谷规则》中的提法是完全一致的，体现了《囚犯待遇最低限度标准规则》修改的特点之一，即对过时用语的替换。

回顾国际规范文件中从“返回社会”到“重新融入社会”的概念变迁，仅从字面含义来看，我们不难理解，“返回社会”仅仅体现出“返回”这一动作及其结果，“重返社会”较“返回社会”多了一层意思，即重新返回，体现出罪犯曾经经历过刑事司法系统的制裁，“融入社会”的概念与前两个概念相比，能够体现出某人在社会中做守法公民，而“重新融入社会”更进了一步，直接能够表明接受过刑事司法系统干预的人再次返回社会并成功地成为守法自立公民的这一结果与进程，其表达更为生动和贴切，是对之前种种类似概念的统一和规范，更具有科学性和先进性。

二、重新融入社会的含义和意义

（一）重新融入社会的含义

重新融入社会，是指某人在从事犯罪行为甚至受到刑事制裁之后，在社交和心理上再次融入社会环境的过程。从广义上来说，罪犯重新融入社会涉及违法犯罪受到刑事司法系统干预的所有人群。从狭义上来说，重新融入社会仅仅涉及经历过监禁的罪犯群体。大部分罪犯都面临重大的社会适应问题和社会排斥问题，包括来自家庭和社区的排斥。当罪犯面临这些问题时，通常被认为有再次犯罪的风险。这时，采取措施为他们提供外部支持，帮助他们克服社会适应和社会排斥问题，使其成功重返社会的过程就是重新融入社会。

（二）罪犯重新融入社会的重要意义

一是缓解监狱的过度拥挤。监狱过度拥挤是很多国家面临的一个重大问题，给社会带来巨大复杂的挑战。2018 年，泰国刑事政策研究所的数据表明，全球有 1035 万人被拘禁在刑罚机构中（实际数字可能比这还要高，因为若干国家并未提供相应数据）。① 这就意味着，近 15 年以来全球监禁人数几乎增长了 20%。欧洲、美洲也存在超额关押的问题。亚洲、非洲的情况更为严重。很多罪犯未成功重新融入社会，有的违反缓刑、假释监督条件，还有很多罪犯再犯新罪，这些因素都会导致监狱人口不断增加。毫无疑问，大量罪犯的再次入狱至少说明监禁对于他们停止犯罪来说效果不明显。监狱在监禁期间如果对罪犯仅仅进行严格管理，稳定罪犯并对其进行改造，而没有支持罪犯重新融入社会的有效项目，这些成果的作用往往非常短暂，甚至几乎起不到什么作用。反过来，大量罪犯重返监狱以及监狱过度拥挤这个事实本身影响了监狱提供有效改造项目的能力，并且往往限制了囚犯参加现有改造项目的机会，因为监狱工作人员的精力是有限的。实践证明，

---

① Penal Reform International，GLOBAL PRISON TRENDS 2018 Penal Reform International，参见 https：//www.penalreform.org。

减少监狱人口、缓解监狱过度拥挤的主要策略之一应当是为罪犯提供有效的改造项目，帮助他们在释放后成功地重新融入社会。[①]

二是降低犯罪的社会成本。所有的犯罪都有社会成本，这些成本加起来很高。如果罪犯释放后重新犯罪，这些新的犯罪会增加侦查、判决和新的制裁管理成本，还有更不容易量化的间接成本（比如给被害人带来的损失）、与经济和社区能力损失相关的成本，或者是由于释放罪犯依赖社会服务而不能贡献社会所产生的成本。[②]再加上罪犯有多次入狱的情况，可想而知罪犯不能成功重新融入社会所带来的巨大成本以及对社会带来的沉重财政负担。因此，如果社会不对促进罪犯重新融入社会进行投资的话，其后果是社会无法承受的。这种投资的费用可能仅为监禁费用的一小部分，却可能产生成本效益很高的效果。

三是预防重新犯罪。在某些特定的群体中一直保持很高的重新犯罪率。根据2014年挪威国家统计局对欧洲开展重新犯罪的研究，两年内的再犯数据典型范围如下：重新被捕率大致在40%—70%之间，重新定罪率大致在40%—60%之间，重新监禁率大致在30%—50%之间。[③]2012年巴西国家司法理事会对巴西50万名囚犯作了一项再犯率的调查，表明再犯率达到70%以上。大量罪犯进入监狱通常是因为相对较轻的犯罪，他们犯罪之后常常连续多次服短期刑。还有很多罪犯，甚至经过严厉的监禁刑之后也没能停止犯罪。由此进一步证明，监禁本身并没有很好地解决罪犯重新融入社会的问题。一方面，由于大量罪犯往往服短期刑，他们在监禁期间参加治疗或者其他项目的机会非常有限，因此他们有较高的再犯风险。另一方面，即使在监禁期间为罪犯提供了实质的监狱项目并且帮助他们获得了一些进步，这些进步通常在释放之后由于缺乏对罪犯及时跟进监督和帮助而丧失效力。事实

① F. Loesel, *Counterblast: the prison overcrowding crisis and some constructive perspectives for crime policy*, Howard Journal of Criminal Justice, vol. 46, No. 5 (2007), p. 512-519.

② M. Borzycki and T. Makkai, *Prisoner Reintegration Post-release*, Canberra, Australian Institute of Criminology, 2013, p. 25.

③ 参见 http://www.ssb.no。

上，这些罪犯中很少有人在监狱中参加有意义的项目，释放后接受到支持和监督的人则更少。而促进罪犯重新融入社会的目标就是鼓励罪犯停止犯罪、停止再犯。因此，无论在地方层面还是国家层面，有效的犯罪预防策略都必须对释放罪犯重新融入社会予以特别的关注。

三、罪犯重新融入社会的实现过程：重新融入社会项目

（一）重新融入社会项目及其目标

重新融入社会项目指的是针对罪犯实施犯罪行为的因素、以解决每个罪犯的具体问题和困难为目的而设计并实施的，能够在罪犯受到刑事司法系统干预之后、监禁期间、释放后和社区制裁期间，持续全面地解决罪犯生理和社会需求的所有矫正干预措施。重新融入社会项目是罪犯重新融入社会的重要实现途径。重新融入社会项目的主要目标是为罪犯提供所需帮助和监督，使他们学会在社会中做守法公民，成功重新融入社区，停止犯罪，避免再犯。

（二）理念支撑：全程关爱

全程关爱理念强调为罪犯提供狱内狱外的持续帮助，是一种系统范围模式的干预方法。[①] 全程关爱理念认为，罪犯释放前就应当开始重新融入社会的准备工作，释放以后，应当采取措施继续干预并帮助罪犯顺利地从监狱过渡到社区，并且巩固强化在狱内通过治疗和教育项目所取得的成果，直到罪犯成功实现重新融入社会。[②] 只有这种综合性的干预才可能达到积极的、重新融入社会的成果。[③] 在全程关爱理念的

---

① M. Borzycki，*Interventions for Prisoners Returning to the Community*，Canberra，Australian Government Attorney-General's Department，2010.

② A. Fox，*Aftercare for drug-using prisoners：lessons from an international study*，Probation Journal，vol. 49，No. 2（2012），p. 120-129.

③ J. Travis，A. L. Solomon and M. Waul，*From Prison to Home：The Dimensions and Consequences of Prisoner Reentry*，Washington，D.C.，Urban Institute，Justice Policy Center，2001.

支撑下，重新融入社会项目涉及刑事司法程序的不同阶段，甚至发生在刑事司法程序之外。

（三）重新融入社会项目的主要元素

一是干预机构和干预主体。刑事司法系统的各个部门与社会机构、非政府组织、教育机构、社区和罪犯家庭对于罪犯重新融入社会都是必不可少的机构和主体，只是他们在罪犯重新融入社会进程中的地位（主导、辅助或参与）和作用各不相同。成功的项目通常能够提高公众对罪犯重新融入社会重要性的认识，并且包括监狱在内的刑事司法系统各部门与地方社区建立良好的合作伙伴关系，共同促进罪犯重新融入社会，做守法自立公民，不再犯罪。二是干预对象。干预对象涉及不同的风险人群，其中很多是特殊类别的罪犯，比如长期罪犯、药物依赖罪犯、青少年犯、精神病犯、危险的性犯罪人。① 特殊罪犯有特殊需求，或者有特殊的文化背景，需要为他们设计个性化的重新融入社会项目。② 三是干预时间。如前所述，重新融入社会项目可能发生在刑事司法程序的各个阶段，甚至会发生在刑事司法程序之外。但是通常来说，大量的项目发生在监禁期间和释放之后，并且，即使是释放后的干预措施，有的其实在罪犯监禁时就已经开始实施了，主要是为了促进他们释放后的调整。四是项目种类。具体包括监狱内实施的项目、社区项目、恢复性司法项目、刑事司法程序之外的项目（当罪犯被分流到刑事司法程序之外时适用，目的是防止犯罪人再次进入刑事司法程序）。此外，在某些国家，重新融入社会项目还包括删除或撤销罪犯的刑事定罪记录，从而表明罪犯成功完成其重返社会进程。在这几类项目中，最常见的是监狱内项目和社区项目，并且后者的形式越来

---

① Y. Dandurand and others, *Conditional Release Violations, Suspensions and Revocations: AComparative Analysis*, Vancouver, International Centre for Criminal Law Reform and Criminal Justice Policy, 2008.

② W. Willis and J.-P Moore, *Reintegration of Indigenous Prisoners*, *Research and Public Policy Series*, *No.00*, Canberra, Australian Institute of Criminology, 2008.

越丰富。五是罪犯矫正的风险因素。重新融入社会项目通常针对与再犯相关的动态风险因素进行矫正。与静态风险因素不同，动态风险因素可以通过某种方式予以改变，因此可以通过刑事司法系统之内或之外的项目进行矫正。[①]罪犯的动态风险因素不同，重新融入社会所要解决的困难不同，需要实施的项目也就不同。研究已经表明，大量的早期预防性干预措施能够降低风险因素，这些措施包括学前教育、家庭阅读环境、养育信息和支持、推理和社会技能教育，学校内的组织变化，阅读计划[②]，从这些角度入手开展项目可能取得预期效果。

四、对我国刑事司法改革的借鉴意义

实践中如何把“促进罪犯重新融入社会”落到实处，成为摆在刑事司法系统面前的重要课题。就罪犯而言，绝大部分被监禁罪犯（除在监狱内死亡或者被执行死刑的以外）最终都会从监狱释放，重新融入社会进程对他们来说是一个充满情感和实践困难的阶段。就社区而言，如果监禁罪犯（尤其是高风险、高需求罪犯）释放前没有充分的准备，他们释放后所在的社区就会面临风险。因此，刑事司法系统作为促进罪犯重新融入社会的主导机构，亟须采取措施以确保罪犯重新融入社会，以最具有成本效益的方式达到预防再犯的目的。

第一，在监狱法修改和社区矫正法立法中，应当明确提出“促进罪犯重新融入社会”，作为罪犯改造的基本目标。我国监狱法明确规定了惩罚与改造相结合，并且特别注重教育改造，规定了丰富的教育改造措施，目的是将罪犯改造成为守法公民。我国监狱法规定与国际标准在表述方面虽然有所不同，但其基本目标是一致的，都是将罪犯

① G. Harper and C. Chitty, eds., *The Impact of Corrections on Re-offending: AReview of "What Works", 3rd ed., Home Office Research Study 291*, London, Home Office, Research, Development and Statistics Directorate, 2005.

② C. T. Griffiths, Y. Dandurand and D. Murdoch, *The Social Reintegration of Offenders and Crime Prevention*, Ottawa, Public Safety Canada, National Crime Prevention Centre, 2007, p.4.

改造成为守法的公民。鉴于国际标准规范对“罪犯重新融入社会”的统一规范使用，我国又是《曼德拉规则》的缔约国，同时，为了使有关法律的表述更准确、内涵更丰富，建议在我国监狱法修改中参照《曼德拉规则》的布局，在监狱法总则中明确提出“促进罪犯重新融入社会”，作为罪犯改造的基本目标，表明罪犯重新融入社会的重要性，也体现出我国监狱法修改对国际标准规范的吸收和立法的先进性。此外，可以配合监狱法的修改，在社区矫正法立法、未成年人保护法等法律的修改中也予以相应规定。

同时，建议由刑事司法系统各部门制定相应规则，规定更为具体的罪犯重新融入社会的措施。比如，司法部可以根据监狱法的规定制定以下几个方面的实施标准：一是跟狱内常规干预有关的标准，包括教育、职业培训以及确保罪犯与外界社会的联系；二是适用于罪犯从监狱提前释放的标准；三是在罪犯释放后为他们提供帮助和支持的标准；四是促进社区参与罪犯重新融入社会进程的标准；五是鼓励分流和适用社区项目替代监禁的标准；等等。

第二，在罪犯改造实践中，应当积极开发罪犯重新融入社会项目并采取个案管理方法，通过项目的实施和管理更好地引导罪犯成功地重新融入社会。从国际现状来看，为了预防再犯，保护社会，现在很多国家的监狱机构和缓刑假释部门都开始强调对罪犯重新融入社会项目的开发与管理。比如，在美国，相关项目在过去十年实现了长足发展，更好地引导罪犯回归社会，以尽量减少其再犯可能，并应对国际上常见的重复犯罪现象，即“旋转门”现象。荷兰已经计划利用再犯统计研究结果来创建“最佳实践”目录。[①] 重新融入社会项目设计的关键和最困难任务，就是确定项目的目标、范围和方法，并将项目设计与社会犯罪预防重点结合起来。具体来说，一是要确定目标罪犯群体，对目标群体风险因素、需求和特殊情形的了解也必须充分；二是了解社区的能力，目的是开发能够满足罪犯回归所在社区关注和需求的项目；三是项目设计需要重点考虑设置可实现的预期目标和结果、明确阐述项目

① 参见 http：//ideas.repec.org/s/ssb。

理论模型和逻辑、精确目标、实施困难、必要的人力物力保障以及监测评估和及时总结经验教训等内容。

在项目实施过程中，个性化案件管理方法的开发非常重要，参照加拿大不列颠哥伦比亚省的有效的个案管理模式，可将个案管理分为四个步骤：一是罪犯评估，以确定其风险和需求；二是进行个案规划，即为其定制和选择相应的重新融入社会项目，识别最有效的干预措施，解决罪犯的风险和需求，并实现其改造；三是个案的实施，涉及将罪犯移交给提供矫治服务的相关项目或机构；四是个案实施的跟进，对罪犯进行再评估，以确定干预措施的效果，对方法进行修正，以推动重新融入社会的进展。①

第三，在促进罪犯重新融入社会进程中，应当建立从监狱到社区的全程关怀的新型服务模式，监狱等部门与社会机构建立一体化、多机构的合作伙伴关系。首先，国家应鼓励实务人员在吸引社区参与罪犯社会再融入工作方面发挥创造性。其次，社区参与犯人矫治有三个切实可行的领域，即参与监狱内罪犯矫治、改造和社会再融入项目，参与转向项目，参与社区矫正、有条件释放、后续关怀项目。从社区和潜在志愿者的角度看，这三方面的区别并不是特别明显。大多数服务于社区环境下的罪犯的社区组织都愿意在上述任一情形下工作。最后，监狱必须与社区组织、志愿者团体和非政府组织建立合作伙伴关系，以便为罪犯提供无缝干预活动，动员所有可用资源为罪犯提供服务，并在必要时实施监管。在所有这些领域，社区组织都有着为罪犯提供有效协助的独特优势。

在上述合作中，可由单一机构出任合作伙伴关系中的主要角色，并负责干预措施的协调。在一定程度上，主要角色还要帮助各合作伙伴及其他利益相关方，确定应实现的目标。在理想状态下，通过正式化并伴以明确的资源共享、信息共享和问题解决协议，机构间合作可以非常顺利地进行。在合作中，必须对每个机构的角色和职责作出明确规定和理解，而由于合作，每个机构的人员还可从其他机构的政策

① 参见 2010 年在加拿大温哥华举办的亚太矫正管理者会议材料。

和实践中受益。协作式服务可通过适当的机构间合作协议和信息共享协议得到改进。如可能，相关组织可考虑将各自的信息系统链接起来，从而实现刑事司法、卫生、劳动和社会服务等数据的共享和适时、有效的分析。

第四，扩大监禁替代措施的使用。需要说明的一个问题是，支持罪犯融入社会的干预措施不需要以罪犯的监禁为前提。相反，实践已经证明，在社区中实施干预措施比在监禁设施中实施更为有效。监禁替代制裁（比如社区治疗、社区监管、或者社区服务）即使不能比监禁有更好的效果，也至少会与监狱内提供的项目有同样的效果。事实上，监禁通常会严重阻碍罪犯的重新融入社会进程。罪犯被关押时间越长，他们与犯罪因素的联系越强，对犯罪价值认可程度越高，其家庭关系和社会关系遭受破坏的程度越强，重返社会进程中遇到的困难越多。如果为了保护社会而必须对罪犯采取监禁措施，则应当在罪犯监禁期间尽可能确保其释放后有意愿且有能力做守法公民，这样才能确保罪犯成功重新融入社会。

社区矫正研究

SHEQUJIAOZHENGYANJIU

安徽省社区矫正“队建制”改革及启示

张桂荣　安文霞　张露予*

社区矫正机构是社区矫正的具体实施机构，社区矫正机构的建设事关社区矫正制度的真正落实。安徽省以社区矫正法为依据，结合社区矫正工作的现实需求，加强社区矫正机构专业化建设，积极探索“队建制”的社区矫正机构建设新模式。从2021年9月开始，在全省8个市的26个区、县开展社区矫正“队建制”建设试点，推动在县级社区矫正机构下设社区矫正中队。截至2023年2月，全省58个区、县开展了“队建制”建设工作，11个区、县的社区矫正业务从司法所移交社区矫正中队。

一、开展社区矫正“队建制”改革的背景

《社区矫正法》第9条规定：“县级以上地方人民政府根据需要设置社区矫正机构，负责社区矫正工作的具体实施……司法所根据社区矫正机构的委托，承担社区矫正相关工作。”从实践情况来看，尽管安徽省在市、县两级均设置了具有独立执法资格的社区矫正机构，但是，全省社区矫正对象近3.3万人，而社区矫正机构专职工作人员只有286人（省级6人、市级41人、县级239人），与社区矫正对象比为1∶116，社区矫正专职工作力量严重不足，人员缺口非常大。由

* 张桂荣，司法部预防犯罪研究所社区矫正工作研究室主任、研究员；安文霞，司法部预防犯罪研究所社区矫正工作研究室副主任、副研究员；张露予，司法部预防犯罪研究所社区矫正工作研究室助理研究员。

于社区矫正机构人员编制缺乏，人手短缺、专业力量薄弱，绝大多数社区矫正机构的工作仍然需要委托司法所承担。但现实情况是，司法所本身人员就很短缺，全省司法所平均仅3.9人，有的司法所仅有1名政法专项编制的工作人员，甚至有的司法所没有政法专项编制工作人员。司法所尽管工作人员少，但承担着大量职能工作和乡镇街道的中心任务。职能工作有9项，包括人民调解、社区矫正、基层法律服务、安置帮教、法治宣传教育、基层依法治理、协助处理矛盾纠纷、参与社会治安综合治理以及上级司法行政机关和乡镇人民政府（街道办事处）交办的维护社会稳定的有关工作。此外，司法所还面临着工作人员不稳定、不专职、不专业等问题。司法所职能多而人员少，所以在承担社区矫正工作时面临着有心无力、疲于应付的状况。

目前，社区矫正机构面临的主要问题有：管理的社区矫正对象多与工作人员少之间的问题、社区矫正工作高度依赖基层司法所与基层司法所承担职能繁重之间的问题、社区矫正工作专业性要求与司法所工作人员能力不足之间的问题等。“社区矫正机构 + 司法所”的工作模式，已经暴露出委托责任不清晰、执法主体不明确、执法人员不专业、执法程序不规范等诸多问题。这些问题严重影响和制约了社区矫正工作的正常开展和高质量发展。

针对实践中暴露出来的问题，安徽省以社区矫正法为依据，基于本地实践和现有基础，积极探索建立“队建制”，推进市、县两级社区矫正机构依法设置，同时将推进社区矫正中队建设作为“队建制”改革的核心内容，旨在构建省、市、县、乡四级社区矫正组织网络，将社区矫正的主要工作从司法所业务中剥离出来，健全完善社区矫正执行体制，努力打造全省统一的执法管理新模式，以破解社区矫正工作的现实困境。

二、开展社区矫正“队建制”改革的主要做法及成效

（一）主要做法

1. 明确目标，构建模式

安徽省以完善科学、规范、高效的执法管理工作体制为目标，把握社区矫正刑事执行的属性，着力打造社区矫正机构“队建制”的新模式。在市、县两级设置独立的社区矫正机构。在市级，经市编办批准成立市社区矫正支队，作为具有独立行使刑事执行主体资格的市局二级机构，为副县级建制。在县级，各县（市、区）成立社区矫正大队，大队为该县（市、区）司法局直属行政机构，为副科级建制。在社区矫正大队下设若干社区矫正中队，作为派出机构开展具体执法工作。

2. 明确权责，理顺关系

在“队建制”框架的基础上，制定相应规范，明确社区矫正支队、大队、中队的工作职责。同时，将司法所原承担的社区矫正职能剥离，赋予其协助职能。具体确定县级社区矫正机构负责县域社区矫正的全面工作，社区矫正中队承担相关工作，司法所不完全脱离社区矫正工作，利用其组织引导社会力量、熟知当地情况、与当地党委政府沟通顺畅等优势，协助中队开展好相关工作。通过“队建制”，真正建立以社区矫正机构为主体、司法所协助，两者明确分工、互相配合、有机衔接、相互促进的工作运行新格局。

3. 合理规划，重点突破

针对实践中的难点问题，在“队建制”建设过程中，安徽省把中队建设作为重点突破。从有利于工作发展的角度出发，综合考虑县域面积、行政建制、人口分布，以及社区矫正对象梳理和便于接受矫正等多种因素，确定社区矫正中队建设的原则、方向、布局和数量。各县（市、区）综合乡镇（街道）分布特点、交通状况、月均在册人数等因素，将地域相邻相近的 3 至 5 个乡镇（街道）划分为一个社区矫正工作片区，每个县（市、区）划分为 2 至 5 个片区。大队下设若干

个中队，每个中队承担一个片区的日常工作，管理在册社区矫正对象原则上不超过 100 人。

4. 明确标准，提供保障

“队建制”按照机构性质、人员编制、场所建设“三个独立”的标准进行科学设置，要求各地努力争取社区矫正中队的机构、人员、场所实现相对独立。中队机构由当地编制部门批准，确保执法主体合法合规。每个中队至少配备 2 名政法专项编制人员、4 名辅助人员，确保专人专职专岗。中队场所与司法所分开建设，有独立的场所，场所面积不低于 200 平方米，设置报到登记、宣告、集中教育、档案资料等功能室，智慧矫正建设同步实施，执法执勤车辆和装备保障到位。例如，滁州市代管的明光市在试点推进过程中，经市委编办批复，在社区矫正大队下设 4 个中队，分别承担 4 个、4 个、6 个、3 个乡镇（街道）的社区矫正对象日常监管教育工作。与此同时，明光市委政法委调配 6 间办公用房，专门用作一中队办公场所，面积约 140 平方米，二、三、四中队由当地镇政府落实办公用房，面积分别为 280 平方米、320 平方米、290 平方米。

5. 试点先行，以点带面

2017 年 7 月，安徽省蚌埠市怀远县开启了社区矫正机构“队建制”建设的实践探索，在学习借鉴其他地区的经验基础上，根据自身实际和工作需要，将全县的 19 个乡镇划分为 5 个区域，在县社区矫正执法大队下设 5 个社区矫正中队。社区矫正法颁布实施后，安徽省在实现 16 个市社区矫正机构全覆盖、90% 县（市、区）完成机构设置的基础上，于 2021 年 9 月，召开全省社区矫正机构“队建制”建设试点工作会议，部署在蚌埠、滁州、宿州、淮北、淮南、芜湖、六安、宣城等 8 个市的 26 个县（市、区），开展“队建制”建设试点，要求试点单位在推进社区矫正中队设置、明确职责关系、加强专职队伍建设和场所设施保障等方面结合实际进行探索。各试点单位要积极争取党委政府支持，加强与编办、财政、人力资源和社会保障等部门的协调沟通，稳步务实推进试点。

（二）取得的成效

1. 监督管理规范化有力提升

“队建制”建设促进了社区矫正工作由分散向集中、被动向主动、粗放向精准转变。社区矫正中队充分发挥力量集中、人员专职等优势，及时落实上级各项安全稳定决策部署，将更多精力投入实地查访、通讯联络、抽查巡查、线上线下等监管工作。“队建制”建设切实提升了监督管理的规范化水平，有效维护了社区矫正安全稳定。

2. 教育矫正精细化切实增强

社区矫正中队对社区矫正对象实行集中统一管理后，有效整合矫正资源，更加注重实施分类管理和个别化矫正，制定更具个性化的矫正方案，开展形式多样的教育活动等工作，解决了以往司法所人员精力分散、工作不专业等问题，大大提高了教育矫正效果。以矫正情况分析为例，由于社区矫正对象相对集中且样本较多，有利于分析研判社区矫正对象执法管理过程中的优势与规律，找到切实可行的对策方案和风险防范措施，使得分析研判更具实效。

3. 执法队伍专业化显著提高

一方面，社区矫正中队工作人员由县级社区矫正机构直接管理，统一调度，落实专人专岗、专职专责，彻底解决了社区矫正机构人员不足、职能虚化的问题，实现了工作人员专职化。通过组织开展岗位练兵、技能比武和档案卷宗评查等活动，推动社区矫正工作人员熟练掌握业务知识，有效地提高了社区矫正工作队伍专业化程度，逐步形成了一支稳定、专业的社区矫正队伍。另一方面，社区矫正相关工作由社区矫正机构承担后，大大缓解了司法所工作压力，使得司法所能够更好地服务党委政府中心工作，把更多的精力投入基层法治政府建设、依法行政等各项工作，积极为群众排忧解难、提供优质的法律服务，有利于在完善基层治理体系建设、提升基层治理能力中发挥更大职能作用。

通过“队建制”改革，安徽省社区矫正工作取得了良好的成绩。据笔者统计，推行“队建制”模式的县区，没有发生一起社区矫正对象脱管、漏管和重新犯罪的情况。2022 年，全省社区矫正对象重新犯罪仅 10 人，重新犯罪率降到了历史新低为 0.02%，重新犯罪率较去年同期降低了 60%。

三、社区矫正“队建制”改革的经验及启示

安徽省“队建制”改革实现了社区矫正机构建设新的突破，取得了阶段性的成效，同时积累了经验，为全国范围内的实践探索提供了具有可行性的参考经验，对深化社区矫正机构建设与改革具有很好的启示意义。

（一）“队建制”改革的经验

1. 党委政府高度重视，积极推动

“队建制”建设事关机构、人员编制，难度较大，需要党委和政府的支持。安徽省委高度重视，深化改革委员会把社区矫正“队建制”建设纳入年度重点改革任务，省社区矫正委员会把“队建制”列入重点关注清单，省重点人群专项工作组把“队建制”建设作为强化维稳安保工作保障重点，省政府分管领导提出具体要求，实地调研、专题听取汇报，多次调度，并要求高标准、高起点、大胆探索、全力推进改革工作。市、县、区成立由党委常委或政府分管领导任组长的协调小组，加强对“队建制”建设工作的领导，积极解决推进工作中遇到的困难和问题。

2. 相关部门积极支持，协同推进

省编办积极支持“队建制”改革试点，省级财政安排年度资金 3500 万元，支持县、区司法局“队建制”建设。蚌埠市委编办下发内部指导意见，推进中队机构完成设置。滁州市社矫委印发改革实施方案。各地县、区司法局加强与财政部门的协调，优化社区矫正中队建设资金预算，优先资金保障。同时，区、县司法局内部调剂专编人员、人社部门协助招录辅助人员并采取措施提高其工作待遇，相关乡镇党委政府整合调整办公场所，解决中队队伍力量和业务用房问题。

3. 司法行政机关全力投入，强力推进

省司法厅将“队建制”建设作为司法行政机关重要工作，加强统筹协调，强化工作措施，调动一切资源，全力投入推进。省司法厅主要领导亲自部署推动、分管领导多次专题调度，压实市、区、县司法局“队建制”改革责任。省司法厅、市司法局对个别推进困难的县区，分别与当地党委政府沟通，进一步统一思想，解决困难问题。同时，建立月调度、季通报制度，与单位年度考核挂钩，加强对推进工作的督办调度。

（二）深化社区矫正机构建设的启示

安徽省社区矫正“队建制”的管理模式，实现了社区矫正执法大队与中队之间的垂直管理，职责明确，职能到位，形成了统一指挥、协同作战的工作机制，有力提升了社区矫正管理效能，产生了显著的效果。在全国范围内，浙江省台州市、山东省临沂市、辽宁省本溪市、湖北省武汉市、湖南省武冈市等多地也积极探索社区矫正“队建制”建设，这些探索均取得了良好的实践效果。地方“队建制”改革探索，为深化社区矫正机构改革提供了有益经验，但在“队建制”建设过程中也面临许多亟待解决的问题，比如社区矫正机构建设的规范性、社区矫正机构建设的原则与模式、职能定位、人员配备和场所保障等。解决“队建制”以及社区矫正机构建设中面临的问题，需要进一步深化调查研究，总结实践探索中的经验，加强社区矫正机构建设的顶层设计，为社区矫正机构全面建设提供依据、支持和保障。

第一，加强对“队建制”等社区矫正机构建设模式的调查研究，探索建立全国的社区矫正机构建设模式。目前，部分省市就社区矫正“队建制”改革进行了积极的探索，也取得了一定成效。但是由于缺乏统一的指导，各地的实践各有特色，许多地方处于试点阶段，还没有完全成熟的做法。那么，“队建制”这种模式的成效如何，能否成为全国可复制的模式，还需要全国社区矫正主管部门加强调研，充分了解“队建制”模式的成效和存在问题，进一步研究论证“队建制”模式的合法性、合理性、可行性。在此基础上，加强社区矫正机构建设的宏观思考，立足全国社区矫正工作实际，建立可供复制的全国社区矫正机构建设方案。

第二，制定相关政策规范，进一步规范社区矫正机构的设置。安徽省“队建制”改革为社区矫正机构建设贡献了地方经验，各试点城市为推进此项工作也出台了相关的规范性文件。例如，滁州市印发了《深化社区矫正体制改革实施方案》，蚌埠市印发《社区矫正队建制运行规范》。这些政策规范立足本地实际和需求，对于解决当下问题、提供经验具有重要的现实意义。但是，不论从社区矫正机构作为刑事执行机构的性质与地位来看，还是从法律实施的严肃性与社区矫正机构设立的规范性考虑，社区矫正机构建设都需要主管部门的顶层设计与规范指引。而关于机构建设的立法规范，社区矫正法仅作出原则性规定，即“县级以上地方人民政府根据需要设置社区矫正机构，负责社区矫正工作的具体实施”，各地社区矫正机构建设实践（包括“队建制”模式探索）仍然缺乏宏观指导性文件。因此，从规范社区矫正机构建设考虑，建议主管部门加强全国社区矫正机构建设现状调查，充分了解实际需求和现有做法以及存在的问题，在此基础上立足社区矫正事业长远发展和社区矫正机构的地位和性质，出台有关社区矫正机构建设的规范性文件，统一社区矫正机构名称，明确机构建设的基本原则、建设模式、职能定位、人员配备和场所保障等，为地方提供明确的指导。

第三，建立顶层协同机制，加强机构建设推进力度。安徽省社区矫正“队建制”改革之所以能够取得如此显著的成效，离不开党委政府领导下地方各级社区矫正委员会统筹作用的发挥和安徽省司法行政机关自上而下的强有力推行。尽管如此，安徽省在推进“队建制”改革实践中也仍然面临队伍力量配备、硬件设施保障及争取人员编制等现实难题。这些难题是地方层面的社区矫正委员会或者单靠省级社区矫正主管部门难以协调解决的，需要全国社区矫正主管部门加强与中央编办、财政部等相关部门的通力协作，建立全国层面的议事协调机构，制定相关政策，形成公检法司通力协作、政府部门积极支持和社会力量广泛参与的议事协调机制，协调研究解决全国层面社区矫正机构建设中的重大难题，最大限度形成工作合力，加强推进机构建设的力度，共同推进社区矫正机构建设等工作的有序发展。

第四，加强队伍建设，为机构有效运作提供人力保障。社区矫正机构的健康运行需要一定数量和具有专业知识的人员。目前，地方社区矫正机构普遍面临人员短缺、专业化程度不高的问题。调研了解到，尽管安徽省通过"队建制"改革，在社区矫正机构的专门化方面取得了突破，但是，社区矫正机构人员编制少、专门执法人员短缺的问题依然比较突出，社区矫正机构专门化发展受到严重制约。为了保障社区矫正机构能够正常运转，在县级司法行政机关现有编制极为紧张、增加编制难度较大的情况下，目前社区矫正中队主要通过内部调剂或司法所工作人员转岗的方式解决编制问题。但从长远来看，这种内部调剂方式显然不利于社区矫正机构的正常运行。此外，社区矫正作为严肃的刑事执行工作，其工作人员肩负着监管和教育社区矫正对象的职责，理应和法官、检察官一样设置相应的职业准入资格以确保其职业化发展方向。而且，实践中社区矫正工作人员与普通公务员相比面临着较高的执法风险，需要构建与其职业特点和职业风险相匹配的职业保障制度。从真正发挥社区矫正机构的职能作用、加强社区矫正机构队伍专业化和职业化发展的需求出发，全国社区矫正主管部门应统筹考虑社区矫正机构工作队伍的建设，出台相应规范，明确专职工作人员的身份地位、编制与配比、职业资格与职业保障（如全国范围内统一社区矫正工作人员着装并配发工作证件等），建立职业晋升机制，以提升社区矫正工作的规范性与专业化水平、社区矫正工作人员的职业认同感与成就感，打造适应社区矫正工作发展需求的人才队伍。

社区服刑人员家庭成员参与社区矫正研究与思考

贾晓文*

社区矫正是我国一项重要法律制度，是将管制、缓刑、假释、暂予监外执行的罪犯置于社区内，由专门国家机关在相关人民团体、社会组织和社会志愿者的协助下，在判决、裁定或决定确定的期限内，矫正其犯罪心理和行为恶习，促进其顺利回归社会的刑罚执行活动。①社会力量广泛参与是社区矫正的显著特征。

一、社区服刑人员家庭成员参与社区矫正的现状及问题

社区服刑人员家庭成员是社会力量的重要组成部分，在社区矫正工作中能发挥独特作用。我国社区矫正自试点开始就积极组织和引导社会力量参与社区矫正工作。2014 年 11 月，司法部等六部委下发《关于组织社会力量参与社区矫正工作的意见》。各级司法行政机关积极采取措施，组织和引导基层组织、家庭等社会各方面力量参与社区矫正工作，从事社区矫正工作的社会工作者、志愿者和社区服刑人员家庭成员队伍不断发展壮大。同时，通过加大政府购买服务力度，组织和引导社会力量为服刑人员提供专业化服务。2017 年 7 月，司法部

* 贾晓文，司法部预防犯罪研究所监狱工作研究室副主任、副研究员。

① 参见 2014 年司法部等六部委下发的《关于组织社会力量参与社区矫正工作的意见》。

在甘肃省嘉峪关市召开组织社会力量参与社区矫正工作座谈会，要求进一步明确参与社区矫正各类社会力量，包括家庭成员的职责定位，切实抓好政府购买服务经费保障，创新社会治理方式方法，打造共建共享的社会治理新局面。截至 2017 年 7 月，全国各地司法行政机关通过政府购买服务，招聘从事社区矫正工作的社会工作者 8.4 万人，招募志愿者 67.3 万人，成立社区矫正小组 67.6 万个，联合有关企事业单位、社会组织建立社区服务基地 25305 个，教育基地 9265 个，就业基地 8229 个，为社区服刑人员提供学习教育、职业培训、社区服务、心理矫治等服务，有力促进了社区服刑人员顺利融入社会。[①]可以看出，社会力量在社区矫正工作中一直发挥着重要作用。

多年来，社会力量广泛参与社区矫正一直是理论界和实务界研究探索的热点问题之一。然而，整个理论界和实务界对社会力量关注的重点在于社会工作者和社会志愿者，社区服刑人员家庭成员受到的关注度不够。目前，我国进入新时代，新时代呼唤新作为。社区矫正工作也出现了新情况。党的十九大报告指出，我国社会主要矛盾已经转化。社会主要矛盾的变化必然影响社区矫正工作主要矛盾的变化。笔者认为，当前社区矫正工作的主要矛盾是，服刑人员改造需求与社区矫正工作人员（包括社区矫正执法人员和社区矫正辅助人员[②]）改造能力不足之间的矛盾。其中，改造能力不足是矛盾的主要方面，具体表现为社区矫正工作人员有效供给不足。它包含两个方面。一是过分强调政府官方力量，维稳底线思维十分牢固。司法所人少，事多，投入社区矫正工作的精力无法保证，掌握的本领无法满足社区服刑人员矫正工作需要，疲于应付日常监管，矫正职能发挥不充分。二是社会工作者和社会志愿者、服刑人员家庭成员等社会力量发育不足，人员队伍和专业能力不能满足矫正工作需要，规模范围小，业务素质不高，特别是家庭成员参与社区矫正工作程度不深，质量不高，无法实现治本追求。这成为影响社区矫正工作科学发展的制约因素之一，必须进行供给侧结构性改革。

---

① 参见《司法部召开组织社会力量参与社区矫正工作座谈会》，载搜狐网 2017 年 7 月 26 日，http://www.sohu.com/a/160031997_121220。

② 参见连春亮编：《社区矫正学教程》，群众出版社 2013 年版，第 225 页。

社区矫正供给侧结构性改革，必须根据服刑人员服刑期间的改造需求和回归社会的生存需要，减少无效供给，扩大有效供给，提高供给结构的适应性和灵活性，使供给体系更好地适应需求结构的变化，实现攻心治本。在目前制度体制和工作机制不变的情况下，要扩大有效供给，应以充分发挥家庭成员“情感攻心”的独特作用为着力点。目前，家庭成员是社会力量参与社区矫正的“短板”。

虽然大多数研究并没有把社区服刑人员的家庭成员纳入社会参与力量的范畴，但是我们必须认识到，家庭是社会的细胞，婚姻是构建家庭的基本形式。稳定健康的婚姻家庭关系对罪犯具有极大的抚慰作用，能让罪犯产生强烈的归属感。反之，糟糕的婚姻家庭关系往往成为刑释人员重新犯罪的导火索。对于服刑人员来说，婚姻家庭是他们与社会的纽带。社区服刑人员在社区服刑，并没有与社会隔绝，家庭是服刑的主要地点，他们仍享受一定程度的正常家庭生活，同时家庭也是他们违法犯罪行为最直接的“受害者”。在这个前提下，补强“短板”，充分挖掘和发挥亲属的独特作用非常有必要：一方面，家庭成员，特别是父母，对社区服刑人员的成长背景、生活习惯、心理行为特征、个人需求更为了解，有助于协助社区矫正机关及时、充分、有效获取矫正信息，制定、调整矫正方案；另一方面，家庭成员可对社区服刑人员进行亲情或亲密关系干预，帮助社区矫正工作有效开展。强化家庭成员对社区服刑人员的重要影响，使其作为监督社区矫正执行的主要群体，通过家庭温暖、亲人关怀，增强社区服刑人员改造信心、决心和积极性。对于不愿接纳社区服刑人员的家庭，政府应做好思想教育工作，引导其参与到社区矫正工作中来。

二、社区服刑人员家庭成员参与社区矫正的必要性

（一）全面贯彻习近平新时代中国特色社会主义政法思想，推进新时代国家治理体系和治理能力现代化的需要

党的十八大以来，习近平总书记科学回答了事关政法工作全局和长

远发展的重大理论问题和实践问题，深刻阐述了事关刑罚执行工作根本性、全局性、方向性的重大问题，提出了一系列新理念新思想新战略，形成了习近平新时代中国特色社会主义政法思想。社区矫正机关，首先是政治机关，社区矫正工作属于刑罚执行工作，必须旗帜鲜明讲政治，坚定不移地全面贯彻落实习近平新时代中国特色社会主义政法思想。特别是要用习近平总书记关于落实总体国家安全观，创新群众工作方法，坚持好、发展好“枫桥经验”等重要指示推动社区矫正工作。

社区矫正工作是国家安全体系的重要环节，是维护国家安全和社会稳定的重要战线，在贯彻总体国家安全观、创新社会治理、维护社会稳定中担负着重要作用。做好社区矫正工作，对社区服刑人员实施全方位管理教育，确保其解除矫正后顺利回归社会、融入正常生活，成为自食其力的守法公民，确保国家安全和社会稳定，必须自觉以习近平新时代中国特色社会主义政法思想为指导，提高政治站位，进一步增强做好新时代社区矫正工作的责任感、使命感，①将社区矫正工作置于总体国家安全观之下来谋划推进，始终服从服务于总体国家安全观。

当前，我国国家治理体系和治理能力有待加强。犯罪治理是社会治理的重要内容，是国家治理的重要方面。社区矫正是我国加强和创新犯罪治理，提高社会治理能力和水平的重要举措。其最具特色和亮点的地方，是多元主体参与的工作模式，与国家治理现代化的方向高度契合。做好新时代社区矫正工作，需要全面贯彻习近平新时代中国特色社会主义政法思想，借鉴“枫桥经验”，坚持专门力量和社会力量②相结合，特殊人群管理和社会化服务相结合，充分发挥社会力量，

① 参见《姜爱东：深入研究社区矫正机构队伍、经费保障落实和制度建设等重要问题，为立法提供坚实的实践和理论基础》，载搜狐网 2018 年 8 月 8 日，https://www.sohu.com/a/246031729_660595。

② 参见吴宗宪：《社会力量参与社区矫正的若干理论问题探讨》，载《法学评论》2008 年第 3 期。所谓社会力量，是指在社区矫正工作中可以利用的社会人力、组织和设施、技术、资金等总称，社会力量也可以称为“社会资源”。其中，社会力量具有核心地位，虽不具有执法者身份，所起作用不可低估。

特别是社区服刑人员家庭成员的独特作用，通过亲情感化和家庭关系修复，及时帮助解决服刑人员在社区矫正过程中遇到的问题与矛盾，唤醒他们感恩向善、自我悔改、认罪服刑意识，引导他们由被动矫正转为主动改造，提高矫正质量，形成公检法司等政法机关，教育、民政等社会部门，村（居）委员会及服刑人员家属等社会力量共建共治共享的犯罪治理格局，提高犯罪治理社会化、法治化、智能化、专业化水平，推动落实总体国家安全观，实现犯罪治理能力的现代化。

（二）坚持以人民为中心，坚守安全底线，践行改造宗旨的需要

党的十九大提出，我国社会主要矛盾发生了变化，新时代人民对美好生活的需要更加广泛，对民主、法治、公平、正义、安全、环境等方面提出了更高要求。党的十九大对我国当前社会主要矛盾做出的基本判断为我们开展所有工作，包括社区矫正工作，提供了根本遵循。社区矫正的刑罚执行属性决定了社区矫正工作应坚持以人民为中心的发展思想。新时代社区矫正工作应该以改造服刑人员为工作宗旨，充分发挥社区矫正教育人、矫治人的职能作用，围绕把社区服刑人员教育矫正成为守法公民这一中心任务，改革创新教育管理工作，提高教育管理质量，帮助他们顺利融入社会，全面提升维护国家安全和社会稳定工作水平，不断增强人民群众的获得感、幸福感、安全感。

社区矫正与监狱矫正的最大区别是将服刑人员放在社区开展矫正。社区服刑人员作为罪犯，仍具有一定的危险性，社区矫正工作始终面临特殊安全压力，始终经受特殊安全考验。社区矫正工作一旦出现安全问题，就会给国家安全和社会稳定带来负面影响，就会给党和国家工作大局带来干扰。社区矫正工作不能出安全问题，这是底线，是红线。应该在坚守安全底线的前提下，践行改造宗旨，对服刑人员开展针对性、科学性改造。我们知道，社区服刑人员在社区服刑，并没有与社会隔绝，他们仍然享受一定程度的正常家庭生活，其工作、学习、生活基本不受影响。社区矫正目的的实现程度，很大程度上取决于社

会力量的参与程度。

目前，就全国范围而言，社会工作者和社会志愿者参与社区矫正的积极性不高，参与度不深，影响了社会力量作用的发挥。做好新时代社区矫正工作，需要紧紧围绕改造宗旨，集中精力开展矫正工作，需要充分发挥社区服刑人员家庭成员的独特作用：充分利用他们对服刑人员的亲情感召力，密切配合有关政法机关，积极协调政府有关部门，紧紧围绕强化社区矫正改造职能，做好“矫正助力器”和“社会安全阀”，不断提升他们协助开展矫正工作的能力和水平，确保刑释人员成为三观正确、文化自信、经济独立的守法公民。

（三）解决社区矫正工作存在的现实困难和问题的需要

在我国，主导社区矫正的中坚力量是司法行政机关的基层司法所。司法所承担社区矫正日常工作。目前，全国司法所有 40440 个，专兼职工作人员 12.6 万人，每所平均 3 人。[①]但各地存在发展不平衡、不充分的问题，有的地方还存在 1 人所的情况。除了人员紧张外，司法所还存在经费保障不足、待遇低、任务重、编制乱，多头管理、职责不清、权责失衡，开展社区矫正工作单打独斗，社会缺位等困难。社区矫正工作需要坚持专群结合，群众路线。司法所法定职能多，任务重，由司法所承担社区矫正日常工作，力不从心，社区矫正功能无法有效发挥。根据社区矫正法规定，司法行政机关（司法所）、社区矫正机构、人民法院、人民检察院、公安机关、监狱、有关部门、村（居）民委员会、社区服刑人员所在单位、就读学校、社会工作者和志愿者、家庭成员或者监护人、保证人都要参与社区矫正工作。尽管矫正社区服刑人员，向社会输出守法公民是全社会的共同责任，但是人民法院、人民检察院、公安机关、监狱等政法部门仅仅是协助主体，有关部门、村（居）民委员会、社区服刑人员所在单位、就读学校等仅仅是参与主体，社会工作者和志愿者等专业力量在实践中，因种种原因，积极性不高，参与程度不深。在此背景下，必须充分挖掘社区

---

① 参见《全国司法所 40440 个 专兼职工作人员 12.6 万人 每所平均 3 人》，载搜狐网 2018 年 8 月 1 日，http://www.sohu.com/a/244667626_660595。

服刑人员家庭成员的作用。否则，仅靠司法所工作人员开展日常工作，很容易导致监督空挡，矫正乏力，导致脱管、漏管甚至引发重新犯罪。

为此，县级司法行政机关及其司法所应充分发挥服刑人员家属或者监护人等社会力量熟悉服刑人员、工作方式灵活的优势，引导他们积极参与社区矫正，健全社区矫正小组，完善矫正方案，协助司法所工作人员从事帮扶解困与教育矫正，开展有效日常监管，切实提高管理质量，恢复社会支持系统，尤其是家庭婚姻支持系统，帮助服刑人员顺利融入社会，成为自食其力的守法公民。

三、充分发挥服刑人员家庭成员的独特作用

社区服刑人员在服刑期间，具有心理、情感和稳定改造情绪的现实需要。社区服刑人员家庭成员可以充分利用亲情信任度高、感化力强、督促规劝和心理疏导效果好的优势，发挥独特作用。其独特作用体现在监督、教育和帮扶等社区矫正工作的方方面面。当前，家庭成员发挥更大作用的“瓶颈”是，普遍缺乏对社区矫正工作的应有认识、必要知识和参与社区矫正工作的有效引导和管理机制。笔者认为，确保家庭成员稳定服刑人员服刑情绪，促进服刑人员积极改造的独特作用充分发挥，关键在于提高他们督促、规劝、帮教的能力，有效缓解“本领恐慌”问题。既要通过强化制度顶层设计，规范他们协助矫正工作，打通“最先一公里”，更要通过政策落地，打通“最后一公里”。具体来说，就是要对他们开展科学培训，进行专门赋能。

（一）赋能主体

2011 年《刑法修正案（八）》规定，对判处管制、宣告缓刑、假释的犯罪分子，依法实行社区矫正。2013 年《刑事诉讼法》第 258 条规定，对被判处管制、宣告缓刑、假释或者暂予监外执行的罪犯，依法实行社区矫正，由社区矫正机构负责执行。社区矫正法规定，司法行政机关主管社区矫正工作，司法所承担社区矫正日常工作。所以，从有利于开展赋能工作的角度出发，作为赋能的法律主体，自然应该

由县级司法行政机关社区矫正机构承担。赋能的工作主体应该由赋能法律主体通过政府购买服务的形式，由社会工作者、社会志愿者等专业社会力量来承担。赋能主体应该根据社区矫正工作需要和家庭成员、服刑人员的不同需求，对服刑人员家庭成员开展集中化、多样化或个别化的针对性、专业性培训。

（二）赋能内容

社区服刑人员家庭成员承担的协助社区矫正执法人员开展监督、教育、帮扶工作，专业性强、要求高、责任大。所谓监督，一方面是监督社区服刑人员在社区中认真、依法接受矫正，避免消极应付，一旦发现社区服刑人员有违反规定行为及时予以制止或向执法人员报告；另一方面是监督社区矫正的运行，避免出现司法腐败。所谓教育，是指协助执法人员对服刑人员进行思想政治教育、形势政策教育、法治道德教育、世界观人生观价值观教育、爱国主义集体主义教育，加强国家学说、专政意识教育，使得服刑人员敬畏法律、敬畏执法人员，切实增强他们的身份意识、悔罪意识和服刑意识，督促他们深刻反省自己、认真吸取教训、真心感恩政府、珍惜矫正机会，自觉接受惩罚，主动配合改造。所谓帮扶，是指帮助服刑人员通过一系列矫正工作后，改过自新，取得社区成员的谅解、认同和接纳，顺利回归社会。在赋能过程中，赋能工作主体应该为社区服刑人员构建培训、交流平台，细化监督、教育、帮扶的具体内容和落实措施，明确可操作、能考核的量化指标，通过专门化、集中化、科学化的训练，提高家庭成员依法落实矫正小组职责，协助执法人员履行监督、教育和帮扶义务，维护服刑人员合法权益的能力。

（三）赋能程序

对社区服刑人员家庭成员的赋能工作，包括制定赋能政策、赋能方案、赋能计划，赋能对象选拔标准以及具体组织开展赋能活动等。具体说来，县级司法行政机关负责赋能政策的制定，县级司法行政机关社区矫正机构负责赋能方案、赋能计划，赋能对象选拔标准的制定，司法所组织社会工作者、社会志愿者等专业社会力量开展具体赋能工作。

在赋能工作中，根据社区服刑人员服刑期间的改造需求，各主体依照规定程序履行好自己的责任义务。一是县级司法行政机关根据本区域社区矫正工作形势制定赋能政策；二是县级司法行政机关社区矫正机构根据赋能政策和社区服刑人员矫正需求，制定针对性的赋能方案、赋能计划和赋能对象选拔标准；三是司法所根据上级部门的赋能方案、计划和对象选拔标准，组织社会工作者和社会志愿者等专业社会力量开展具体赋能工作。首先，在自荐或他荐（村居委员会等基层组织）的基础上，将家庭成员中，既有一定热情和意愿，又具有一定能力和素质的人推选出来作为赋能对象；其次，组织建立实体、网络、热线等家庭成员赋能培训平台；再次，通过信息及时发布、编印工作手册、家庭成员自学、远程教学培训、讲师集中面授、经验相互交流、典型案例分享、实战验收评估、回访追踪辅导、家庭成员互助[①]等环节的系统赋能项目[②]，提高家庭成员协助矫正的能力；最后，对参与赋能的家庭成员建立书面档案。

（四）赋能考核

根据社区矫正法规定，社区服刑人员的家庭成员有义务协助社区矫正机构做好社区矫正工作。可见，接受赋能培训，提高协助做好社区矫正工作的能力是为了更好地履行家庭成员的法定义务。县级司法行政机关社区矫正机构及司法所有权力，也有义务对赋能工作开展考核。具体说来，县级司法行政机关社区矫正机构制定考核政策和考核方案，具体考核工作由司法所组织社会工作者和社会志愿者等专业社会力量负责。司法所将考核结果及时反馈家庭成员并记录归档。通常在完成所有赋能环节后，对接受赋能的家庭成员进行静态与动态相结合的考核，重点考察家庭成员接受赋能培训的态度，掌握履行矫正责任书，依法落实法定责任和义务，协助矫正机构开展社区矫正工作的

① 这里的家庭成员是指不同家庭的成员之间的互相帮助。

② 参见张继辰：《华为干部内训课》，海天出版社 2017 年版，第 178—195 页。一般情况下，系统赋能工作可以在司法所进行，如果需要，也可以在县（区、市）社区矫正中心集中进行。

知识和能力以及工作业绩。县级司法行政机关社区矫正机构对家庭成员接受赋能的情况进行不定期抽查。通过考核，一方面，可以及时发现培训赋能工作的不足，及时调整完善工作内容和工作机制，更好地确保赋能培训效果；另一方面，可以准确评估家庭成员具备协助矫正的能力和素质，为实施奖惩提供依据，对于协助矫正意愿降低或丧失，不具备相应矫正能力的家庭成员及时调整更换。

（五）赋能奖惩

社区矫正是一项实操性很强的工作。对家庭成员的赋能要坚持理论与实践结合，对家庭成员的奖惩也离不开社区矫正实务。

1. 法律奖惩

社区服刑人员的家庭成员是法定的矫正小组成员，必须严格履行矫正责任书，依法落实法定责任和义务。结合法律规定和司法实践，他们应履行以下义务：督促社区服刑人员落实报告义务、参加社区服务、参与集中教育，协助有关部门了解、核实社区服刑人员的思想动态和现实表现，监督服刑人员遵守禁止令，对社区服刑人员进行多种形式的思想教育、稳定服刑情绪，发现社区服刑人员出现违反法律法规和相关义务规定的行为，及时向司法所报告，等等。通过赋能培训，并在矫正实践中评估，如果家庭成员违反法定义务，司法所应该及时提醒、告知、教育，对于多次违反法定义务的，应当及时更换，涉嫌犯罪的，及时移送司法机关。当然，对于忠实履行法定义务的家庭成员，司法所应该给予其更多信任，让其承担更多责任，发挥更好作用。

2. 道德和处遇奖惩

对于家庭成员来说，参与矫正活动，主要是通过“爱”的力量让服刑人员“明白”自己的责任和义务，消除不良心理，重塑健全人格，持续提升社区服刑人员矫正的信心。所以，对于认真履行协助义务的家庭成员，通过肯定其工作，增强其荣誉感、价值感、存在感和归属感，调动其参与社区矫正工作的积极性。比如，由县级司法行政部门颁发荣誉证书、授予荣誉称号等，不同等级荣誉证书和荣誉称号体现出一定的差异性，或者采取政府购买服务的形式，给予其一定数额的津补贴。对于不认真履行协助义务的家庭成员，给予一定的道德和处遇惩罚。比如，对于帮助社区服刑人员逃避监管，或者掩饰隐瞒社区服刑人员实施的违法行为的家庭成员，司法所应及时将其清理出矫正小组，将其失信行为向有关部门报告，并记录在案。

河北省秦皇岛市社区矫正工作调研报告

刘富斌*

2017年12月14日，笔者随司法部预防犯罪研究所调研组赴河北省秦皇岛市就社区矫正、强制隔离戒毒、公共法律服务体系建设等工作开展调研。现将对社区矫正工作的调研情况报告如下。

一、秦皇岛市社区矫正工作整体情况

秦皇岛市位于河北省东北部，靠渤海湾沿海城市，下辖9个县区、108个基层司法所。2007年，秦皇岛市北戴河区成为全国第二批社区矫正试点单位；2010年，全市全面开展社区矫正工作；2011年，河北省社区矫正工作现场会在北戴河区召开，总结推广了秦皇岛市社区矫正工作经验；2013年，秦皇岛市被评为全省社区矫正工作先进单位。7年来，秦皇岛市各相关部门密切配合、通力合作，以开拓的精神、创新的举措、务实的作风，全力推进社区矫正工作，取得了显著成绩。截至2017年8月，全市累计接收社区服刑人员10428人，累计解除8047人，现在册2381人，再犯罪率0.02%，低于全国、全省平均水平。在国家、省、市级新闻媒体刊发社区矫正工作宣传报道百余篇（期），从不同角度不同层面宣传了社区矫正工作，营造了社区矫正工作持续健康发展的良好氛围，取得了良好的法律效果和社会效果。该市社区矫正工作始

* 刘富斌，司法部预防犯罪研究所《犯罪与改造研究》杂志社编辑、助理研究员。

终处于全省先进行列，更与天津市滨海新区司法局签订了《社区矫正司法协助协定书》，就异地协查、异地协管、居住地变更等社区矫正执法环节进行协商，促进了与天津市在社区矫正工作领域的密切合作。

二、秦皇岛市社区矫正工作主要经验

（一）突出重点和关键环节，抓好社区矫正工作贯彻落实

1. 党政领导高度重视，有力推动工作开展

2010 年，市委办公厅、市政府办公厅印发了《秦皇岛市关于全面试行社区矫正工作的实施方案》，高规格、高起点启动社区矫正工作。成立了市、县（区）、乡镇（街道）党政领导牵头，公检法司等部门为成员单位的三级社区矫正工作领导机构。将社区矫正工作经费按社区服刑人员每人每年 2000—2500 元标准列入本级财政预算。多次召开全市社区矫正工作视频会议、全市社区矫正工作现场推进会议，深入学习贯彻中央、省、市主要领导批示精神和社区矫正工作会议精神，深入剖析社区矫正工作存在的困难问题，研究解决制约社区矫正工作发展的瓶颈问题。市委、市人大、市政府、市政协领导多次听取社区矫正工作汇报，深入基层实地调研，协调解决体制性、基础性、保障性等方面的难题，为推进工作奠定了基础。

2. 机构和队伍不断加强，奠定了良好工作基础

为进一步做好社区矫正、安置帮教工作，2011 年 2 月 12 日，市机构编制委员会下发文件，批准同意成立市社区矫正安置帮教指导服务中心，增加专职从事社区矫正安置帮教工作人员 8 名，在全省率先建立了一支职业化、年轻化、专业化的社区矫正工作队伍。以此为基础，各县区也分别成立了社区矫正办公室、社区矫正科或指导服务中心，从组织上保证了社区矫正工作的正常开展。基本建立了专兼职相结合的社区矫正工作队伍，承担社区矫正日常工作任务。

3. 工作机制逐步建立，有效促进执法规范化

制定出台了《秦皇岛市社区矫正信息监管平台管理办法》《秦皇岛

市社区服刑人员入矫教育规定》《秦皇岛市社区服刑人员分级管理实施办法》等一系列制度规定，有效开展了“秦皇岛市社区矫正质量提升年”“秦皇岛市社区矫正规范化建设年”等系列活动，并将社区矫正质量提升、规范化建设列入年终考核范围，成立了考评检查组，对全市9个县区108个基层司法所的教育管理、矫正制度、定位监管和档案管理等情况逐所检查，制定了检查考评表。通过检查考评，全市社区矫正工作达标率达到了85%，圆满完成预期目标。同时，市司法局近年来与市法院、检察院、公安局、卫生局、人社局等部门召开联席会议，及时转发各类文件，开展执法检查活动，积极落实有力措施，避免了社区服刑人员脱管、漏管现象的发生。

（二）围绕提高教育矫正质量，深入落实各项工作措施

秦皇岛市在坚持依法、严格、科学、文明管理的基础上，始终坚持以稳控为重点，围绕暑期中心工作，突出对社区服刑人员的监督管理，发挥教育帮助的重要作用，确保社区服刑人员处于“可控范围”，全力维护社区矫正的安全稳定。

1. 健全完善制度，规范执法程序

严格按照《关于进一步加强社区矫正工作衔接配合管理的意见》相关规定，对审前调查评估、依法接收、执行审批、健全机制等各个执法环节进行了统一规范。按照秦皇岛市《暂予监外执行工作有关问题的会议纪要》要求，每季度组织保外就医社区服刑人员进行病情复查，每半年统一向市人民医院提交委托病情复查，确保其病情的真实性。目前，已依法对850名社区服刑人员给予警告处分，撤销缓刑、撤销假释、收监社区服刑人员累计111人，治安管理处罚13人，减刑2人。

2. 履行监管职责，严格监督管理

一是加大重大节日和重点时期的排查。在春节、全国“两会”等重点时期，加大对全市社区服刑人员的监管，全天候对配备定位监管设备的社区服刑人员进行抽查，发现有违规问题的，及时进行处理。特别是在重点节日和重要时期，为维护全市安全稳定，有效预防社区

服刑人员脱管、漏管、虚管和重新违法犯罪，确保社区服刑人员不发生重大恶性案件和影响社会稳定的重大问题，下发了相关文件要求全市停止对社区服刑人员进京的外出审批事项，在京就医的社区服刑人员必须携带定位监管设备，随时掌握社区服刑人员活动轨迹，确保不脱管、不失控，要求各县区有情况按时向市社区矫正安置帮教指导服务中心及时报告，无特殊情况报平安。二是紧紧围绕暑期中心工作，加大排查力度。暑期是秦皇岛的旅游旺季。暑期前，开展以北戴河区和102、205国道周边重点县区为主的社区矫正执法检查。先期逐所逐人进行电话抽查和轨迹跟踪，掌握违规人员情况，制定专门的检查方案。实地检查人员到位情况、定位手机开通情况、档案管理情况以及司法所所长履行社区矫正工作职责等情况，对不认真遵守社区矫正监管规定的社区服刑人员建议给予警告处分，并要求参加集中教育培训。同时，对探亲等请假外出、进入特定场所、居住地变更的，严格审批，决不姑息迁就，时刻掌握行踪，随时传唤社区服刑人员。三是从严开展社区矫正执法检查。分别在重大时节和特殊敏感时期，与市检察院组成社区矫正执法检查组，对9个县区、108个司法所，进行全面执法检查，对在册社区服刑人员逐人见面，同时对发现的基层司法所工作档案不规范、外出审批不严格等问题现场纠正，要求限期整改，并及时反馈市社区矫正安置帮教指导服务中心。对违规社区服刑人员建议县级司法行政机关给予警告处分，同时要求部分被给予警告处分的社区服刑人员参加集中教育培训，及时有效确保安全稳定。

3. 深化教育帮扶，提高矫正效果

秦皇岛市司法局严格要求各县区、各基层司法所将社区服刑人员教育活动方案按月逐级上报至市社区矫正安置帮教指导服务中心，落实按级负责制度，保障每月组织教育学习和社区服务时间均不少于8小时，确保教育活动取得实效。截至2017年12月，秦皇岛市共组织集中教育15万余人次，组织社区服务14万余人次，开展心理辅导3万余人次，共组织9期450人次重点社区服刑人员全封闭集中教育培训，提高其在刑意识和悔罪意识。在此基础上，发挥市级社区矫正中心作用，要求各县区对不服从日常管理及不积极参加教育学习、社区服务的社区服刑人员集中到市社区矫正安置帮教指导服务中心进行警示教育，促进其明确身份、遵纪守法，维护社区矫正的严肃性和权威性。落实帮扶措施。积极推动将社区矫正工作纳入社会管理服务工作体系，帮助社区服刑人员解决就业、就学、临时救助、社会保障等问题，重树生活信心，消除抵触情绪，为社区服刑人员顺利融入社会创造条件。全市已为400余名社区服刑人员落实了低保，开展技能培训1000余人次，指导就业或就学3000余人次。

（三）创新监管教育新模式，走出具有秦皇岛特色发展之路

1. 创新信息化监管新模式

2011年以来，先后与中国电信、中国联通、中国移动秦皇岛分公司合作建立了社区矫正信息监管平台，运用手机定位的信息技术监管方式，提高了监管工作的便捷性和实效性。2013年，在信息监管平台基础上，积极探索建立了全省首个社区矫正监控指挥中心，购置了最先进的LCD监控显示器，对全市9个县区进行分屏监控，对全市1970名被认定严管的社区服刑人员配发定位设备，坚持24小时跟踪监管，实时监控社区服刑人员违法违规行为，最大限度减少违法违纪行为发生。同时，在部分县区、基层司法所设立了社区矫正监控室，实时查看基层司法所日常管理等情况，并做到了执法现场数据传输、互动等。社区矫正监控指挥中心已成为了电子围墙上的“瞭望塔”和“指挥棒”。截至2017年12月，通过社区矫正监控指挥中心发现违规情况1000余人次，纠正指导1000余人次，充分发挥了职能作用。

2. 充分发挥监管教育作用

充分发挥市社区矫正安置帮教指导服务中心的作用，市司法局专门为中心配备警车，统一购置了服装，对县区采取了执法检查和督导检查合二为一的工作模式。坚持问题导向，防止有些单位和个人以此为借口敷衍工作、不求上进，滋生“等靠要”思想，甚至出现违法违纪问题。成立了由党政班子成员任组长，吸收局机关处室负责同志、社区矫正中心工作人员以及检察院工作人员为成员的9个社区矫正执法督导检查组，举全局之力在全系统上下形成社区矫正人人懂、人人

抓的工作氛围和局面，将阶段督导固化为长期督导，将专项检查转变为实时检查。为保证督导检查不走过场取得实效，研究制作了《社区矫正督导检查登记卡》，对被检单位的工作情况、发现问题和整改意见，现场填入登记卡，双方确认签字。一式三份，分别发给被检查单位、社区矫正中心和督导组留存。同时，将社区服刑人员外出、居住地变更审批、警告审批适用和撤销缓刑、假释、收监执行建议等执法工作作为重点检查事项，逐人核查、逐项核实，坚决防止和纠正以权谋私、失职渎职、弄虚作假等违法违纪问题的发生。

3. 打造专业化社区矫正志愿者工作队伍

在社区矫正工作力量不足情况下，立足实际，把全市社区矫正志愿者队伍建设作为助力社区矫正工作的“力量工程”来抓，向高等院校“借力”，吸纳社会学、法学、心理学专业老师、大学生担任社区矫正志愿者，共同参与社区矫正工作。先后与燕山大学文法学院、河北科技师范学院、中国环境管理干部学院合作，建立了大学生社区矫正志愿者基地，与各大院校签订了社区矫正志愿者协议，将热爱社区矫正工作的大学生纳入社区矫正志愿者队伍，与基层司法所共同做好社区矫正工作。

4. 率先实行社区服刑人员出入境报备

秦皇岛市司法局联合市公安局出入境管理支队制发了《秦皇岛市社区服刑人员通报备案的通知》，将全部社区服刑人员基本档案信息按照要求录入报备系统，进一步加强对社区服刑人员的监管，防止社区服刑人员非法出国出境。在此基础上，以县区为单位，将持有护照的社区服刑人员列为严管对象，对故意隐瞒的给予警告并没收护照，维护社区矫正的强制性和权威性。

5. 依法打造“2 小时控制圈”

为保证社区服刑人员稳控到位，建立了平原地带围绕北戴河区范围的县区“2 小时控制圈”（青龙满族自治县为“3 小时控制圈”）工作机制。“2 小时控制圈”，指基层司法所可将辖区内全部社区服刑人员在 2 个小时内召集到指定地点。通过现场督导检查，核实人员到位情况、外出审批程序、定位设备是否正常、外出社区服刑人员是否在审批位置等情况，能够及时有效地预防社区服刑人员脱、漏、虚管现象。

对存在瞒报现象和造假倾向的，下发督办函通报全市。对未按规定时限报到的和私自外出、人机分离的社区服刑人员予以警告，问题严重的要求提请撤销缓刑。通过“2 小时控制圈”，大大减少了社区服刑人员定位设备关机、欠费、人机分离等情况，有效确保了重点时期的安全稳定。目前，已实现了从严管、宽管到普管，从基层司法所不敢管、不知道怎样管到在规定时限内召集本辖区全部社区服刑人员到指定范围的跨越，进一步规范了社区矫正工作程序，使得社区服刑人员不敢触碰“红线”同时又在阳光下接受矫正。

6. 实现“手机 + 手环”双定位监管

按照司法部、省司法厅下发的有关“手机 + 手环”双定位监管文件精神要求，针对社区服刑人员定位手机存在的人机分离、机卡分离等情况，秦皇岛市率先在全省实行了电子腕带监管，并以奖惩措施为保障，实行“手机 + 手环”双定位监管模式。通过督导检查，累计对全市 342 名存在定位手机长期关机、人机分离、机卡分离严重问题的，严重违反社区矫正管理规定的和严管的社区服刑人员佩戴了电子腕带，有效预防了社区服刑人员逃避监管问题，实现了 24 小时有效监管，确保了监管效率和精确度，体现了刑罚执行的强制性、惩罚性和严肃性。同时，按照《河北省社区服刑人员考核办法》要求，对社区服刑人员的奖励措施则是将电子腕带监管改为定位手机监管。秦皇岛市社区矫正信息化监管工作向科技化、正规化迈进。

7. 发挥社区矫正培训中心作用

市司法局对市级督导检查发现存在不自觉遵守社区矫正监管规定、定位监管设备关机、欠费时间较长并受到 2 次警告的社区服刑人员，县区司法行政机关准备提请原判人民法院撤销缓刑的社区服刑人员，以及县区司法行政机关上报的存在不积极参加教育学习、社区服务有再犯罪倾向的社区服刑人员，进行为期 5 天的封闭式、准军事化集中教育培训。培训内容包括队列训练、学习法律法规、爱国主义教育、戒毒学员现身说法等，以及邀请大学教授、心理学讲师进行的国学教育和心理健康教育。撤销缓刑的社区服刑人员在宣读裁定书后立刻送往看守所。通过集中教育培训，进一步增强了社区服刑人员的遵纪守法意识和服刑意识，严肃了纪律规范了行为，促进其自觉认真接受改造，有效预防和减少了社区服刑人员重新违法犯罪。充分发挥市社区矫正培训中心作用，体现了社区矫正的严肃性和权威性，促进了社区服刑人员的在刑意识，提高了教育矫正质量。教育培训后仍不遵从规定要求而被裁定入监的，占培训人数的 10%，重新犯罪率则低于 1‰，为维护社会稳定作出了积极贡献。

三、秦皇岛市社区矫正工作需要完善之处

2017 年 12 月 14 日，调研组来到该市山海关区孟姜司法所了解社区矫正工作实际情况。孟姜镇地处冀辽交界，是河北省东大门，全镇辖 38 个行政村，总人口 1.8 万余人，现有社区矫正人员 18 人。调研了解到，基层机构十分关注社区矫正的立法进展，希望社区矫正执法人员的身份定位尽快明确，希望将司法所工作人员列入警察队伍序列（社区矫正主要的教育矫正工作在司法所开展，人员编制和执法身份上的问题在工作过程中日益凸显，带来的压力较大）；各县区在工作经费上并不一样，在经济发达地区能得到充分保障，在欠发达地区当地方财政不宽裕时希望在专项经费上给予补足。

调研组认为：首先，审前社会调查非常重要，社区矫正入口关必须把好。一是调查评估既要全面，又要根据犯罪类型和一贯表现对被告人的成长经历、家庭和社会关系等进行有针对性的调查分析评估，形成评估意见，尤其是适用社区矫正后其家庭、亲属的监管教育态度和能力的调查。因为家庭作为社会环境的最小系统和与家庭成员互动最为密切的系统，直接影响家庭成员的成长成熟和行为判断。不和谐或不完整的家庭，加之家庭成员自制能力、与社会其他系统互动能力较弱，就会造成家庭成员价值观和行为偏差，严重的将导致犯罪。二是对法院委托调查的案件要有甄别，有的案件量刑明显在 3 年以上法院仍旧发函委托调查。其次，社区矫正的社会性参与很有必要，社区服刑人员也有就业救助等基本工作生活需求。在调研中了解到，在重新违法犯罪类型中，故意伤害、寻衅滋事、聚众斗殴、诈骗及吸毒、

贩毒占比最大；之前民政部门都是对其按照狱内服刑人员来对待，服刑期间一律不予批准低保；在解决就业上还存在实际困难，职业技能培训、就业扶持、单位接收等都比较困难。解决基本工作生活需求，不仅可促进社区矫正顺利开展，还是预防重新违法犯罪的重要基础。最后，社区矫正刑罚执行人员的不具执法身份问题亟待解决。随着经济社会发展，司法所工作规范化要求越来越高，担子越来越重，责任也越来越大。尤其是近几年，组织领导传销、诈骗、贪污、受贿、偷税、销售假药、假冒注册商标等犯罪类型越来越多，且这些社区服刑人员年龄大多在40—60岁，有的甚至已70—80岁，心理成熟、经历丰富，虽然显得比年轻社区服刑人员“服从”监管意识更强，但实际存在的再犯罪风险更高。

四、秦皇岛市社区矫正工作的启示

秦皇岛市的社区矫正工作，为社区矫正事业提供了许多可借鉴的现实性经验。

一是进一步规范社区矫正执法程序。司法所严格规范接收、管理、变更、解除矫正等执法环节，健全完善了衔接、管控、帮扶、处突等一系列工作模式。全面推行了“指纹识别”考勤管理系统，客观全面记录社区服刑人员的签到时间及调查评估、接收、监管、审批、处罚、收监执行、解除矫正全过程。

二是进一步规范社区矫正日常教育管理。司法所坚持每月组织集中教育、社区服务活动，积极组建社区矫正小组，开展个别教育、重点人员走访、困难人员帮扶、电子定位抽查等工作，提高了教育矫正的社会效果。同时，及时整理、规范建立社区矫正人员工作档案、工作记录。

三是进一步规范社区矫正监管措施。司法所对违反监管规定的，及时向县（区）司法局上报警告、提请治安处罚、撤销缓刑、假释、收监执行建议。社区矫正监督管理体系的改进和完善，落脚点在于具体的、针对现实问题的措施和办法，通过相关制度建设和实践发展促进监督管理工作的规范化和实效化。进一步提高监管措施尤其是技术监控手段的针对性和实效性。建立有效的委托管理制度，在社区矫正系统内建立不同地区的衔接、协调机制，确保对流动人口实施有效的监管。

四是进一步探索创新工作形式。秦皇岛市司法局积极完善市级社区矫正监控指挥中心和各级矫正网络，整合力量、强化措施，实施有效监管。率先实行社区服刑人员出入境报备制度，有效强化社区服刑人员出入境管理。依托市戒毒所建立了市社区矫正教育培训中心，定期对新入矫和不服从管理的社区矫正重点人员，集中进行全封闭式警示教育和培训，提高其在刑意识和悔罪意识。

五是进一步加强帮困扶助。帮困扶助作为社区矫正不可或缺的工作任务，应伴随着相关实践的发展而发展。帮困扶助和教育矫正都是社区矫正的基本任务，它们之间有着十分紧密的联系，将帮困扶助和教育矫正相结合，在帮困扶助的同时应兼顾其自立能力的培养，提高社区服刑人员的适应社会的能力。同时，应进一步探索帮扶的多种形式，将个案帮扶与制度帮扶相结合。每一个社区服刑人员因家庭状况、个人成长经历和犯罪基本情况等各不相同，对帮困扶助的需求也千差万别，在帮扶中应遵循个别化原则，必须在法律规定的框架内实施。

六是建议将社区服刑人员分类教育管理。分类管理分级处遇是我国监狱工作中科学有效的管理方式。我们在调研中发现，相同犯罪类型的社区服刑人员往往有相同或相似的特质，如果将其分类教育矫正会达到更好的预期效果。

七是进一步完善社会力量参与社区矫正的制度体系。建议培育社会力量参与社区矫正的环境氛围，进一步扩大范围、规模，充分发挥社会力量的作用；培育、扶持民办社会工作服务机构的建设与发展，我国民办社会服务工作机构不仅数量少、规模小，而且服务能力、专业人才不足，仍有很多发展空间；建立政府购买社区矫正社会化服务的常态机制，建立社区矫正机构定期发布购买社区矫正服务项目制度和购买服务的合同管理监督专家评价制度；完善社会力量参与社区矫正的激励政策和相关保障制度、优惠政策；建立完善对社会工作者、志愿者及相关人员的教育培训、资格认证制度。

教育改造研究

JIAOYUGAIZAOYANJIU

对罪犯改造质量评估与罪犯危险性评估研究工作的思考

高　文*

进入2000年以来，我国在探索监狱罪犯教育改造手段创新的过程中，运用技术手段对罪犯进行精细化改造越来越为监狱教育工作者所推崇。由于技术手段源于自然科学，而自然科学是能够得到验证的学说，因而，技术手段的运用自然不能够脱离自然科学的规律，它运用的效果必须能够得到验证；否则，技术手段就是无效手段甚至是错误的手段。

从这一逻辑点出发，在监狱运用技术手段教育改造罪犯的一开始，对罪犯改造质量的评估和对罪犯危险性的评估就被提了出来。我国监狱理论与实践部门无数同志经过多年的艰辛努力，在这两个方面已经取得了丰硕的研究成果，有很多的成果已经被直接运用到监狱教育改造罪犯的实践中。

但是与我们很多同志的艰辛努力与良好初衷相违背的是，到目前为止，对罪犯改造质量评估和对罪犯危险性评估的研究成果虽然众多，但是却没有一项成果能够获得监狱一线实践部门的广泛认同。笔者以为，造成这一问题的原因，可能是以下几个方面的问题被我们研究者忽略了。

---

* 高文，司法部预防犯罪研究所副所长、研究员。

一、评估的过程不仅是运用技术的过程，还是一种价值选择的过程

评估的实质是判断，判断的依据是标准，而标准就是评估主体根据自己的价值观所做出的选择。比如对贾宝玉的评价，一万个不同的读者，心目中会依据自身确定的标准，对贾宝玉作出一万个不同的评价。所以，评估的过程，就是评估者自身对价值选择的过程。对于我国的罪犯改造质量评估和罪犯危险性评估而言，评估的过程反映的就是我国教育改造罪犯的价值选择过程。

但是，这种价值选择却由于现阶段评估主体的多元化，很多方面难以达到共识。从宏观的角度来看，参与罪犯改造质量评估和罪犯危险性评估的主体大致有党和国家（主要由监管机关和专业研究机构代为执行）、社会公众和罪犯群体三方面。站在党和国家的立场上，评估的首要价值选择是鲜明的政治和道德选择，如热爱祖国、热爱人民、热爱社会主义等，而站在后两者的立场上，评估的首要价值选择却未必如此[①]。从微观的角度来看，由于具体的评估主体在各方面存在非常大的差异，对于同样的事物也会产生不同的认识。比如说，不同地区的监管机关，受政治经济文化发展水平不同的影响，或者同一监管机关里不同的监管人员受生活环境教育背景工作经验不同的影响，对于同样的事情也会作出不同的价值选择。如有的监狱推行安全为先，一切罪犯的改造以监管安全为中心开展；有的监狱以人为先，监狱的一切工作以教育改造罪犯为中心开展。很显然，这就是两种截然不同的价值判断与选择。

从笔者近十数年所接触到的有关罪犯改造质量评估和罪犯危险性评估的研究成果来看，很多成果只着重对评估工具本身的研究与开发，

---

① 比如忠诚和服从，这是评估的重要内容。在社会公众和罪犯群体之中，对亲情的忠诚和对所在团体权威的服从，是维系其生存环境的首选，但这种首选往往会与整个社会及国家的需要不一致甚至是产生冲突，尤其是在彰显人性与自由的今天。事实上，这种不一致与冲突一直就存在，常见的俗语“忠孝不能两全”揭示的就是这一矛盾。

而有意或者无意忽略了对评估主体在价值选择方面的研究。尽管看上去评估工具的研发非常的精细周全，但是最终成果却依然不能得到很多读者的认同[①]，很难在实践中得到推广运用，只能成为研究者自说自话的科研成果，仅此而已。所以，笔者以为，罪犯改造质量评估和罪犯危险性评估的研究工作，首要解决的就是评价主体对罪犯改造质量评估和罪犯危险性评估的共识问题。这一问题不解决，罪犯改造质量评估和罪犯危险性评估的研究就只能是一项无效的工作。换言之，代表国家对于罪犯执行刑罚的监狱机关，所开展的罪犯改造质量评估和罪犯危险性评估必须是符合目前行刑主流价值观的前提下的研究，才是有意义的[②]。

二、评估的标准是主观标准，评估的结果不具有必然性

评估的过程，首先是对价值观选择的过程，而价值观的选择，笔者前文说道，只有选择符合行刑主流价值观的评估，才是有意义的。

但何谓行刑主流价值观，却是无法用已知的科学手段物理验证出来[③]，因而，这一标准必然是一种主观标准。

与主观标准相对应的是客观标准，由于客观标准是在一定充分的条件下，能够运用科学实验被反复验证的，因而，客观标准具有唯一

---

① 对于技术，读者总是会站在自己的立场上来看待：快的菜刀，用来切菜，是好的刀具；用来伤人，就是恶的凶器。这就是读者的价值选择。

② 每个时代有每个时代的主流价值观，因此，主流价值观是有时代局限性的，所以，罪犯改造质量评估和罪犯危险性评估也一定有时代局限性。笔者理解的时代包括地域。比如，亚洲很多国家的主流文化强调集体主义，西方国家则信奉个人主义或自由主义。那么在亚洲国家的监狱管理中，强调罪犯行为必须合符集体规范就是一种主流的价值，外在的表现就是整齐划一的服装、发型、卫生、行为要求等；而在西方国家的监狱管理中，却很难做到这方面的要求。

③ 人类利用科学技术，已经能够很精确的确定长度、质量等基本单位的标准，但却无法用相同的手段来完全解释价值观的标准，只能够用语言和数据尽可能地予以概括，这种概况来源于人们的意识，因而是主观的。

性和稳定性。

而主观标准是感知出来的，感知的步骤，以价值观为例，大致有三步：一是归纳，分类列出价值观的种类，找出合乎主流的价值观的共性，并加以提炼归纳；二是找出现实生活中的大量案例以证实所提炼归纳的共性；三是找出现实生活中是否有案例不能够证实所提炼归纳的共性。它的感知过程，大致是通过观察其他人的行为，反推出其他人的大脑处于相应的物理状态，然后从其他人的大脑物理状态推出其他人具有相应的意识特征[①]。

目前，随着科学技术的飞速进步，对主观标准的感知过程越来越精准。比如，对微表情的研究和运用，已经在刑事案件的侦破方面取得了很多突破。但由于在时空中用完全的物理方法和材料所做的科学实验，不管它现在或将来有多先进，它都无法严格证明物理世界的因果封闭性[②]。这就是说，即便科学技术已经非常先进了，也无法像客观标准那样，使主观标准达到唯一性和稳定性。换言之，主观标准具有变化性和发展性的特点，既会随着时间和空间的变化而变化，也会随着思想认识的变化而变化。正是因为具有这种特点，根据主观标准做出来的评估只能够是一种或然性结果，而不是必然性结果。

但为了使这种或然性结果具有为更多人所认同的实践意义，所选择的这种变化发展的主观标准就必须具备以下特点：

一是时代性。不同的时代反映的是人类自身进步与文明的程度，以及人类社会前进的方向。进步的要发展，落后的要淘汰。对评估标准的时代性要求，直接决定了评估先进程度，是否占据了道德的高点，是否具有了运用的合法性。因而，在监狱实践中对罪犯改造质量的评估和对罪犯危险性的评估，一定要符合时代对监狱工作的要求，绝不能够背离。

---

① 蒉益民：《心灵因果性的附随现象论与意识的特性二元论》，载《世界哲学》2015 年第 6 期。

② 每一个物理结果都有一个充分的物理原因，这个命题被称为物理封闭性。蒉益民：《物理世界的因果封闭性、心灵因果性以及物理主义》，载《世界哲学》2014 年第 6 期。

二是民族性。人类历史的进步与发展表明，民族的多样性是促进人类社会蓬勃发展、欣欣向荣的保证。作为地域辽阔、民族众多、经济文化发展差异巨大的国度，我国不同地域不同民族在生活习性、思维方式等诸多方面存在很多的不同，都有其鲜明的特点和价值，很多优秀的内容都应当得到尊重、继承和发扬。对评估标准的民族性要求，意味着在对罪犯改造质量的评估和对罪犯危险性的评估的过程中，不需要或者根本就不存在全国统一标准。而是应该针对不同地域、不同民族的罪犯选择符合他们成长生活的文化的标准。所以，评估的标准必然存在着多样性。

三是伦理性。依据什么样的主流价值观，就需要付之于什么样的矫正手段。比如，新加坡可以对罪犯实行鞭刑，但在我国，这是一项肉刑，是为现行的刑罚伦理所绝对禁止的。因此，对评估标准的伦理性要求，意味着罪犯作为人享有受到监狱管理者尊重与平等对待的权利，而不能够成为监管目的下包括技术手段在内的任何矫正工具的试验品。换言之，对罪犯的一切评估，必须符合罪犯自身的利益，得到罪犯自己的认可。评估的技术手段不能够被滥用，必须要慎用。

三、评估的标准虽然是主观的，但评估的过程却需要严谨科学的态度，科学的评估是一项长期工作

评估的标准是主观的，且具有差异性，这就决定了评估的结果一定不是被评估人人生实际发生的结果，必然存在偏差，甚至是巨大的偏差。事实也是如此，这也是很多监狱实践者和理论研究者并不看好罪犯改造质量评估和罪犯危险性评估研究工作的重要原因。

虽然评估的结果并不是被评估人人生实际发生的结果，但人们通过艰苦的努力，是有可能缩小二者之间偏差的：一是生命科学的快速发展，极大地提高了人类对自身生命现象的准确认识，增加了对自身命运把握的自信心。二是大量最新的生物技术成果在实践中得到广泛运用，使得评估的研究虽然不可能使评估的结果与被评估人人生实际发生的结果一致，但却可以让人们追求评估的结果与被评估人人生实

际发生的结果无限接近。笔者以为，这应该就是罪犯改造质量评估和罪犯危险性评估研究工作之所以成立的理由。

因此，对于目前所开展的罪犯改造质量评估和罪犯危险性评估研究工作而言，要达到评估的结果能够比较接近罪犯改造的实际情况，在评估的过程中，就必须始终保持严谨科学的态度。在这方面，自然科学的研究过程就非常值得我们学习和借鉴。二十年前，笔者曾协助进行了一项冻融实验。这项实验，要在3个月内进行持续的反复实验，所做的工作就是将试件从冷冻仪器里取出来，放进不同浓度的试液里浸泡，然后再将浸泡过的试件搬到冷冻仪器里重新冷冻。这一过程每天需要重复两次，还要对试件进行拍照记录。如此长时间单调反复的实验，最终得到的却只是一个简单的相关数据。

对比自然科学研究中这种严谨科学的态度，在笔者所看到的监狱对罪犯改造质量评估和罪犯危险性评估研究的成果里，许多数据缺乏长年累月的积累和检验，有些成果仅在短短的一两年甚至数月的时间里就研究出来了，其说服力就必然大打折扣①。笔者以为，这是因为在监狱实践和理论研究部门，能够持续开展对罪犯改造质量评估和罪犯危险性评估研究的专业人才严重匮乏，很多成果只能由缺乏科学修养和精神的研究者来从事。要改变这种状况，对罪犯改造质量评估和罪犯危险性评估的研究首要解决的问题，应该是加强对从事该项研究工作队伍的培养。只有通过由高素质的研究人员经过大量反复科研所取得的数据所支持的成果，才能够称得上是科学的评估。因此，对罪犯改造质量评估和罪犯危险性评估研究注定就是一项长期而又艰难漫长的工作，指望在短时期内就取得突破性进展，绝非科学的态度。

---

① 据笔者观察，目前我国这方面的评估研究数据大多来源于问卷调查，且能够持续对一名罪犯做数周以上单一数据波动情况的研究极少。而且，绝大多数研究成果所依赖的评估工具和量表还是直接从国外相关研究中移植过来的。

四、评估真正的价值在于对罪犯整体发展趋势的把握

目前，对罪犯改造质量评估和罪犯危险性评估的研究工作是监狱理论研究和实践的一个热点问题。开展这项研究工作的绝大多数同志的出发点，是试图通过评估工作解决对罪犯个体发展趋势的判断问题。在这些同志看来，一旦解决了这个问题，监狱和社会就能够准确地对罪犯做出有效的管控，预防和减少重新犯罪。

但在笔者看来，就目前的科学技术发展水平以及监狱实践部门监管人员的专业水平而言，在一个相当长的时间里，这仅仅只能是一种良好愿望：一是评估标准的主观性，决定了评估的结果不具有必然性，评估的结果与实际发生的结果存在着差异。二是现有的科学技术本身存在很大不足，这种不足会导致评估的结果与实际发生的结果存在着很大的差异，甚至是完全错误的结果。这种实例在监狱实践过程中经常出现。三是罪犯作为人而存在于社会环境中，人与人的关系是不断发展变化的，因而导致罪犯行为的诸多因素也必定是反复变化的。然而，评估过程中所运用的技术即便是最为先进的科学技术，它也只能是人们根据已有的对罪犯的认识所创造出来的技术，因为“一切真实的东西是当下瞬间的经验”①，因而作为“真实的东西”的技术具有一定滞后性。这种滞后性，也必然导致评估的结果与实际发生的结果存在着差异。一旦失去了对罪犯个体评估结果的精准性，在此基础上对罪犯个体发展趋势作出的判断自然就是无益甚至是有害的了。

习近平总书记认为，物质世界虽然是运动变化的，但这种运动变化却是有规律可循的，透过现象看本质，就能够认识清楚事物内部存在的客观必然的联系②。对于监狱而言，核心工作是寻找罪犯的改造规律。只有寻找到罪犯的改造规律，才能够保证监狱机关从实际出发制定有效政策，推动罪犯教育改造的发展。因此，在笔者看来，评估工

① ［芬兰］J.欣提卡:《维特根斯坦论存在与时间》，江怡翻译，载《世界哲学》2015 年第 6 期。

② 转引自王立民:《习近平总书记治国理政的哲学思想》，载《世界哲学》2016 年第 1 期。

作虽不能够对罪犯个体做到判断的精准性，但是却无碍对罪犯整体发展趋势的判断。因为对于罪犯个体所进行的评估，能够通过对一个个罪犯具体的改造行为的记录和把握所得出的大数据，寻找出罪犯改造所遵循的共同规律。而寻找这种规律其实就是在对罪犯整体发展趋势的把握。

笔者以为，这就是开展对罪犯改造质量评估和罪犯危险性评估研究工作的真正意义和价值所在。因此，在监狱的实践中，应该避免运用评估结果针对具体的人及事的发展作出判断，那种希望通过评估手段一劳永逸地解决对罪犯的改造问题，是一种懒汉思想。真正卓有成效的改造，还是需要依靠千千万万在监狱一线辛勤工作的警察，年复一年，日复一日，对罪犯所做的深入细致的思想工作。

对罪犯的教育改造工作，永远不能够，也不存在标准化。

矫正视野下的罪犯分类：从犯罪类型到犯因

——以女性犯罪为视角

周　折*

一、行为类型化罪犯分类方法评述

罪犯分类是指依据特定的标准将罪犯归属于不同类别和范畴。在行刑领域对罪犯进行科学合理的分类，一方面可以为行刑实践提供指引，根据罪犯类型有针对性地制定类型化的矫正方案，因材施教；另一方面为犯罪研究和行刑研究提供观察角度和框架。一直以来，行刑实务和犯罪学研究最常遵循的罪犯分类标准是行为类型。一般认为，其规范依据是司法部监狱管理局在 1991 年印发的《对罪犯实施分押、分管、分教工作的实施意见》，该意见以犯罪性质作为分类标准，将罪犯分为财产型、性欲型、暴力型和其他四大类。实践中，这种分类方式在很长时间内为我国行刑实务和理论研究提供了工作框架和研究框架，并进一步被细分，如单列出涉毒犯等犯罪类型。行刑实践中，很多监狱据此落实分押、分管、分教，包括将不同类型罪犯分押于不同监区，在矫正上对涉毒犯集中进行反毒品教育、对涉淫犯注重价值观教育等。在理论研究中，犯罪类型直观标定出的犯罪态势成为犯罪学和监狱学的研究对象，例如涉毒犯罪猖獗，那么控毒研究也将随之

---

* 周折，司法部预防犯罪研究所国外犯罪与刑事司法工作研究室副研究员。

炽热，继而推动严格涉毒犯减刑假释等高压抑毒倾向的政策反应。

然而，从行刑实践来看，行为类型化罪犯分类方式的弊端在于分类标准不统一、不科学，对矫正实践的指引意义有限，不利于提高罪犯矫正质量。例如，财产型犯罪的共同特点在于以非法占有财产为目的，而暴力型犯罪的共同特点是以暴力为犯罪手段，前者以犯罪目的为标准；后者以犯罪手段为标准。事实上，随着社会生活内容日益复杂化和科技的高速发展，新型犯罪层出不穷，在押罪犯结构发生了重大变化。在这种情况下，行为类型化的罪犯分类方式更像是刑法给罪犯贴上的行为标签，而不像是从矫正需求出发、基于犯罪人格作出的行刑指引。刑法侧重为侦诉审环节提供依据，针对的是犯罪行为，所以将行为类型化是最便捷的规范方式，而行刑环节更关注特殊预防，针对的是犯罪人及其犯罪人格，对行为的分类则离题较远。虽然行为是人力实施的，但在矫正视野中，行为是标，人格为本，行为只是人格的表征。行刑通过矫正罪犯人格来预防重新犯罪，因此对罪犯的分类没有必要也不应该沿袭刑法的分类方式，只有以对犯因性因素的探求为径，以犯因作为罪犯分类的“金标准”，才能掌握犯罪人格，继而指导矫正。行为类型化的罪犯分类方式未能实现从犯罪行为到犯罪人的视角转变，导致无法满足分类的穷尽性和排他性，从而无法真正贴近行刑实践。很多被划归为同一犯罪类型的罪犯，其行为背后的犯因性因素大相径庭，而很多类型大相径庭的罪犯却共享同样的犯因性因素。笔者借以下访谈中获取的真实案例予以说明。

情形一：故意杀人罪

女犯甲在偏远山区以务农为生，同时要抚养幼子、照顾瘫痪的婆婆，且其文盲、经济贫困。其夫无业且游手好闲，每隔数日回家向女犯甲要钱，稍不如意就拳脚相加。一日，其夫又因女犯甲拿不出钱而扬言殴打，但因困倦先去睡觉。女犯甲在极度恐惧之下，用斧头砍死睡梦中的丈夫。女犯甲曾试图离婚，但错误地认为离婚需要“政府批准”，又错误地把当地司法所当成“政府”，司法所调解处理，令女犯甲以为政府不许离婚，最终因担心“被他打死，孩子没人养”而杀死丈夫。事发十年之后，该女犯说起丈夫暴行仍心有余悸，且并不后悔。

女犯乙婚后不想孕育子女，夫妻因此偶有争吵，但整体感情尚可。一日，其夫酒醉回家，呕吐得满地狼藉，醉中又提及生子，与女犯乙发生争执，女犯乙一气之下用水果刀扎伤丈夫腹部，致其抢救无效死亡。女犯乙极为痛悔，服刑多年来一直把大部分劳动报酬匿名汇给亡夫双亲。

甲乙二犯触犯的罪名都是故意杀人，同属暴力犯，但女犯甲是长期受虐，又难以获得有效的法律救济，其杀人行为有自救因素；女犯乙则不然。在性格上，女犯甲柔顺懦弱，乐于助人；女犯乙的性格则冲动固执，比较符合大多数人对“暴力犯”性格的一般“画像”。

情形二：贩卖毒品罪

女犯丙离婚后生活困窘，以打零工为生，且有幼女需要抚养。她听说贩毒很赚钱，经朋友介绍认识毒贩，帮助贩毒。一开始她对毒品有所警惕，只贩不吸，后来随着“销路”扩大，自己也染上了毒瘾，长期以贩养吸。

女犯丁“以贩养吸”三次入狱，首次入狱时年仅20岁。她三次吸毒，均是因嫌自己体型偏胖，指望吸毒减肥，再以贩养吸。每次服刑都会因狱内生活规律、营养均衡而再次发胖，因此每次出狱都会复吸减肥再以贩养吸，形成恶性循环。

丙丁二犯的罪名和犯罪类型完全一样，但是犯因迥异：丙是出于生活所迫而贩毒；丁则有相对优渥的经济条件，完全是为了减肥而一再吸毒。

情形三：寻衅滋事罪

女犯戊，性格强横不服管教，初中肄业后，纠集一群辍学少年成立帮派，自任“大姐头”，经常在校门口蹲守与帮伙成员有仇隙的在校学生，勒索钱财或殴打他人，最终犯罪。

女犯己，家人对拆迁款金额不满，想通过闹事索要高额拆迁款，但其子女婿媳担心影响工作，故全家一致决定由女犯己闹事要钱。女犯己遂多次躺在当地政府门口阻拦行人车辆，对相关工作人员进行拦截、辱骂、殴打甚至扣留财物。多次闯进政府大楼，在工作人员办公室抛洒垃圾、长时间辱骂、随地小便。

戊己二犯的罪名都是寻衅滋事罪，均属情节较轻的暴力犯，但是女犯戊性格强横，以为自己的行为只是帮朋友“复仇”，并非犯罪；而女犯己则在闹事之前与家人专门研究过相关法律，知道根本不可能通过正当途径获得高额补偿，于是出于“牺牲我一个幸福全家人”的扭曲观念而进行法外勒索。

从上文案例可以看出，行为类型化的罪犯分类方式仅以犯罪性质为分类工具，就将犯因大相径庭的罪犯归为一类，再根据这种粗疏的罪犯“画像”制定矫正方案，最终分类“标签”的错误导致了矫正的失焦。例如，由于女犯甲乙戊己同属暴力犯，行为类型化的粗放分类会推动我们对四犯不加区分地围绕冲动个性做文章，如加强监管力度、选择修身养性类习艺项目、围绕情绪控制教授心理学技巧等。这些矫正内容或许适合女犯乙和女犯戊，但对女犯甲和女犯己却几乎无必要。女犯甲已然足够甚至过于柔顺，否则也不至于忍耐多年才忍无可忍，而女犯己的犯罪更是“深谋远虑”，绝非冲动使然，一旦日后再出现需要她做出“牺牲”的情况，她仍会再次披挂上阵。再如，女犯丙、丁同属涉毒犯，对她们都加强反毒教育当然是必要的，但如果仅此而已，女犯丙仍无一技之长解决生计问题，出狱后很可能重操旧业，而对女犯丁来说，毒品对身体的严重伤害恰是她求之不得、成就她“减肥大业”的优势，出狱后必然再陷恶性循环、重蹈覆辙。

行为类型化的罪犯分类像一堵高高竖起的墙，横亘于罪犯人格与矫正方案之间，原本联系二者的犯因性因素被斩于墙下，面目模糊。提高罪犯矫正质量是提高社会治理能力的重要内容之一，在提高社会治理能力被提升到国策高度的今天，于行刑领域而言，也到了必须要改变罪犯分类方式的时候了。

二、以犯因为标准进行罪犯分类

近年来，学者在批评行为类型化的罪犯分类方法的同时，也曾提出多种新分类方式的设想，如人格分类标准[①]、监狱分级标准[②]等。但迄今未替代旧有的行为类型化罪犯分类方式的根源在于，它们难以转化为对行刑实践的指导方式、难以有效回应行刑实践中层出不穷的新课题。

行刑目的主要是矫正，有效矫正的前提是针对性，必须准确识别其核心犯因，才能有的放矢、对症下药地制定矫正方案。在现代国家概念中，“获得有效矫正”是重要的罪犯权利，一人一案固然不现实，但根据科学合理的罪犯分类方式为每类罪犯量身定制矫正方案不仅可行而且必要。

罪犯分类旨在为矫正提供类型化的工作指引和研究框架。既然如此，完全可以摒弃中间环节，围绕“犯因”对罪犯进行分类，从犯因中找出矫正的着力点，制定有针对性的矫正方案，即以犯因性罪犯分类方式取代行为类型化罪犯分类方式。

（一）犯因的确定

一直以来，对罪犯犯因性问题的追寻都是犯罪学的核心内容，但犯因分为不同层次。以往我国学者对女性罪犯犯罪原因的研究中，往往认为女性涉毒原因包括国际毒品犯罪的影响、毒品交易的丰厚利润、扫毒力度限制、受他人引诱、寻求精神解脱等。对女性职务犯罪的原因归结为寻租空间的存在、体制转轨漏洞、性别角色冲突、市场经济对价值观的消极影响。女性性犯罪的原因被归结为生理周期导致的性欲亢进、错误的价值观和性意识等。这些犯罪原因当然是真实的，但与其说它们是对犯罪根源的挖掘，不如说是对现象的系统描述。这种浅层次的犯因无法作为罪犯分类标准和矫正方案的靶点，因为后者必须同时满足两个条件：

第一，它必须能够与行刑实践中的矫正方式建立起对应式的紧密

---

① 孙昌军、凌辉：《犯罪人分类标准新探——以犯罪人格为视角》，载《犯罪研究》2005 年第 2 期。

② 谭道义、陈童、刘英丽：《我国现行监狱分级制度改革——关于罪犯分类标准改良的合理性研究》，载《法制与社会》2015 年第 29 期。

关联。狱内的矫正方式是种类化的、有限的，主要包括以扫盲为核心的基础教育、政治教育、文化教育、心理矫治、技能培训、亲情帮教等，作为罪犯分类标准的犯因只有大致“对标”这些矫正方式，才能够真正联结起监狱的“矫正产品”和矫正对象的“矫正需求”，以实现“供需平衡”。

第二，它必须是一种系统性原因、深层次原因，向上表现为各种犯罪的直接原因，向下则深植于社会土壤。例如，“错误的价值观和性意识”和“性别角色的冲突”是男尊女卑的社会文化和性别刻板印象的产物；“寻租空间的存在”和“毒品交易的丰厚利润”背后是充斥性别歧视和职业隔离的就业市场，是两性经济资源的严重失衡——否则无法解释为何女性职务犯罪和毒品犯罪占女性犯罪的比例远高于此类男性犯罪的比例；“家庭暴力下的恶逆变”则是两性法律保护不平等现象的镜子，它揭示出法律体系中对女性权益保护的严重缺失。强调犯罪原因的系统性和深层性，意味着必须从社会结构、经济、文化、政治、法律等宏观层面入手去观察，必须将微观的犯罪个体行为与宏大社会背景相联系，才能探究到真正的犯罪原因。

（二）犯因的种类

犯因性罪犯分类方式大体应包括以下几大类：

一是经济性犯因。它是指罪犯出于经济困窘和生存压力而犯罪。在行为方式上，罪犯既可能选择盗窃、诈骗，也可能选择贩毒、敲诈勒索或其他犯罪类型。女犯丙即为此类案例。

二是制度认识性犯因。它是指罪犯面对困难或矛盾时，出于对制度性解决方式的轻蔑、恐惧、不信任或者误解，而选择了犯罪等非制度性的解决方式。女犯己即为此类案例。

三是规范认知性犯因。它主要是指罪犯不知法、不懂法而实施犯罪的情况。[①] 女犯甲、女犯戊即为此类案例。制度认识性犯因的区别在

① 根据笔者针对全国20所监狱的问卷调查，犯罪时不知法或仅有模糊认知的女犯占女犯总数的3/4，远高于此类男犯比例，其中既包括较低教育水平导致的“一般性法盲”和包括拥有不错学历却对特定领域法律无知的情况。

于：前者是“不知法”，而后者则是出于各种原因“明知故犯”。因此在法治教育上，对前者要普法为重，对后者则要着力申明法律规范的权威性和高效性。

四是价值观性犯因。它是指罪犯受错误价值观影响而行差踏错导致犯罪。转型期社会中固然有多元价值观并存，但是其中一些为主流价值观所明确反对和禁止，它们往往容易给自身或他人招致法律所不容许的损害。例如，受男尊女卑错误观念影响的女性不仅有物化其他女性的倾向，也会不自觉地自我物化，女犯丁和女犯己即为此类案例，前者为取悦异性不择手段地自我修饰、后者持自我献祭式的家庭观念。

五是个性或心理性犯因。它是指缺陷性格、心理障碍或 PTSD 等心理疾病在推动犯罪中起主要作用的情况。性格冲动的女犯乙即为此类案例，女犯甲也涉及。

六是社会交往性犯因。它是指罪犯受社会交往中消极社会网络的引诱、刺激、胁迫等影响而实施犯罪的情况。女犯戊即为此类案例。

七是政治性犯因。它是指罪犯出于对现行政治制度的反对而实施犯罪，主要涉及危害国家安全罪和恐怖主义犯罪。

对犯因的考察应该灵活运用多种方式，包括通过梳理罪犯的个人成长史、生活史、婚姻史等生活经历，掌握罪犯人格特点；复盘案情，根据犯罪的前因后果，查清犯罪起因；聆听罪犯的描述和谈论，通过罪犯视角对事实的描摹，对犯罪原因做进一步识别，等等。

（三）犯因的复合性

犯因性罪犯分类方式包含两个逻辑：第一,一个犯罪行为往往涉及多种犯因，只有其中发挥主要推动作用的核心犯因才是应该进入矫正视野的真正的犯因。以女犯甲为例，其犯因组合是“规范认知性犯因 + 心理性犯因”：在规范认知性犯因方面，甲完全不了解有关离婚的法律规定，无力通过制度性方式自救，是出于自卫杀夫而非出于激愤无视规范；在心理性犯因方面，长期受虐使甲的心理健康受到损害，笔者在事发十年之后和她交谈，甲回忆往事仍然止不住地全身发抖、神色恐惧、不停重复“我太害怕了”。相反，尽管甲当时收入低，导致丈夫威胁殴打，最终杀夫，但当地本就是贫困山区，甲自述生活还“过得去”，所以经济性犯因不是其核心犯因。第二，对于绝大多数罪犯而言，核心犯因更可能是多种犯因复合而成的整体，是一种“犯因组合”，不同犯因共同统摄于并参与构筑罪犯人格，且彼此密切联动、彼此勾连，甚至互为因果。相应地，矫正也要针对不同的犯因组合制定矫正方案，使矫正有所侧重。以女犯戊为例，其由“规范认知性犯因、价值观性犯因和社会交往性犯因”结成的犯因组合明显体现出彼此互动勾连的过程：戊教育程度低，对报复行为的法律性质并无清晰认知，在为“复仇”而纠集同伙、建立消极社会交往的过程中，群体成员的不良价值观又彼此影响和加强，从而最终导致犯罪。

传统矫正模式因行为类型化罪犯分类方式往往会导致一叶障目，因此看不清犯因，就更加意识不到犯因的复合性，只是根据罪犯类型将相应的教育内容零散分布于各类矫正方式中。相比之下，犯因性罪犯分类方式不仅直接以犯因为矫正的靶点，而且以“犯因组合”形式表述犯因，因此矫正并非对孤立犯因“各个击破”，而是着眼于其复合性，综合运用各种矫正方式形成合力，从而使矫正效果事半功倍。

三、犯因性罪犯分类方式的优势与制度配套

（一）犯因性罪犯分类方式的预防犯罪优势——预防重新犯罪

1. 整合监狱矫正和社会政策资源

现代监狱已产生两个多世纪，但其矫正功能始终备受质疑。[①]究其原因，就在于犯罪原因包括个人因素和社会因素，而监狱矫正仅针对个人因素，对于监狱围墙之外的社会因素却无力触及，只要对个人因素的矫正不足以压制社会因素的消极影响，重新犯罪就是大概率事件。要有效预防重新犯罪，必须通过罪犯分类，以犯因串联起针对个人因素的监狱矫正和针对社会因素的社会政策，使之彼此协调，使狱内矫

① 翟中东：《当代国际行刑领域正在发生的变革》，载《河北法学》2012 年第 10 期。

正思路和狱外社会政策的调整形成合力。狱内矫正方式主要有基础教育、文化教育、政治教育、法治教育、心理矫治、亲情或社会帮教、劳动技能培训等，这几乎恰好与各类社会公共政策一一对应；后者根据社会生活的领域也分为教育政策、文化政策、政治政策、法律政策、社会心理健康服务体系、婚姻家庭政策、经济政策等。根据罪犯分类下的犯因分布结构所指示的调整方向，我们可以清晰地发现哪一社会领域中的犯罪控制存在薄弱环节，在狱内进行针对性矫治的同时，也通过调整社会政策来加强犯罪控制。

例如，女犯丁和女犯己都涉及价值观性犯因和制度认识性犯因，前者过度看重自身形体而罔顾国法、不择手段；后者指望以自己为成本换取家族的高额非法利益，她们触犯的罪名大相径庭，犯因却共同指向男尊女卑文化下的自我物化和对法规范的轻视。如果犯因性罪犯分类显示，此类犯因的罪犯群体庞大，除了在矫正上要大力加强性别价值观教育和法治观念教育外，同时也在警告社会：文化政策必须着力纠正男尊女卑思想，批判把女性当作性资源或摇钱树的社会观念，倡导异性关系和家庭关系中的性别平等、人格独立；经济政策必须抑制就业市场的性别歧视，对错误的性别价值观釜底抽薪；法律政策要重视对刑法一般预防功能的宣传，以刑罚的严厉性和必然性来压制潜在不法之徒的侥幸心理。

2. 矫正施力精准

矫正施力精准既包含矫正力度适当，也包含了矫正的根本性需求。就矫正力度而言，行刑资源是昂贵而有限的，而犯罪浪潮奔流不息，要以有限应对无限，精准矫正是必由之路。在以往“大水漫灌”式的罪犯矫正模式中，监狱对罪犯运用各种矫正方式时，其教育标准、教育方式和教育内容是完全一样的：对毒品敬而远之的寻衅滋事犯要和以贩养吸的涉毒犯参加同等程度的毒品危害教育，拥有良好会计能力的贪污犯需和务农的杀人犯参加完全一样的技能培训项目。与之相反，精准矫正则意味着对症下药、有轻有重、有的放矢、因材施教，对不同犯因的罪犯“投放”不同“剂量”的矫正产品，通过差异性矫正节省行刑成本。例如，女犯甲的个性本就忍耐顺从谦卑，因此在法治教育中应着力于法律知识的传授，而无须过于强调法律规范的权威；对女犯乙则相反，乙有良好的教育背景和对法律知识的较好掌握，因此对乙的法治教育应侧重强化法治观念和法律信仰，对冲乙的冲动个性，避免重蹈覆辙。

就矫正的根本性而言，罪犯肯定是先有犯因，再选择具体的行为手段实施犯罪，而不可能相反，同一个犯因可能对应多种行为手段，行为人选择将哪种行为手段将现实化，在很多时候只是一种偶然而非必然，因此，无论狱内矫正还是狱外的政策调整，都只有聚焦于犯因这个“本”，才能彻底铲除犯罪根源，使任何行为手段现实化的选择都失去意义。否则，如果矫正和政策的施力方向被行为类型化的罪犯分类方式误导到犯罪行为上，而错失对犯因的关注，那么这种本末倒置、舍本逐末的犯罪控制必然会导致事倍功半，即便是加大特定犯罪实施难度或成本，暂时抑制了某种犯罪，也仍会因为犯因这个原始驱动力未受影响，而只是将潜在犯罪人暂时“驱赶”到其他种类的犯罪上，出现“按下葫芦浮起瓢”的情况。以女犯丙为例，经济困境是其犯因，丙之所以“选择”贩毒，只是因为丙碰巧听说了贩毒的高收益，又碰巧可以认识毒贩，如果仅是因为其涉毒犯罪就只围绕“毒”之一字做文章，那么即便丙知难而退，也会另辟蹊径，转而选择盗窃、诈骗、拐卖儿童等其他“来快钱”的犯罪养活自己和女儿。只有当丙在狱内真正学到一技之长，足以自力更生，同时就业政策保障性别平等、法律政策加大对离婚女性经济利益的保护等，才能真正预防丙重新犯罪，也才能防止千千万万个离婚妈妈沦为“女犯丙”。

（二）犯因性罪犯分类方式的制度配套

罪犯分类方式的变更绝非细枝末节的技术性调整，在某种程度上是对传统矫正模式的颠覆，是一个系统工程。这就意味着，犯因性罪犯分类方式要有效运行，还必须采取相应的配套改革作为辅助，其中最重要的就是监管领域的理念调整和矫正方案制度的引入。

1. 在罪犯监管领域引入动态安保理念

在行为类型化的分类方式下，警察角色相对被动。罪犯类别由罪名直接标定，矫正采取“大水漫灌”，警察要做的仅仅是打开“水阀”，即按部就班地执行既定的矫正程式，例如无差别式的法治教育、均等的劳动培训等。而犯因性分类方式下，由于矫正过程不再是程式化的，而是复杂的、动态的、深刻的，警察主观能动性的发挥就成了矫正的关键环节。无论是复盘案件、回顾罪犯生活史、警囚谈话，还是分析核心犯因并准确作出分类，抑或是选择矫正方案并适用，更或是根据矫正动态适时调整矫正方案，都需要警察以高度负责的职业精神和高度专业的职业能力完成。因此，在犯因性罪犯分类模式下，监狱警察人力、精力的投入对矫正质量有决定性意义。

然而，监狱行刑资源高度稀缺，矫正职能始终面临来自监管需求的资源争夺，警力争夺更是主战场。由于对监管安全可以量化评价，而对矫正质量的评价则是“软”标准，在以业绩的量化考核为核心的现代履职评价体系中，面对警囚比偏低、警力不足的现实，警力重心明显偏向监管，矫正领域的警力则捉襟见肘。

在犯因性罪犯分类方式下，要解决监管与矫正“二虎相争”的局面，可以考虑在监管领域引入动态安保理念。作为一种有别于传统模式的新兴安保模式，动态安保是指通过监狱一线工作人员与罪犯建立积极的工作关系，及时了解罪犯个体特征，并为罪犯开展建设性活动，进而实现监狱安全和促进罪犯顺利回归的安保制度。动态安保强调监狱工作人员与罪犯的直接接触和沟通，力求与罪犯建立职业关系并融入罪犯日常生活。[①]可见，其与基于犯因性分类的罪犯矫正模式均属“警力密集型”的管理都强调对罪犯世界的深度介入，变被动为主动，变消极为积极，都强调“人”的能动性和核心价值，在矫正中反对程式化、批量化、去人格化；在监管中反对倚赖物理隔离、技术手段和严密的程序控制。工作方式的高度共通使二者完全可以一警二“用”，彼此借力。警察将服刑人员作为“个性化的人”的去接触和了解，同时搜集有关矫正和监管的信息，基于对个体罪犯的深入了解而保持对

① 张桂荣：《监狱安保新理念：动态安保》，载《犯罪与改造研究》2018年第8期。

犯因判断的准确和对安保信息的敏感，继而有针对性地调整矫正和实施监管，防止矫正失效和安全威胁现实化。事实上，目前我国监狱实践中普遍实行“包组制”就可以视为监管和矫正融合后的工作形式的雏形，它完全有潜力逐步承接相应的工作内容。

矫正和监管的融合有着坚实的逻辑基础：一方面，监管和矫正本就是手段与目的的关系，[①] 安全是实现目的的手段，安全失守，矫正也无从做起，二者很多时候原本就难分泾渭；另一方面，作为监管对象的罪犯同时也是矫正对象，很多信息既有安保价值也标示矫正状态，监管和矫正完全可以互利合作。

2. 建立矫正方案制度

在矫正工作中确立矫正方案制度应成为推行精准矫正的重要内容，矫正方案制度是指通过对罪犯的犯因或犯因组合的分析和归类，为特定种类的罪犯量身定制其需求的矫正内容，包括以哪些矫正方式作为重点、如何着力运用以及如何在各个矫正方式之间形成互动等。罪犯通过适用矫正方案，接受有针对性的教育矫正。例如，女犯乙的犯因比较单一，为心理性或个性犯因，针对此类罪犯的矫正方案就应以心理矫治工作为重心，包括通过情绪控制项目帮助乙正确处理愤怒情绪，对形成其暴躁性格的成长经历进行回顾，判断是否存在酗酒和药物滥用情况等。除此以外，辅之以旨在柔化个性的文化教育、旨在强调法律威慑的法治教育等。

矫正方案制度相较于传统矫正模式的突出优势是有效性，这首先源于科学性。矫正方案根据对犯因的科学认识，综合运用心理学、犯罪学、监狱学甚至医学、社会学等多种学科制定矫正方案。其次源于开放性。矫正方案着眼于矫正效果，及时根据变动的犯罪态势和科学发展进行自我调整和完善，及时吸纳任何提升矫正效果的做法。最后源于便利性。矫正方案实质上是一种模块化管理，一旦甄别出罪犯的犯因类别，就可以直接适用，实现精准矫正，而无须再逐案研究，这

① 周折:《论对“安全底线”的再认识》，载《犯罪与改造研究》2019 年第 8 期。

不仅有助于缓解目前的警力紧张，而且便于有关矫正经验在监狱警察之间代际传承。

矫正方案强调适用的延续性。相应工作应该从罪犯进入新收阶段就开始，每名罪犯都应根据其成长经历、犯罪前科、受教育程度和就业状况、居住情况、家庭情况、伙伴关系、财务情况、酒精和药物成瘾情况、情感控制情况，以及对犯罪行为的认识态度等多方面因素进行综合评估，并被初步甄别犯因类型。一旦罪犯进入正式服刑阶段，就可以据此直接适用既定的矫正方案，同时每隔一段时间，要针对矫正方案的适合与否再次进行评估，以根据行刑过程中对罪犯认识的深化而对方案进行必要调整。从工作的便利性出发，评估的具体间隔时间可以与目前很多监狱已在实行的人身危险性评估相结合，同步进行。任何矫正不可能一蹴而就，因此除非出现了必须更换方案的情况，否则矫正方案的执行必须一以贯之，不能因罪犯意愿等主观因素或主管警察的变更等客观因素而随意中断或终止，这样可以避免矫正半途而废。

戒毒问题研究

JIEDUWENTIYANJIU

司法行政戒毒工作社会化延伸问题研究 *

陈 静 李栩栩 高 贞 **

习近平总书记就禁毒工作作出重要指示时强调，要“坚持多策并举、综合治理，坚持部门协同、社会共治”。① 司法行政戒毒部门站在服务毒品问题治理大局和融入社会治理的高度，主动开展戒毒工作社会化延伸，② 具体包括落实强制隔离戒毒（以下简称强戒）出所衔接和后续照管、指导支持社区戒毒社区康复（以下简称社戒社康）、开展戒毒康复、探索支持自愿戒毒、加强禁毒和法治宣传教育、参与公共法律服务等，与所内工作相结合，推动戒毒工作体制机制的一体化建设，努力形成“大戒毒”工作格局。

当前，加强戒毒工作社会化延伸，是推进社会治理现代化的必然要求，是适应毒情形势发展的现实需要，是遵循戒毒规律和巩固戒毒成效的客观要求。《禁毒法》第 34、48 条和《戒毒条例》第 4 条规定了司法行政部门在相关戒毒措施中的职能，部分地方禁毒条例还结合

---

* 本文系 2021 年度司法部预防犯罪研究所所级课题“强制隔离戒毒与社区戒毒、社区康复的衔接问题研究”的最终成果。

** 陈静，司法部预防犯罪研究所《犯罪与改造研究》杂志社编辑、助理研究员；李栩栩，司法部预防犯罪研究所戒毒工作研究室助理研究员；高贞，司法部预防犯罪研究所所长、研究员。

① 《坚定不移打赢禁毒人民战争》，载《中国青年报》2015 年 6 月 26 日。

② 本文将“司法行政戒毒工作社会化延伸”简称为“戒毒工作社会化延伸”。2018 年，司法部《关于建立全国统一的司法行政戒毒工作基本模式的意见》提出，以衔接帮扶为重点，推动戒毒康复指导社会化延伸。

实际进一步细化。从实践看，一方面部分地方起步早、合作广，在后续照管、指导支持社戒社康方面具有较好工作基础；另一方面戒毒场所在研发推广科学戒治方法和人才队伍支撑方面取得重大进展，已在全国复制推广经颅磁刺激治疗项目、虚拟现实毒瘾评估和矫治系统等8项戒治新技术新方法，实施教育戒治“个十百千”工程，探索运动训练对降低毒品渴求的有效性，民警队伍在专业结构和业务能力素质建设方面也得到了优化和强化，为扎实做好戒毒工作社会化延伸提供了戒治技术和人才保障。本文立足总结司法行政戒毒工作社会化延伸实践经验，并对存在的问题进行研究分析，提出加强与改进相关制度机制的意见建议。

一、戒毒工作社会化延伸的实践探索

（一）加强出所衔接和后续照管工作

各地强戒所普遍开展出所衔接工作，主动与禁毒、社戒社康等部门进行信息对接，根据诊断评估结果向公安机关提出是否责令社区康复的建议，并联系其家属或户籍所在地、居住地公安机关做好接收工作，必要时派民警护送出所人员至就近交通枢纽或送回原籍。

后续照管是戒毒工作社会化延伸的一项重要内容。大多数地方通过联合地方党委政府、公安、司法、民政、卫健等部门建立后续照管站点开展工作，如设区的市指导站、县（市、区）工作站、乡镇（街道）服务站，搭建省戒毒局、市、县司法局、乡镇（街道）司法所四级网络，戒毒民警常驻或定期进站开展工作。[①]其中，江苏省整合司法行政系统资源，依托各级社区矫正或安置帮教既有平台建立后续照管工作站、服务站。相较于社戒社康的刚性管控，后续照管更偏向柔性服务，侧重联系沟通、提醒引导和在就业、就学、申领社会救济等方面给予帮扶帮助，主要服务对象是解除强制隔离戒毒人员（以下简称解戒人员），同时也逐步覆盖社戒社康人员，一些地方还出台了相关

① 资料来源于司法部戒毒管理局相关材料。

工作意见、标准规范、考评办法等，提供制度支撑。截至2021年11月上旬，全国正在接受后续照管11万余人，2008年以来累计照管36万余人次。[①]

除了建站，后续照管的另一个重要手段是回访调查，由戒毒民警或委托社工定期开展，借助电话、走访、问卷、查阅记录等多种方式，了解照管人员的思想动态和生活状况。在重要节假日和重大安保节点期间，通过专项回访加强对风险隐患的摸排预警，积极调解纠纷、化解矛盾。云南省2020年的回访调查发现，2015年、2016年解戒后未纳入后续照管人员的戒断率为33.49%，纳入的为74.84%，调查时正在接受照管的戒断率为81.62%，[②]一定程度上反映了后续照管有助于保持操守。

（二）指导和支持社区戒毒社区康复工作

指导、协助和支持社戒社康是司法行政部门的法定职能。各地结合工作实际，立足戒毒业务专长，在探索中丰富工作办法。有的地方通过当地禁毒条例予以进一步明确，有的出台部门文件制定规范，极少数地方在戒毒管理部门或强戒所设立了专门的内设机构。

早期个别地方试点派驻戒毒民警进入街镇，依托司法所参与工作。随着社戒社康工作体系的基本形成和基础工作水平提升，逐渐转变为依托所地协作合作的指导站发挥作用，有的是将社戒社康工作站、指导站并建，有的采取“一地一站”或“一站共享”的形式，有的则是在社会组织主导运行的社区戒毒康复服务中心挂牌成立指导站，派所内的心理咨询师、康复训练师直接参与工作。截至2021年11月上旬，全国建立社戒社康指导站点3000余个，配备专职人员1000余人、兼职人员7000余人，管理服务社戒人员2万余人、社康人员5万余人，累计管理服务社戒人员6万余人次、社康人员13万余人次。[③]

---

① 资料来源于司法部戒毒管理局相关材料。

② 陈欣:《深化全国统一司法行政戒毒工作基本模式的实践与思考——基于解戒人员回访调查的实证分析》，载《中国司法》2021年第2期。

③ 资料来源于司法部戒毒管理局相关材料。

从工作内容来看，除了加强日常管理，还有所内具有医师、心理咨询师等专业资质的民警派驻或巡回指导，引入专家团队等社会专业力量和志愿服务力量等多方参与，既为社戒社康人员提供专业的心理辅导和戒治项目服务，也对禁毒专干等工作人员进行专业培训。在社戒社康执行基础条件相对薄弱的地方，司法行政戒毒部门还参与对人员的检测、登记和管控，规范接收、移送、告知、家访、登记建档、签订协议等工作流程。还有社戒社康委托管理的模式，《重庆市禁毒条例》规定不具备社区戒毒条件的乡（镇）人民政府、街道办事处可以委托实行社区化管理的戒毒康复场所实施。

（三）发挥戒毒康复所职能作用

戒毒康复所为自愿戒毒人员、社戒社康人员提供社会适应性训练，也是解戒人员在出所和完全回归社会之间的“中途岛”，“以自愿为前提、康复为中心、安居为条件、生产为平台、教育为手段、治疗为保障、回归为目标”，[①] 提供戒毒、康复、生活、学习、培训、就业等活动和条件，并广泛开展社会合作。如定期组织戒毒团队开展法治教育、同伴教育，联合人社部门和企业提供职业技能培训和就业安置机会等。除了直接开展戒毒服务，少数地方的戒毒康复所还进行吸毒成瘾认定，工作端口前移。

已有运行相对较好的戒毒康复所有北京市天康戒毒康复所、湖南省白泥湖戒毒康复所、广东省三水戒毒康复所等，其中白泥湖戒毒康复所自 2008 年成立至今累计收治戒毒康复人员 9000 余人，湖南省首家省级“蓝结家园”[②] 也落户该所。截至 2021 年 10 月底，全国建立戒毒康复机构共 35 个，在册戒毒康复人员 1500 余人，累计服务戒毒康复人员 8 万余人次[③]。

---

① 转引自司法部戒毒管理局相关材料，原文来自《司法部关于建立全国统一的司法行政戒毒工作基本模式的意见》。

② “蓝结家园”由湖南省禁毒办牵头，禁毒成员单位参与，在省戒毒管理局和当地党委政府指导下，对戒毒康复人员进行戒毒和就业创业等帮扶救助。

③ 资料来源于司法部戒毒管理局相关材料。

（四）探索支持自愿戒毒

支持自愿戒毒的工作主要依托戒毒康复所和强戒所开展。一方面，戒毒康复所为自愿戒毒人员提供脱毒治疗和戒毒康复，但近年因疫情影响，短期频繁出入场所受限，影响了戒毒人员在所进行的自愿戒毒。另一方面，有些地方的强戒所根据工作实际在街道建立自愿戒毒门诊咨询点，或在场所设立自愿戒毒服务的专门区域。四川省司法行政系统建立了15个自愿戒毒门诊咨询点，提供咨询服务719人次，设立了2个自愿戒毒住院专区，配备生理脱毒治疗、心理戒治、中医戒治、毛发检测、体能康复、禁毒警示教育等功能中心，提供相关医疗服务664人次。安徽省依托滨湖、南湖、蚌埠强戒所建立3个自愿戒毒机构，接受门诊咨询、检测、治疗2万余人，累计收治自愿戒毒住院5000余人。

（五）开展家庭和就业方面的衔接帮扶

家庭和就业是戒毒工作的重要抓手，社会化延伸贯通所内、外的衔接帮扶工作，在所期间开展的亲情帮教、萨提亚家庭治疗、职业培训、就业推介等在出所后仍可继续推进，在后续照管、社戒社康、戒毒康复、自愿戒毒等各项措施和环节中发挥作用。

为了巩固戒毒人员的家庭支持系统，有的地方与其家属通过多种方式保持联系，提供防复吸技巧，定期答疑解惑，并向家属免费提供毒品检测工具，充分发挥亲情支持和家庭监督作用。有的地方建立戒毒人员未成年子女名单和台账，联合其他部门和社会力量，对生活困难的给予帮扶，协调解决就学就医等难题。

在促进就业方面，有的地方将戒毒人员的职业技能培训纳入当地政府统筹；采取“省县共建”“县企共建”等多种合作模式，引进爱心企业等社会力量，在社戒社康指导站或戒毒康复所建立过渡性就业安置就业基地、免费职业技能培训场地，为戒毒人员提供就业岗位，帮助其获得相关职业技能证书；积极联系公益基金为戒毒人员就业、创业提供资金支持，帮助符合条件的争取税费减免、信贷支持、社会保险补贴、公益性岗位补贴等优惠政策；联系专业机构为创业项目提供技术支撑。[①]

（六）推动禁毒和法治宣传教育，提供公共法律服务

各地注重利用戒毒场所的教育资源，举办多种形式的宣传教育活动，营造全民禁毒氛围。2021 年 1 月至 10 月，全国累计线上线下开展禁毒宣传教育 4000 余场次，受教育人数达 360 万余人。[②]大力推动“六进”常态化，并在“6・26”国际禁毒日等重要节点集中宣传；组建禁毒宣讲团队，戒毒人员也参与进来，用亲身经历警示和教育听众；建立禁毒宣传教育基地和禁毒师资培训基地，关注青少年群体，深化与学校合作，由戒毒民警担任法治副校长或辅导员，有针对性地进行系统宣传教育和防毒拒毒培训，纵深推进“6・27”青少年毒品预防工程；创编禁毒公益舞台，通过现场巡演和网络播放扩大影响；将禁毒宣传教育与法治教育、健康教育、疾病防治等主题教育结合起来，如四川省司法行政系统在凉山彝族自治州成立了五个“爱之家”禁毒防艾法律服务工作站，选派戒毒民警直接参与一线综合帮扶工作，将戒毒工作融入当地公共法律服务、防治艾滋、脱贫攻坚、乡村振兴之中。

从实践情况来看，各地的戒毒工作社会化延伸既有共性，也基于自身实际和条件而有所差异，上述延伸措施的具体内容和工作机制之间既相互独立，也存在交叉、互通，整合几个措施共同发挥作用的情况，如将后续照管与指导支持社戒社康融合发展，资源共享、协同管控，将后续照管工作站设在所在乡镇（街道）办事处社区戒毒（康复）办公室，实行“两块牌子一套人马”合署办公，门牌制度统一上墙。[③]这些探索为拓展、规范戒毒工作社会化延伸提供了实践依据。

---

① 重庆市戒毒管理局课题组：《司法行政戒毒工作的社会职能研究：重庆市的探索》，2021 年 6 月。

② 资料来源于司法部戒毒管理局相关材料。

③ 陈强：《泰州创立“泰慧管”后续照管品牌》，载《江苏戒毒》2021 年第 3 期。

二、戒毒工作社会化延伸面临的困境

（一）戒毒工作社会化延伸法律支撑不足

禁毒法、《戒毒条例》等法律规范虽然确立了戒毒工作社会化延伸的法律依据，但由于立法过于原则，一些工作创新缺乏制度支撑。一是司法行政部门指导支持社戒社康的职责有待规范、细化。《禁毒法》第 34 条和《戒毒条例》第 4 条规定的指导、协助、支持是原则性、概括性的规定，缺乏进一步的细化和规范。《关于加强社区戒毒社区康复工作的意见》和《全国社区戒毒社区康复工作规划（2016—2020 年）》两个文件中有关司法行政部门的职责主要是法制教育、出所衔接的内容，对司法行政戒毒部门“指导、支持”的职能并未体现，地方开展相关工作缺乏具体支撑。二是衔接帮扶的法律责任不明确。劳动教养戒毒时期，解戒人员出所后统一归地方安置帮教机构负责，有专门机构、人员和资金。劳动教养制度废止后，虽然禁毒法、《禁毒条例》对社戒社康人员的衔接帮扶提出了一些原则性要求，但对解戒人员的衔接帮扶如何开展没有作出相应规定，解戒人员回归社会后接茬教育管理帮扶难以落实。全国统一的司法行政戒毒工作基本模式实施后，各地陆续探索后续照管工作，尝试为解戒人员提供 1 年及 1 年以上的跟踪照管服务和戒毒技术支持。但由于缺乏明确的法律法规支持，在一定程度上制约和阻碍了后续照管工作的开展，直接影响到戒毒工作的成效。

（二）戒毒工作社会化延伸的体制机制不畅

一是分段式执行体制有碍戒毒工作社会化延伸质效的提升。《戒毒条例》规定，被强戒的人员在公安强戒所执行 3—6 个月后，转至司法行政强戒所继续执行。由此确立了强戒由公安和司法行政共同承担的“两段式”执行体制。强戒“两段式”执行体制不仅使强戒执行工作职能重叠、衔接不畅、影响戒治效果，还因为实际执行中有些地方公安强戒并未按规定转送司法行政强戒，导致戒毒社会化延伸工作无法涵盖从公安强戒直接解除的人员，多头管理导致对解戒人员“两家管、都管不到位”，极易发生解戒人员“找不到”“帮不上”“巩固难”

等衔接帮扶不力的现象。二是部门间协调配合的工作机制尚未建立。戒毒社会化延伸工作涉及经济社会生活的各个领域，必须依靠政府相关部门共同围绕戒毒社会化延伸工作目标，在各自的法定职责范围内各司其职，真正形成合力。目前，各部门单位之间任务不明、责任不清。公安、卫健、司法行政、民政、人力资源和社会保障、教育、乡镇和街道之间还未建立高效的沟通交流机制、协调合作机制和信息共享机制，更多依靠部门单位之间单向沟通，工作协调配合不到位、共同推动难的矛盾客观存在。三是戒毒人员的异地管理有待加强。目前，戒毒人员流动性大，地域分散，相当一部分戒毒人员长期在非户籍地居住、工作，居无定所、人户分离等问题使得户籍所在地、居住地无法把握戒毒人员的准确情况，社戒社康措施难以严格执行，后续照管措施无法有效落地，部分戒毒人员脱管失联，导致管控和帮教的不确定。四是戒治技术所外运用的工作机制尚未建立。近年来，戒毒所探索创新了经颅磁刺激、内观疗法、运动康复等一批戒治新技术新方法，但这些戒除毒瘾非常有效的技术和方法仅局限在所内使用，戒治延续性不够，不利于解戒人员的戒治成效的巩固。同时，强戒场所戒治项目没有与社区戒毒社区康复工作充分衔接，尚未广泛应用于社戒社康人员，促进提高社区戒毒社区康复质量。

（三）戒毒社会化延伸工作保障不到位

一是缺乏专门负责的工作机构。目前从全国情况看，除个别地方成立社戒社康指导处，负责指导和协助本行政区域内的社戒社康工作外，大部分地方的戒毒社会化延伸工作都没有专门的机构负责，导致难以按照规定配齐配强工作人员，基本上都是由相关业务处室工作人员轮流兼职，紧缺的人力难以保证戒毒社会化延伸工作开展的及时性和有效性。二是财政保障不充分。必要、足够的经费保障是戒毒社会化延伸工作开展的关键。根据现有的制度规范，司法行政戒毒工作的经费主要用于场所内，而用于开展戒毒培训、调查回访、指导社戒社康、后续照管等工作的经费缺乏专门的资金支持，直接影响了戒毒社会化延伸工作的深入开展。

（四）戒毒康复所作用发挥不够充分

戒毒康复所是戒毒工作社会化延伸的重要载体，然而近年来受主客观原因和多种因素影响，全国的戒毒康复所普遍面临着“收人难、留人难”的困境，戒毒康复所作用未得到充分发挥，戒毒社会化延伸工作面临着挑战。一是宣传推广不够，社会影响有限。戒毒康复工作的知晓率不高，一些社会吸毒人员、强戒人员及其家属对戒毒康复工作存在不了解、甚至误解的情况，到戒毒康复所戒毒康复的积极性不高。二是与社戒社康的衔接有待进一步加强。据了解，各地对社戒社康进行支持指导主要依托于强戒所，戒毒康复所的参与仍需进一步深入。同时，在积极收治社戒社康人员，帮助解决地方社戒社康人员执行难方面没有达到预期效果。三是未充分挖掘和调动戒毒康复所资源。实践中，一些戒毒康复所处于收治低位运行状态，还有一些戒毒康复所受疫情影响暂停收治戒毒康复人员，所内场地、设施等资源闲置、警力相对富余，资源未得到合理有效利用。

（五）社会力量参与不足

目前，戒毒工作社会化延伸以政府部门推动为主，社会团体、组织或个人参与的积极性不高。究其原因，一是对戒毒人员的帮扶救助尚未形成社会共识。社会偏见、“标签效应”使得大部分社会公众对戒毒人员存在“害群之马”“社会败类”等比较负面的评价，部分单位因担心社会舆论对帮扶救助工作顾虑重重而“不愿帮”“不敢帮”，还有的因不具备有关戒毒知识和技能、方法而“不会帮”。二是戒毒社会化延伸工作的宣传普及尚不够全面深入，社会团体、组织或个人对戒毒社会化延伸工作及其重要意义缺乏了解和认识，参与的积极性不高，主动性不强，现有的社会资源得不到有效整合。

三、深化戒毒工作社会化延伸的设想与建议

（一）完善法律法规

根据戒毒工作的新形势新发展要求，适时对禁毒法、《戒毒条例》

部分条款予以必要的修订和完善，研究制定配套的法规规章、工作制度，从根源上破解戒毒社会化延伸工作的瓶颈制约。一是明确统一强制隔离戒毒执行。按照党的十八届四中全会提出的“理顺行政强制执行体制”的要求，加快推动决定权和执行权分离的体制改革，将现行的公安、司法行政机关共同履行强制隔离戒毒职能，改革为由司法行政机关统一管理的强制隔离戒毒执行体制，促进戒毒工作社会化延伸更加统一、规范、有效。二是细化司法行政戒毒部门指导支持社戒社康的具体规定。除《全国社区戒毒社区康复工作规划（2016—2020年）》所确定的“加强对社戒社康人员的法制教育，做好解除强戒人员出所时与社戒社康机构的衔接工作”外，司法行政戒毒部门指导社戒社康还应包括：协助对社戒社康人员的风险评估，包括复吸风险和社会危害风险评估；对社戒社康人员进行拒毒技能、心理咨询、危机干预、预防复吸训练、社会适应性训练等方面的技术支持；为戒毒人员家属、社区工作者、社会志愿者提供专业技能培训和咨询；帮助协调就业安置和帮扶救助；等等。三是赋予后续照管明确的法律地位。在法律框架内对解戒人员回归社会的衔接帮扶作出明确规定，切实解决后续照管的法律依据问题。四是司法部研究制定关于开展戒毒社会化延伸工作的规范性文件。充分吸收目前戒毒社会化延伸实践中可借鉴、可复制、可推广的工作经验和做法，就开展此项工作的目的原则、组织机构、人员配备、工作职责、工作措施、经费保障、评价考核等予以明确，为开展戒毒社会化延伸工作提供规范依据。

（二）优化工作机制

一是完善协作配合机制。国家层面由禁毒委统筹全局，建立司法行政、公安、卫健等多部门共同参与的协同会商管理机制，定期召开工作协调会，积极沟通，梳理分析、协调解决戒毒人员的后续照管、社戒社康、社会支持等问题，推出重大措施，强力推进实现戒毒工作“一体化”。地方层面由党委政府主导，建立戒毒场所、公安派出所、社戒社康机构等参与的联席会议制度。以加强有效对接日常工作为重心，互通情况，研判问题，提出方案，推进落实，促进戒毒工作社会化延伸科学、规范、常态运行。[①]二是健全考核机制。各级政府要推动落实戒毒社会化延伸工作纳入社会治安综合治理和平安建设考评体系，厘清职责，建立督查检查和奖惩制度，督促各有关部门履职尽责。司法行政戒毒机关主管部门要将戒毒社会化延伸工作纳入戒毒工作考核内容，建立和实施科学合理的戒毒社会化延伸工作考评办法，可以考虑将出所衔接率、跟踪照管率、解戒人员的操守率、复吸率等作为考核的重要指标，督促戒毒所做好相关工作。涉及戒毒工作社会化延伸协作机制的各成员单位也应将相关工作纳入考核内容，督促落实相关工作责任。三是建立信息共享机制。省（自治区、直辖市）戒毒管理局进行省级层面协调，戒毒场所以吸毒人员信息平台与出所衔接制度为依托，与强制隔离戒毒原决定机关、戒毒康复人员户籍地或者居住地公安派出所、乡镇（街道）、社戒社康工作站等相关部门建立信息联动共享制度，能及时查询、核实戒毒康复人员信息、现实状况、就医就学、维持治疗等情况，并能将戒毒康复人员有关信息及时准确地推送给公安机关和所在乡镇（街道）、社区。在此基础上，建立健全戒毒系统和社区矫正机构、监狱、看守所等部门之间信息的互联互通，推进解决数据孤岛问题，促进戒毒工作融入社会治理大局。四是积极探索异地托管机制。考虑到戒毒人员流动性大，很多戒毒人员处于“人户分离”的特点，建议建立异地衔接制度，推行委托管理服务模式，以流动戒毒人员接收地主管单位作为主要牵头方开展资料审核、申报对接、确定接收、建档录入等主导工作，户籍地主管单位作为协作方提供相对应信息和核准等工作，通过互通戒毒人员信息、协助落实吸毒检测、就业安置、帮扶救助政策、进行危机干预、提供家庭情感和社会关爱等方面的指导，实现戒毒回归人员管理服务全覆盖，降低因流动造成的脱管，减少其复吸可能。五是建立所内戒治技术向社会推广应用的工作机制。总结提炼行之有效的戒治技术和方法，形成规范化、可操作、易推广的戒治项目向社戒社康、社区矫正等领域延

---

① 吴强等:《司法行政戒毒机关做好戒毒人员回归社会衔接工作预防重新违法犯罪的思考》，载《中国司法》2021 年第 6 期。

伸拓展。可先因地制宜，采取线上线下结合的方式开展推广试点。同时，编制《戒治项目 / 技术指导手册》，对从事社戒社康、社区矫正的管理人员、戒毒志愿者等分类分批进行戒治技术指导和培训，进一步提高他们的戒毒专业技能，为深化推进戒治项目的推广应用奠定基础，逐步实现戒治技术对外延伸的常态化。

（三）夯实工作保障

一是强化组织保障。从省戒毒局到各戒毒所都要建立推进戒毒社会化延伸工作组织领导体系，设置专门机构，成立专业队伍，明确责任部门，细化工作职责落实。可依托司法行政安置帮教网络资源，建立衔接帮扶、后续照管等工作网络，推动将后续照管纳入乡镇（街道）网格化管理。二是加大经费保障。积极推进戒毒社会化延伸工作融入经济社会发展大局，争取党委政府支持，将用于指导社戒社康、后续照管等社会化延伸工作的经费纳入地方财政预算，设立专项资金，依法依规划拨，足额保障使用，坚持经费保障动态增长，推动戒毒社会化延伸工作长效运行。

（四）进一步发挥戒毒康复所的作用

一是广泛扩大戒毒康复所的社会影响。通过各种方式和途径，全方位、多角度宣传戒毒康复工作。利用“云课堂”播放收治宣传片，面向强戒人员群体宣传推介戒毒康复工作，通过戒毒康复所提前介入宣传、开展戒毒康复体验等多种方式，让戒毒人员充分了解戒毒康复工作，争取解戒人员自愿到戒毒康复所生活、工作，实现强制隔离戒毒与戒毒康复的衔接；同时，依托戒毒康复场所，将解戒人员逐步纳入戒毒康复场所的后续照管工作中。以喜闻乐见的方式向社会吸毒人员及其家属进行宣传，组织他们参观戒毒康复场所，通过微博、微信、热线电话等方式答疑解惑，让他们充分了解戒毒康复的意义、作用和福利，戒毒康复与强制隔离戒毒的区别，推动接受戒毒康复工作，愿意到康复场所。二是积极探索服务社戒社康工作。与地方政府职能部门紧密合作，深入街道和乡镇指导支持社戒社康工作，将戒毒康复工作服务地方“无毒社区”建设。探索社戒社康人员委托管理机制，为委托管理的社戒社康人员提供系统专业的戒治管理服务，提高管控戒治效果。2020年，湖南省戒毒管理局争取省禁毒办支持，制定《湖南省吸毒人员指定场所戒治管理试点工作方案》，指定省白泥湖戒毒康复所对全省试点县市区的社会面自愿戒毒人员、初次查获的吸毒人员、无家可归无业可就无亲可投的社戒社康人员，以及拒绝报到、严重违反协议的社区戒毒人员（限首次）进行集中戒治管控、免费戒毒，是一个值得肯定和借鉴的做法。三是充分挖掘自身资源潜力，主动延伸社会职能。利用好戒毒康复所场地、设施、人员、专业等优势，探索建立集戒毒康复、职业技能培训、就业安置和禁毒宣传教育等功能于一体的综合性戒毒康复场所。加强与当地人事部门的联系协调，利用国家职业技能培训补贴，开办职业技能培训，为戒毒康复人员就业创业提供技能保障。与企业合作建立就业安置基地，为戒毒康复人员提供就业平台，解决生活出路。设立禁毒戒毒教育基地，全方位向社会公众，尤其是青少年开展禁毒戒毒（警示）宣传教育。与高等院校、科研院所、医疗机构等开展深度合作，联合开展戒毒医疗、精神医疗、身体康复、心理矫治等方面的研究及戒治项目的研发，组织对戒毒警察、自愿戒毒机构工作人员、社戒社康工作人员、戒毒志愿者等开展戒毒业务培训。

（五）加强社会力量参与

一是扩大宣传、提升认同感。充分利用电视、广播、网络等媒体，树立正面典型。通过戒瘾成功且保持操守的戒毒人员“现身说法”，让大众感受到成功戒瘾者的改变，促使大众转变原有观念，减少对戒毒人员的歧视和偏见，提升对戒毒人员的接纳，愿意去关爱戒毒人员，达成“应帮、愿帮”的帮扶共识，吸引更多社会力量关注、理解、支持、融入戒毒社会化延伸工作，最大程度减少因社会歧视而导致的复吸及因复吸引发的违法犯罪。二是鼓励发展志愿服务。针对当前戒毒社会化延伸工作在医疗、心理、法援、戒治专业化方面的迫切需要，择优吸纳专业志愿力量，支持鼓励文化水平高、经验丰富、热心戒毒工作的专家学者、社区居委会成员和老党员、老干部参与戒毒人员社会化延伸工作，充分利用他们的优势，配合专职工作人员对解戒人员、社戒社康人员开展戒毒指导、心理援助、社会帮教、救助服务等工作。三是加大专业机构参与戒毒社会化延伸工作的力度。通过政府购买服务、委托项目等方式，将解戒人员出所接送、管理帮扶、定期回访等职责纳入现有服务特殊人群社会组织的工作内容和项目化运作中，让具备资质的专业社会组织参与完成部分戒毒人员社会化延伸工作内容。支持禁毒公益组织和社会力量投资建立集戒毒、康复、培训、劳动、就业、创业、救助于一体的戒毒人员就业创业孵化基地，鼓励爱心企业带项目入驻孵化基地，为戒毒人员提供就业服务和技能培训。[①]对主动吸纳解戒人员的爱心企业授予荣誉，给予一定程度的减免政策或适当资金补贴，激发企业动力。

---

① 李振玉:《司法行政戒毒机关指导支持社区戒毒、社区康复工作思考》，载《犯罪与改造研究》2018 年第 11 期。

关于对强制隔离戒毒人员进行半结构式访谈的应用

李栩栩 *

对话是人际互动的基本模式之一，访谈则是一种有结构和目标的对话。① 在社会科学研究领域，访谈法是最重要的调查方法之一，在质性研究和量化研究中均可使用。侧重描述性的访谈通过勾勒受访者的日常生活，可作为扎根理论的经验基础，也可用于检验理论假设，还可作为实证研究和理论研究的背景材料；而侧重于探索的访谈研究则能够帮助研究者发现新思路和新问题。

在有关强制隔离戒毒人员（以下简称强戒人员）的研究中，访谈作为收集材料的方法逐渐受到研究者的重视，其中又以半结构式访谈的应用为主。如刘柳、段慧娟② 通过对强制隔离戒毒所（以下简称强戒所）中 46 位女性吸毒者进行的半结构式访谈，比较了传统毒品使用者和新型毒品使用者在毒品认知、对毒品的态度、生活经历与吸毒历程等方面的异同。潘敏、邓忠汉、刘剑③ 将访谈强戒所内（上海）青

---

* 李栩栩，司法部预防犯罪研究所戒毒工作研究室助理研究员。

① [丹麦] 斯丹纳 · 苛费尔、斯文 · 布林克曼：《质性研究访谈》，范丽恒译，世界图书出版公司 2017 年版，第 3、52 页。

② 刘柳、段慧娟：《中国女性吸毒者的群体异同研究》，载《江苏社会科学》2017 年第 4 期。

③ 潘敏、邓忠汉、刘剑：《上海青浦区戒毒人员田野调查》，载《犯罪与改造研究》2015 年第 10 期。

浦籍戒毒人员作为方法之一，用于调查该辖区戒毒人员的特征。但整体来看，目前对半结构式访谈在强戒人员研究中应用的介绍和讨论仍相对较少。基于此，本文将结合笔者对强戒人员进行访谈的经历，谈谈对作为研究方法的半结构式访谈的思考。

一、访谈的类型

关于访谈的认识论。斯丹纳·苛费尔和斯文·布林克曼[①]认为研究性的访谈是可以产生知识的活动，问题在于如何定义这种知识的类型，即认识论问题。两位学者将访谈员分别比作矿工和旅行者。前者将知识视作已经存在正等待被发现，收集数据正如同矿工挖掘地下金属，突出访谈作为知识采集的过程；后者则是侧重访谈作为知识构建的过程，如同旅行者受旅途中的见闻启发对先前认识的重新思考，接近人类学和后现代建构主义的取向。这种观点认为访谈不仅是搜集资料的手段，还兼有对资料进行评价和解释，与分析交织在一起，成为研究的一个环节[②]。不同的认识论将会引导研究者采取不同的访谈概念和实践模式，进而具体到问题的使用、访谈分析的形式等。

关于访谈的分类。由于研究问题、目的或群体的差异，访谈可依照不同标准被进一步划分为不同类型。目前，社会学研究中比较常用的一种分类方法是按照对访谈过程的控制程度将其分为结构式访谈和无结构式访谈。前者也被称作是标准化访谈，“对所有受访者提出的问题、提问的次序和方式、以及对被访者回答的记录方式等是完全统一的。为使这种统一性得到保证，通常采用事先统一设计、有一定结构的问卷进行访问。”[③]因此，该访谈的结果可用于量化的统计分析，是统计调查的手段之一，可与自填式问卷对照理解。无结构式访谈则与

---

① ［丹麦］斯丹纳·苛费尔、斯文·布林克曼：《质性研究访谈》，范丽恒译，世界图书出版公司 2017 年版，第 3、52 页。

② 杨善华、孙飞宇：《作为意义探究的深度访谈》，载《社会学研究》2005 年第 5 期。

③ 袁方主编：《社会研究方法教程》，北京大学出版社 2004 年版，第 268 页。

之相反，研究者和受访者围绕一个题目自由交谈，所提问题是随着访谈进行而即时产生的，充分发挥双方的主观能动性。

半结构式访谈则兼具二者的特点，形式机动或结构较为松散，但有重点和焦点问题。在操作层面表现为，既有就研究问题某些方面而事先准备的提问，又给予研究者和受访者互动的空间，不仅使研究者得以追问，尽可能去澄清或扩充访谈内容，也让受访者能更充分地表达观点。

综上，本文中所讨论的"半结构式访谈"将采用斯丹纳·苛费尔和斯文·布林克曼的定义："以描述受访者生活世界为目的，并对所描述现象的意义作出解释的一种访谈方法。"①

二、半结构式访谈在强戒人员研究中的优势

就作为研究对象的强戒人员而言，其是在不同语境下有着外界给予的"他者性"和诸多标签的群体。例如，吸毒人员的三重属性，既是违法者，也是毒品受害者和成瘾病人。他们被建构，同时也在实现建构的再生产。强戒所的干警们曾告诉笔者："每个强戒人员都是有故事的人。"但如果研究者对该群体的接触和研究积累较少，即社会距离较远时，可能会更倾向于归纳性的结论和统一的理论，被脸谱化的认识所禁锢，从而忽略强戒人员作为主体的叙述、体验和感受，导致对"深度事实"的认识被"表面事实"所误导。基于韦伯对社会行动的观点，强戒人员的行动是被其自身赋予了某种主观意义的，这就需要研究者去理解阐释，但不是仅仅站在自身的立场上，也不是将自己的想法加于强戒人员之上，而是需要给出一种符合强戒人员本意的解释。从这个角度来说，对强戒人员的研究离不开半结构式访谈。该研究方法通过拉近与访谈参与者之间的社会距离，使研究者最直观地去了解受访者深藏其中的个人经验和主观叙事，了解他们的行动以及其对行动意义的解释，以透过更多的细节知识去掌握"表面上简单直接

---

① 袁方主编：《社会研究方法教程》，北京大学出版社 2004 年版，第 268 页。

的事实在实际上是如何更为复杂的”[①]。

就研究的实际操作而言，大多数研究者是带着问题走近强戒人员的，因此半结构式访谈更具实用性和可操作性。一是时间相对灵活，可根据访谈现场的进展适当延长或是缩短。结构式访谈的时间比较固定，如果事先设计的内容较多且在不同场所进行，那么需要保证每次访谈的时间充足，否则会影响填答效果；无结构式访谈的时间则不固定，多数情况下比半结构式访谈费时，对研究者的时间投入要求较高。二是人、财、物的投入相对适中，成本可控。与一般用于大规模调查的结构式访谈不同，半结构式的访谈对象数量一般少于前者，因此在准备、实施和后期清理分析等阶段所需费用也相对少一些。

三、半结构式访谈的操作步骤

访谈前的工作：一是确定研究主题，明确研究目的和研究内容。研究方法根本上是要服务于研究问题的。二是进行研究设计，结合相关的背景材料准备访谈提纲，并确定去哪里寻找受访者。三是考虑将会影响访谈的环境性因素。以访谈强戒人员为例，因强戒人员要参加身体康复、学习教育、生产劳动等多种戒治活动，所以在了解他们在所内大致生活安排的基础上，尽量将访谈安排在受访者相对空闲的时间段，这将有助于保证访谈时间、提高访谈效率。四是确定具体的访谈对象。

可采取两种选择策略：一是依据研究问题选取典型案例，即该受访者尽量多地拥有与研究主题相关的信息，追求信息饱和。例如，在对吸毒者毒品使用行为的研究中可以选择吸食毒品种类较多和吸食方式较多的强戒人员作为访谈对象。二是求异法。如在年龄、教育背景、染毒原因等方面各异，最大限度地体现不同受访者间的差异。如果说第一种是在同一类别下纵向搜集资料，那么第二种则是力图横向收集不同类别的资料。

---

① 杨善华、孙飞宇：《作为意义探究的深度访谈》，载《社会学研究》2005年第5期。

对于强戒所外部的研究者而言，进入场所后选择访谈对象可主要通过两种途径：一是根据强戒人员名单或是文书档案自行选择，但耗时较长且需要人手协助；二是请场所干警根据选择标准推荐合适的受访者。此外，在强戒人员的相关研究中，场所干警也可作为访谈对象，且不同工作经历和岗位的干警能够提供不同视角的参考资料。职能科室如管理科、教育科的干警对全所整体情况较为熟悉；大队负责直接管理的干警则对具体强戒人员的个人信息了解比较全面，有时可帮助研究者对受访强戒人员的信息进行交叉验证或补充其他情况。

访谈中的工作：在访谈开始时，可以先请场所干警简要介绍一下研究者和访谈的目的，帮助受访的强戒人员缓解紧张或焦虑的情绪，然后研究者自己再进一步说说访谈的背景信息等相关内容。如果有需要使用录音、录像等辅助器材，应在受访者知情同意后开启。如果受访者的表现比较放松，那么研究者可以根据访谈提纲的设计进入正题，但如果对方仍比较紧张，那么可先从轻松的寒暄式问题切入，营造出对话的氛围。访谈过程中研究者应积极倾听，理解、尊重受访者的叙述，鼓励其描述经历和表达想法。在访谈结束前，可以询问受访者是否还有其他想说的事情，可能会对之前内容有所补充，也可能会获得新的信息。

访谈后的工作：结束访谈后的首要工作是整理访谈资料，即通过转录将口述材料转录为文字稿；其次是对访谈所收集资料进行语言分析、意义分析或理论分析；最后在前述工作的基础上形成报告或其他成果。

本部分对半结构式访谈的操作步骤进行了介绍，但作为研究者应该意识到，由于自身与受访者的互动持续整个访谈过程，且访谈内容具有灵活性和延展性，对受访的强戒人员来说，难免会有防备心理，并且会在访谈过程中对研究者的肢体动作、语言表达进行揣摩，以此来调整自己的叙述。对于研究者来说，半结构式访谈对其观察、交谈和控制谈话局面的能力要求较高，在与受访者的互动过程中要能敏锐捕捉并理解对于受访者而言有重要价值和意义的线索，在难以复制的谈话情境中及时地跟进、挖掘。所以即使有一定的技术指导原则，也需要研究者在长期不懈的调研中探索、积累经验，获得、磨炼访谈技术。

四、影响半结构式访谈质量的因素

访谈的成功与否与访谈质量息息相关，即所获得信息和知识对于研究问题而言是具有说服力和较高价值的。因此本部分将重点探讨访谈过程中影响访谈质量的有关因素，同时也是提高访谈质量的突破口。

（一）研究伦理问题

不同于场所干警与强戒人员的日常谈话，使用作为研究手段的半结构式访谈时应考虑研究伦理问题，这不仅是学术规范的要求，也是促进研究者与作为访谈对象的强戒人员互动、保证访谈质量的重要条件。

其一，因研究者确定访谈主题、提出问题、进行追问，访谈中包含一种不对称的权力关系。尤其在强戒所内对强戒人员进行访谈时，他们作为被行政强制措施处置的违法对象，处于相对弱势的地位。其二，访谈内容的敏感性。访谈可能会涉及受访者其他违法犯罪事实或是不被社会所认可的越轨行为，比如婚外情、性关系混乱等。因此，要通过对伦理的考虑和实施来尽可能地减轻受访者的心理负担和压力，推进访谈的深入。

有学者提出，结合中国现状，在实际操作中至少要做到以下三点：知情同意、尊重与平等、无伤害与受益。①

知情同意指研究者必须使受访者了解关于研究所有的必要信息，可通过书面或口头形式，并在理解后同意自愿参加，且在访谈过程中可随时退出。

尊重与平等指研究者以平常心对待受访者，不要摆高高在上的姿态也不要刻意同情关照。进入访谈后，研究者暂时“悬置”自身的道德判断和先验立场，进入受访者的日常系统中对其进行“投入的理解”

---

① 《中国社会调查中的研究伦理：方法论层次的反思》，载黄盈盈、潘绥铭：《我在现场：性社会学田野调查笔记》，陕西人民出版社 2017 年版，第 337 页。

和“同感的解释”。[①]比如，在访谈时有时会涉及他们吸毒、赌博、嫖娼等违法行为，这个时候研究者应该将重点放在了解其行为发生时的情境，了解行为的前因后果和受访者自身的逻辑，而不是转向对受访者进行严厉地批评教育或是“道德审判”。

无伤害与受益。无伤害即避免对受访者造成有形和无形的伤害，如身体伤害或是精神创伤。首要即是“保密”，不泄露受访者的名字及其他可识别其身份的信息，如家庭住址、工作单位等，尤其是在公开发表研究成果时要做匿名处理。此外，鉴于访谈多在强戒所内进行，研究者还应注意访谈应以不影响场所安全、不扰乱场所秩序为前提，避免对干警管理和教育工作造成严重负面影响。在做到无伤害的基础上，研究者可以考虑通过信息或是情感上的交流使受访者受益，比如访谈后提供简单的法律问题咨询、聊聊家常等。

（二）访谈中的技巧运用

访谈中的技巧大多与人际互动以及研究者本身的人际交往技能有关，比如所提问题的措辞、提问时的语调、适当的停顿、善解人意的倾听、融洽的访谈环境等。下文选取访谈问题和访谈语言两个方面作为重点进行讨论。

1. 访谈问题的类型

问题不仅对于获取信息非常重要，在访谈过程中还具有调整节奏、推动进度等重要的功能性作用。斯丹纳· 苛费尔和斯文· 布林克曼[②]划分了九种类型的问题，分别是：导入性问题、追踪性问题、探索性问题、具体性问题、直接性问题、间接性问题、结构性问题、沉默性问题、解释性问题。其中，追踪性问题和解释性问题是半结构式访谈区别于结构式访谈的主要特点。前者可通俗理解为“第二个问题”，意在扩展受访者对上一问题的回答，研究者可以通过语言直接追问，也

---

① 杨善华、罗沛霖、刘小京、程为敏：《农村村干部直选研究引发的若干理论问题》，载《社会学研究》2003 年第 6 期。

② ［丹麦］斯丹纳· 苛费尔、斯文· 布林克曼：《质性研究访谈》，范丽恒译，世界图书出版公司 2017 年版，第 97、144、145 页。

可以通过点头、“嗯”或是简短停顿来促使受访者继续说下去。后者则是试图确认或澄清受访者对之前问题的回答，或是对前后矛盾的叙述进行再确认，比如可以问：“你刚才所说是……意思吗？”

结构性问题则是研究者通过转向下一讨论主题从而控制访谈进程的手段。有时受访者的谈话会偏离主题，这时研究者可以先简单概括受访者的意思，然后重新回到访谈主题上来：“现在我们来谈谈另一个话题吧。”

访谈过程中，如果研究者不停地发问则很有可能使受访者感到自己似乎是在被盘问甚至讯问，因此有时可以利用“沉默”来调整访谈节奏，同时也有助于受访者的充分表达。因为有些现象和问题是只有研究者才关心的，并且需要经常地思考才会有答案，受访者初次接触很有可能从来没有考虑过，不能很快给出答案也是可以理解的。而且对于某些受访者来说，需要思考和叙述的时间比较长，“话赶话”式的访谈很有可能让他们选择尽量简化自己的回答，无形中就会遗漏某些有意义的信息。

2. 访谈的语言

研究者有时会习惯于使用理论性的语言来表达，但在实际访谈过程中对语言的使用要考虑受访者的特点，用受访者的日常用语来表述问题，一是提高沟通的效率，二是缩小距离感，建立互信。在访谈强戒人员的过程中，笔者发现口语化、通俗易懂的表达方式更容易被对方理解，比如“上了几年学”的表述比问“受教育程度是什么”更生活化，受访者基本不需要先确认问题是什么意思就能够直接回答。此外，要尽量多地掌握强戒人员的常用“术语”，比如与吸毒相关的。有强戒人员会用“热的转凉的”来指代从海洛因转为冰毒，“溜拐了”则多被冰毒使用者用来形容吸毒后的异常行为。

对受访者话语体系的熟悉不仅有助于对其行动和态度的理解，而且在访谈中会有减轻受访者防备心理的“破冰”效果。因为当他认为研究者并非一无所知，而是有所了解的时候，对有些问题也就没必要遮掩了。除口头语言之外，还应在访谈过程中关注受访者的神情、肢体动作等身体语言。考虑到受访者对录音的顾虑，笔者在强戒所内访谈时多用纸和笔记录。有时就会发现，当记录时，受访者的眼睛会一直盯在笔上，语速放缓。这种身体语言暗示了对方在意记录行为，并因此影响了他的回答。所以，后来笔者尽量减少记录次数或是缩短记录内容，事后再进行整理。

五、对采用半结构式访谈强戒人员的反思

讨论访谈法尤其是半结构式访谈，关于资料的“真假”问题无法回避，尤其是面对表演性、欺骗性相对较高的强戒人员群体，该如何理解“获取的资料究竟是不是真的”这个问题？

从受访者的叙述而言，我们要承认其本身并不是没有问题的，“讲述与真实的生活之间是存在距离的”。[①]受访者有其自身的立场和价值观，身处的情境（如在强戒所内）必然会影响他的叙述内容和方式，有些是可以在访谈过程中观察到的，有的则需要访谈之外的信息拼凑或是验证。比如在条件允许的情况下通过查看受访强戒人员的档案资料、与场所干警沟通了解等方式进行。当把访谈作为收集资料的手段时，辨别真假后就结束了。但在作为理解受访者行动和态度方法的访谈中，我们应该意识到即使为“假”的叙述也是“真实的谎言”，因为这种情况揭示的不是受访者所要隐藏的行动的意义，而是受访者对说假话这一行动所赋予的主观意义，隐含着受访者对潜在风险的构建和对个体责任的想象[②]，即说谎背后的动机。对强戒人员而言，既有与其他群体相似的特征，也有因身处强戒所这一特殊环境而具有的差异性。

从表态文化的影响来看。表态文化指在公众场合表示顺从主流文

---

① 杨善华、孙飞宇：《作为意义探究的深度访谈》，载《社会学研究》2005 年第 5 期。

② 《中国社会调查中的研究伦理：方法论层次的反思》，载黄盈盈、潘绥铭：《我在现场：性社会学田野调查笔记》，陕西人民出版社 2017 年版，第 335 页。

化的态度，[①]以降低暴露风险、消除自身责任，这一情况在访谈中并不少见。举个具体的例子，大多数强戒人员都会被问这个问题："你为什么吸毒？"在笔者接触过的受访者中，大多数人第一次的回答都是"好奇"。这种说法比较符合目前社会对吸毒原因的主流想象，而且是一个"安全""模糊"但又能让人接受的回答，不会过多地暴露强戒人员可能存在的背离社会主流的行动。这种情况下研究者可以换个角度侧面追问，比如受访者第一次吸毒的情境，让对方尽可能详细地描述，通过其叙述来获得更加丰富的信息。

从强戒场所的情境影响来看。对强戒人员在访谈中的语言及行动的意义一定要将其放入情境中加以理解，其中来自强戒场所的情境影响容易被忽略。上文所述的不对称权力关系是一方面，另一方面则是关于强戒人员根据情境所做的基于理性计算的表达。以强戒人员的文化程度为例，既存在强戒人员因为虚荣心而高报学历的情况；同时也有低报学历的情况。有强戒人员在第一次被强戒时报告为初中，但第二次被强戒时登记的文化程度却变成了小学。通过访谈笔者了解到这是因为强戒人员的学习任务根据其受教育程度高低而不同。基于场所对教育矫治措施的设计，"低报学历"就是该受访者为减轻学习任务而采取的策略性行动。虽然与研究者的访谈并不会影响其所内学习任务的多少，但是为了保持信息的一致性受访者会选择提供虚假的情况，所以在讨论访谈质量时应意识到受访者与其身处情境互动所可能产生的影响。回到上文韦伯对社会行动的观点，即"假学历"其实隐含着行动者所赋予的"真意义"。这也是为什么我们要探讨并不断反思对强戒人员的访谈研究，这对半结构式访谈在以违法犯罪群体为受访者或是在其他监管场所中的应用都具有重要的参考价值。

---

① 《中国社会调查中的研究伦理：方法论层次的反思》，载黄盈盈、潘绥铭：《我在现场：性社会学田野调查笔记》，陕西人民出版社 2017 年版，第 335 页。

基础工作 研究

JICHUGONGZUOYANJIU

疫情下监狱心理危机干预若干问题思考

叶勇豪　周　勇　谢晓燕*

新冠疫情在危害人们生命安全和身体健康的同时，还极易引发情绪障碍和心理创伤等心理危机。与一般社会人群相比，监狱警察和罪犯人群因疫情诱发的心理危机在一定程度上可能更为复杂和特殊。本文拟对疫情下监狱心理危机干预的本质内涵、必要性、科学化和长效机制等问题进行探讨，以期为科学有效开展疫情下监狱心理危机干预工作提供理论支持。

一、疫情下监狱心理危机干预的本质内涵

为了科学有效开展疫情下监狱心理危机干预工作，首先必须准确理解和深刻把握心理危机干预的本质内涵。

心理危机干预的本质内涵可以从唯物辩证法和进化心理学的视角加以分析。从辩证和进化的角度看，“危机”一词包含危险的同时也蕴藏着机遇。心理危机产生的生物学基础是人的应激反应机制，它是人类神经生理系统进化的产物。纵观人类应激反应机制整个演化历程，无不体现“危”和“机”二者的对立统一，相互依存，彼此转化。在大脑由简单到复杂的漫长进化过程中，人类神经生理系统逐渐固化了一套“战—逃—僵”的生理应激反应机制和包含了基本情绪和社会情

* 叶勇豪，司法部预防犯罪研究所戒毒工作研究室助理研究员；周勇，司法部预防犯罪研究所副所长、研究员；谢晓燕，司法部预防犯罪研究所监狱工作研究室助理研究员。

绪的心理应激反应机制，主要起唤醒身体、警报提醒、示威御敌、示弱求助的作用，以更好地提高警觉、规避风险、促进社群成员间的联结合作，从而提高生存概率。可见，正是外部风险催生了起预警和保护作用的应激机制。然而，随着人类文明全面高速发展，“洪水猛兽”不再是主要的应激源，取而代之的是客观世界快速、复杂的变化所造就的不确定、不可控的威胁与压力，而神经生理的演化迭代因进化的自身规律不可能一蹴而就，这就导致人类的生理进化远远滞后于生存生活环境的变化，使原本具有预警、保护作用的神经生理系统长期、超负荷运转，应激反应机制变得脆弱、敏感，当突发超常应激事件时，很容易出现“失调”或“失衡”。[①] 此时，生存环境变化又使积极的心理应激反应转化成了心理危机。总的来看，人类心理危机的出现充分体现了事物发展的对立统一、否定之否定和质量互变规律，即外界威胁催生内在保护机制，威胁随着生存环境变化而改变，保护机制失效并因此造成心理危机。

心理危机干预的本质内涵应包含“化险”和“赋能”两方面内容。一方面，应激事件触发人们的应激反应机制，对其认知、情绪和行为层面造成不同程度的负面影响，出现各种各样的心理情绪问题、急性应激障碍和创伤后应激障碍。因此，心理危机干预的首要目的是“化险”，保障干预对象的安全。具体来讲就是解决、治疗已造成的心理情绪问题或障碍，避免二次心理创伤，控制心理危机的波及范围，防止因心理危机诱发集群行为，最大限度降低伤害损失。从这个意义上讲，“化险”这一目的主要体现在应急状态下的紧急心理救援当中，具有救治、紧迫、被动、针对性强等特点。

然而，应当看到，化险为夷只是基础，要使心理危机干预不仅有效而且高效、可持续，还应该做到以人为本，授人以渔。这就引出了心理危机干预的另一方面内涵——“赋能”，即通过调动、挖掘并利用自身在学习、应对、适应等方面的潜在能力，将不利因素转变为学习

① 贾兆宝：《汶川地震后儿童和青少年心理危机和生命质量随访调查及相关对策研究》，第二军医大学 2013 年博士学位论文。

资源，增长可迁移应对其他危机和挫折的本领，增强心理韧性。可见，“赋能”是应激事件后心理救助的核心，具有恢复、主动、赋能、发展、可迁移等特点。需要指出，“化险”与“赋能”贯穿于心理危机干预过程的始终。“化险”既是应急阶段心理救援的目的，又是恢复重建阶段的心理救助所要遵循的原则，即心理重建的过程中始终要保障干预对象的安全，避免因不恰当的干预手段使其再次陷入危境。类似地，“赋能”也不单单是应急阶段的心理救援应该达到的目的，同时也是心理恢复需要遵循的原则，即在协助个体疗愈、化险的同时，也应激发个人潜能、培养心理灵活性、提升抗逆力，为应对未来危机、恢复新生活增加“免疫力”，真正意义上实现“赋能”之目的。

在实践中，一些包含辩证思维的人本主义或积极取向的心理治疗技术被证明对于心理危机具有较好疗效。例如，以正念为基础的辩证行为疗法、接纳与承诺疗法都主张通过在接纳和改变之间寻找辩证统一的平衡来达到治疗目的；接纳与承诺疗法和焦点解决短期疗法还抓住了语言对意义建构的关键作用，通过引导干预对象对挫折、负性认知情绪重新赋义的方式达到积极赋能之目的。从世界范围内心理危机干预的发展趋势来看，倡导“赋能”的预防性干预因其具有更长远的效益而越来越受到重视①，并逐渐成为心理危机干预的工作核心。

综上所述，笔者认为，现代人的应激反应机制随着生存环境的巨大变化变得脆弱且敏感，在应激刺激过大时容易出现“失衡”进而导致心理危机。科学的心理危机干预应抓住两方面：一是在心理危机出现后积极寻求解决；二是通过锻炼、修复应激反应机制以提高自身应对危机的能力。就监狱心理危机干预而言，也应具有“化险”和“赋能”这两个本质内涵。在“化险”方面，除解除罪犯心理危机、维护其身心健康以外，还应起到避免罪犯发生暴力冲突、越狱脱逃以及自杀等危害监狱安全稳定的作用。在“赋能”方面，除了提升罪犯心理危机应对技巧和心理灵活性，也促进了他们的心理成长和人格健全，

---

① 王丽莉：《突发事件心理援助体系的建设》，中国社会出版社 2009 年版，第 85、86 页。

这对于罪犯的改造无疑具有重要作用。

对于监狱心理危机干预的本质内涵的全面把握有助于我们更好地开展这项工作。比如，实践中疫情下监狱心理危机干预工作很多是为应急而组织实施的，更多考虑短期目标与即时效益，而对长期效益重视不够。究其原因，可能是对心理危机演化规律把握不够准确，对心理危机的预防预警和心理功能的恢复重建在心理危机干预机制中的重要作用认识不够充分，将更多注意力集中在如何"化险"上，而对"赋能"重视不足。基于这一理解，疫情下监狱心理危机干预的概念应该是广义的，即对罪犯和狱警所采取的一系列干预环节，包括危机事件发生前的预防和预警，发生后的干预应对、干预效果的评估以及长期的心理重建恢复等。

二、疫情下监狱心理危机干预的必要性

（一）开展疫情下监狱心理危机干预工作是维护监狱罪犯和警察身心健康的需要

如前所述，心理危机产生的生物基础是应激反应机制的失衡，这种"失衡"本身就意味着个体的身心"内稳态"被打破[①]，表现为心理情绪方面的种种问题，甚至可能诱发睡眠障碍、高血压、冠心病、胃肠溃疡、支气管哮喘等心身疾病。在新冠疫情下，心理危机的发生具有相当的普遍性，其程度既受到事件关联性大小的直接影响，也因个人心理情绪易感性强弱和基础心理健康水平的高低而不同。相较于自然灾害、战争而言，新冠病毒看不见摸不着、伤人于无形、波及范围广，每个人都有可能受其影响，尤其是处于疫情"震中"及邻近的监狱，极易滋生焦虑、悲伤、恐慌甚至愤怒情绪。监狱环境封闭、信息获取不畅，疫情发生后罪犯对家人的担忧也加重了他们的恐慌感和无助感，同时催生愧疚、后悔等道德情绪，再加上监狱防疫期间采取的

① 李凌江：《精神应激的生物学致病机制研究 -Ⅰ：几个基本观点》，载《中国行为医学科学》2005 年第 1 期。

暂停会见探视、延缓释放刑释人员等非常措施，还可能诱发部分情绪易感或有心理问题基础的罪犯出现抑郁症、应激障碍等心理精神疾患。类似地，监狱警察由于应急时期的封闭式执勤值班制度，不得不长时间与家庭、社会隔离。调研发现，对狱内疫情风险的焦虑、维护场所安全稳定的压力、对家人健康的担忧和内疚情绪等应激状态，共同威胁着监狱警察的身心健康。

（二）开展疫情下监狱心理危机干预工作是保障监狱安全和社会稳定的需要

应激反应机制的失衡不仅表现为生理和心理情绪问题，还会与个体的负性认知、信念相互作用，进而诱发个体非理性行为，而个体层面的心理行为问题如果没有得到积极有效处理，其效应会在群体中因为主体间性而被放大[①]，出现“1+1＞2”的社会性应激障碍。监狱是社会的特殊组成部分，既有其独特性又有社会的一般特点。其独特性表现在空间封闭狭小、人员密集且自由受限，有些监狱或监区还集中关押年龄大、免疫力差、有吸毒史或严重基础疾病的罪犯，一旦发生狱内感染，疫情将迅速蔓延至整个监狱，不仅冲击监狱医疗系统，给安全监管带来巨大风险，而且给监狱罪犯和警察造成更普遍、更严重的心理危机。其社会性则表现为罪犯会因为对疾病的恐慌和无力感、对家人的担忧和愧疚、对管理制度调整的愤懑等消极情绪和极端认知，尤其在受到部分有反社会倾向或投机心态的罪犯煽动的时候，做出伤害自己、攻击他人，甚至暴动、越狱等集群行为。例如，意大利、巴西、哥伦比亚、阿根廷等多国监狱因疫情发生了不同程度的罪犯暴乱事件[②]，不仅给监狱管理安全造成风险，也给社会长治久安带来隐患。还应注意的是，监狱警察也存在社会性应激障碍风险，其出现往往是由于疫情与相关次生衍生事件的叠加而产生的涟漪效应。

---

① 徐周：《网络群体事件中舆论引导主体间的互动机制研究》，江苏师范大学2018年硕士学位论文。

② 《疫情紧张，巴西超1350名囚犯从监狱越狱，数名警卫被劫为人质》，载北京晚报官网2020年3月17日，https://www.takefoto.cn/viewnews-2083463.html。

（三）开展疫情下监狱心理危机干预工作是履行监狱职责、促进监狱治理现代化的需要

监狱作为国家刑罚执行机关，是社会管理的重要组成部分，在维护社会公平正义、保障社会安全稳定中发挥重要作用。心理危机干预作为监狱应急处理体系中不可或缺的内容，也是社会应急处理体系的重要部分。我国《精神卫生法》第 14 条明确了“各级人民政府和县级以上人民政府有关部门制定的突发事件应急预案，应当包括心理援助的内容”，监狱管理局作为省级政府组成部门，理应将心理疏导、心理危机干预等心理援助内容纳入监狱应急处理体系当中。《国家突发公共事件总体应急预案》也明确提出，在重大突发公共事件下，要为有关人员提供心理援助。2018 年，国家卫生健康委、中央政法委、司法部等 10 个部门启动社会心理服务体系建设试点，将“建立心理危机干预队伍，并组织培训和应急演练”“加强公安、司法行政等部门的心理服务，同时，根据需求提供心理健康服务”等内容作为社会心理服务的重要方面被列入 2019 年工作任务中。

此次新冠疫情发生后，党中央、国务院对疫情防控工作中的心理危机干预工作高度重视，习近平总书记多次在讲话中强调心理危机干预的重要性，国务院及国家卫健委制定出台了《关于印发新型冠状病毒感染的肺炎疫情紧急心理危机干预指导原则的通知》等一系列文件，部署有序开展心理疏导、心理支持（援助）和心理危机干预。监狱是人民民主专政国家机器的组成部分，也是犯罪防控体系的主体之一，国家、社会治理体系和能力现代化离不开监狱治理的现代化。在新冠疫情等重大突发公共事件下开展监狱心理危机干预，既有助于监狱更好地履行疫情防控职责使命，维护监狱警察和罪犯的心理健康，同时也有助于提升监狱治理的现代化水平。

三、疫情下心理危机干预的科学化

心理危机干预是一项专业性较强的工作。心理危机干预能否取得较好的效果，直接取决于心理危机干预工作的科学化水平。从近年来

我国开展传染疾病、地震、洪灾等重大突发公共事件心理危机干预工作来看，依然存在组织结构不健全、权责不明、协调不畅、实施不规范、方法不匹配、专业性不强、与应急体系融合度不够、不符合心理危机干预规律等组织框架、实施流程和保障方面的问题，在一些进行重建工作的受灾地区甚至流传“防火防盗防心理咨询”“心理咨询只会捣乱添麻烦”的说法，这反映出心理危机干预工作科学化水平亟待提高。这样的问题在监狱系统也同样存在。

如何提高疫情下监狱心理危机干预的科学化水平？笔者认为，应注意以下几点。

（一）以评估研判为前提

一方面，评估为干预提供了着力点，使干预精准化。不同群体（罪犯和警察）或相同群体中的不同个体所面临的危机问题和干预需求不尽相同，既有共性部分又有个性特征，这就需要客观地评估矛盾的主次，锁定主要矛盾和矛盾的主要方面。如果没有评估，势必导致认识和分析问题不够充分透彻，无法作出准确研判，干预的科学性就无从谈起。另一方面，评估有助于实现干预资源的合理配置。在资源利用效率最大化原则下，危机干预的人力物力总是相对稀缺的，这在重大突发事件的应急阶段尤为明显。通过评估筛查、分析研判，分清问题轻重缓急，对监狱罪犯和警察进行分级分类干预，将干预资源合理导流，大大提高了有限资源的利用率。需要注意的是，评估对资源的优化配置不仅体现在应激事件后的干预，在预防、预警和预后等心理危机干预的各个阶段都有体现。此外，评估还有利于干预流程的规范和高效。从最初的筛查、研判到最后的干预效果测评，评估就像是一条条预设的“航道”，使得干预流程看似纵横交错实际却井然有序，整个干预流程规范、系统、高效，且始终目标明确，避免了经验化的危机应对的混乱和低效。而且，流程的清晰、规范和系统化也便于安全和质量的监控，及时发现并修正问题，从而总结经验与教训。

（二）选择恰当的干预方法

应对心理危机的技术方法很多，不同危机群体、危机发展不同阶段的干预目的不同，选择的干预方法也不同，且并非所有人都会出现心理危机。多数罪犯在疫情发生后只是出现轻微情绪问题或有潜在的风险因素，对于这部分群体而言，只需要采取合适的心理疏导和支持。例如，通过及时提供关于疫情的资讯、专家的解读分析、个人卫生防护常识，以及自我心理健康问题的觉察甄别和应对技巧等，为罪犯提供关于疫情客观、准确、专业的信息以及保健的知识技巧，既避免因信息获取不畅而出现认知偏差，滋生、传播恐慌情绪，也能督促做好个人身心健康防护措施。再如，通过为有需要的罪犯增加视频电话会见的频率、为存在现实困难的罪犯家庭提供帮助支持，以增加亲情联结和情感支持，达到缓解罪犯对家人安全健康的担忧和内疚情绪。类似地，对于大部分没有出现心理危机但存在潜在风险因素的监狱警察，也应该通过提供准确信息、加强对监狱警察奉献精神的宣传、监狱领导与干警并肩作战、帮助存在现实困难的干警家人等方式，以促进家庭和组织的支持作用、强化职业使命感、鼓舞士气。当然，这些措施不能靠“拍脑袋”想出来，而需要建立在科学的评估和研判基础之上。而对于经评估后确定存在心理危机的，则应灵活采取合适的应对措施。如对构成急性应激障碍或创伤后应激障碍的，由监狱心理咨询师对其进行心理咨询或心理治疗。方法包括眼动脱敏和信息再加工治疗、认知行为疗法、正念认知疗法、短程动力学疗法等。对于病亡家属、有严重临床症状甚至自杀倾向的，应及时转介至医院精神科室。需要注意的是，创伤后应激障碍一般在事后几个月才逐渐显现，有些心理创伤甚至长达数年。通过评估筛查、分析研判，分清问题轻重缓急，对监狱罪犯和警察进行分级分类干预，将干预资源合理导流，大大提高了有限资源的利用率。需要注意的是，评估对资源的优化配置不仅体现在应激事件后的干预，在预防、预警和预后等心理危机干预的各个阶段都有体现。此外，评估还有利于干预流程的规范和高效。从最初的筛查、研判到最后的干预效果测评，评估就像是一条条预设的“航道”，使得干预流程看似纵横交错实际却井然有序，整个干预流程规范、系统、高效，且始终目标明确，避免了经验化的危机应对的混乱和低效。而且，流程的清晰、规范和系统化也便于安全和质量的监控，及时发现并修正问题，从而总结经验与教训。

（三）规范开展

规范开展监狱心理危机干预是提高科学化水平的重要途径。监狱心理危机干预规范化要求其过程是一个稳定、统一、完整的体系，有相对固定的组织框架和实施流程。组织结构决定组织行为，组织结构的规范化要求监狱必须具备系统的思维，将心理危机干预纳入监狱应急管理体系，以全局视角界定心理危机干预系统和其他应急管理系统各自的职责，避免在危急关头出现多头管理、互相推诿、各自为政的混乱局面。还要成立以监狱长为核心的心理危机干预领导小组和以心理矫治部门心理咨询师为主力的工作组，明确各职能科室、监区大队各自的权责，界定工作内容、标准和要求，实施流程化的操作。心理危机干预并非一件一劳永逸的工作，而是涉及心理危机发生前的预防、发生时的预警、发生后的干预和预后等多个阶段，时间跨度较长，组织结构上涉及狱内多部门和狱外医疗系统的协作、流转、转介等，业务内容上涉及和应急管理体系的有机融合、与日常管理和教育矫正工作的衔接等。因此，只有将组织结构、岗位工作、系统业务等都纳入统一的流程中，才能提高效率、减少系统误差。同样重要的是，干预方法的具体化和标准化。尽管不同阶段、不同群体需要解决的心理情绪问题和教育宣传需求不尽相同，但依然有章可循，可以总结归纳出与问题需求相对应的标准化解决方案。

（四）注重检验干预效果

干预的科学性不仅要求基于前期评估研判和实践经验采取相应的干预方法，还要对干预的后效进行检验。评估研判是干预的入口，效果检验则是干预的出口。把好出口关，形成干预前后对照和流程闭环，在提高监狱心理危机干预科学化水平之余，也为其科学研究和未来循证化干预提供基础数据和证据，而科研和循证实践反过来又使科学化水平更上一个台阶。干预效果的检验指标应该量化，采取他评与自评相结合的方式，测评如果需要纳入量表还应该注意选择信度和效度良好，社会称许性较低且包含测谎、检测注意力条目的量表。针对监狱罪犯的预防性心理危机干预效果检验可以与罪犯日常教育改造的考核结合起来，危机事件后心理危机干预效果检验则可以考虑与评估研判一同纳入罪犯危险性评估体系。这就实现了干预活动与日常管理、教育矫正业务的有机结合，有利于监狱心理危机干预的系统化、规范化建设，进而获得可持续的生命力。

四、疫情下监狱心理危机干预的长效机制

（一）为什么要建立疫情下监狱心理危机干预长效机制

1. 疫情引发的心理危机明显的阶段性特征要求“防线后延”

个体的应激反应会经历应激期、冲击期和复原期三个阶段，分别发生在危机事件后一周内、一周至三个月、三个月至数年。急性期以急性应激障碍症状为主，但不少人在事件发生三个月后逐渐出现心理症状，称之为创伤后应激障碍。如果得不到及时有效的心理危机干预，创伤后应激障碍症状会持续更长时间，甚至可能引发自杀等严重后果。监狱更是如此。与其他重大公共突发事件所造成的影响不同的是，新冠疫情持续时间、影响面广，引发的监狱心理危机不仅来源于疾病本身带来的直接安全和健康的威胁，还受到其他不良因素影响，包括监狱所采取的特殊防控措施，如停止会见、监狱警察长时间封闭式执勤值班以及社会负面舆论，疫情给经济生活造成广泛影响，这些不良因素会与疫情的直接影响产生“叠加效应”，使个体产生持久的应激反应，大大增加创伤后应激障碍出现的概率。新冠疫情的特殊性和心理危机的阶段性特征要求必须延长心理危机干预的“后防线”。

2. 伤害最小化和资源合理配置的原则要求“防线前移”

从全球范围来看，许多在心理危机干预领域实践经验丰富、成效明显的发达国家越来越倾向于将干预的重心前移。“治未病”比“治已病”更契合“以人为本”的现代化监狱改造理念。带有预防目的的危机评估、宣传教育、心理咨询和个别谈话等改造手段不仅关注及时筛查并治疗个体的心理障碍、普遍改善心理健康水平，也关注对罪犯的心理赋能，提高他们的心理韧性和灵活性，以更好应对可能的危机事

件，尽量将伤害、损失降到最低。类似地，对监狱警察也应该防患于未然，将心理危机的预防性干预融入监狱警察心理健康服务体系，使他们能够掌握相关知识和应对技巧，提高心理健康水平和心理韧性。预防性心理危机干预更是合理有效利用应急资源、节约社会成本的必然要求。可能有人会质疑，正是因为心理危机干预等应急资源天然具有稀缺性，平时以前瞻性预防为目的的教育矫治工作没有必要，事倍功半，只要有“兵来将挡，水来土掩”的战时心理危机干预就足够了。这种看法其实忽略了心理危机预防工作的优势和价值。心理危机预防工作完全可以和监狱日常管理教育工作有机结合，不仅不需要太大的额外投入，而且预防工作的内容具有可迁移性，同样适用于其他心理问题的解决应对，特别是积极心理和人本主义取向的技术方法，关注对罪犯自身心理资源的挖潜赋能，对于场所安全管理和罪犯再社会化都大有裨益。另外，相较于学校或其他领域，在监狱开展心理危机预防工作有其天然优势。这是因为监狱日常的教育矫正和心理矫治本就是监狱工作的主要内容，而且从某种程度上看，隔离封闭、信息屏蔽、自由受限的监狱环境，恰恰为开展心理危机预防工作提供了便利条件。

因此，笔者认为，应该建立预防为主、平战结合、长期追踪的“预防—预警—治疗—预后”综合化的监狱心理危机干预长效化机制。

（二）如何建立监狱心理危机干预长效机制

1. 加强组织协同性

一方面，监狱要统筹协调多方面资源。整合狱内专业人员与医院、高校心理咨询中心、社会志愿者组织等多方面专业人力资源以及政府相关部门（民政、财政、卫健等）、群团组织（共青团、妇女组织等）、基金会（红十字会等）财力物力资源，通过合理配置各类资源，使各部门分工协作、联动衔接，构建统一、协调、高效的监狱心理危机干预组织网络体系。另一方面，将监狱心理危机干预纳入国家和地方政府应急管理大体系。心理危机干预理应是突发公共事件后救援工作的一部分，化解个体心理危机、促进心理健康与维护生命财产安全、身体健康以及国家社会的稳定共同构成应急管理体系的核心目标。因此，必须秉持应急救援“一盘棋”的战略，协调安排，形成合力，分清主次矛盾，避免“一叶障目不见泰山”，认为心理危机干预才是最重要的，工作毫无章法，出现给整体应急救援安排“添乱添堵”的局面。

2. 推进防治一体化

前文已经对预防性心理危机干预的重要性做了阐述，不仅要形成“预防为主，防治结合，注重后效”的新干预理念，还要将其以规范化制度的形式落实到具体的工作中，确立“预防—预警—治疗—预后”一体化的干预模式，使组织协调、实施流程、人财物保障等都能够围绕这一模式进行设计安排。具体来说，预防强调危机发生前对个体危机意识和心理健康开展教育，提高危机应对心理准备和知识能力储备；预警要求监狱将个体心理危机评估纳入监狱危险评估系统，在发生疫情等重大公共突发事件时及时启动，通过系列测评手段有针对性地对监狱罪犯和警察心理健康进行监测，达到预警、预测和控制心理危机的目的；治疗建立在评估研判基础之上，评估结果与治疗方案相对应，应在保障个体安全的前提下有针对性地开展，对于构成严重障碍或有自杀倾向的，应及时转介至医院精神科；预后既包括治疗效果的检验，也包括对个案心理恢复情况的追踪。后者的落实对后勤保障、工作衔接协调提出了更高要求，其工作是否落实到位也是对整个一体化干预机制效果的检验。

3. 强化队伍和制度保障

监狱警察队伍中有心理咨询师资质或有医学、心理学、社会工作等相关教育背景的不在少数，但考虑到心理危机干预工作的重要性及相关知识和技能的高度专业化，应加强对监狱警察心理危机干预队伍的选拔和培训，并建立专业人才库，建立重大公共突发事件时期监狱戒毒系统内心理危机干预人才统筹协同机制，为监狱心理危机干预提供专业队伍保障。同时，整合高校和社会组织的相关专业人员，为监狱警察及其家庭、罪犯家庭提供心理辅导和生活帮助。前文提及的组织结构、财物和人力保障、干预的目标原则等模块框架，预防预警、干预预后等实施流程，与其他部门机构的衔接协作机制以及应急预案和技术方案的制定等，都需要出台配套的法律制度予以保障，以实现监狱心理危机干预的规范化、标准化和法治化。

中国罪犯家庭支持系统面临的问题与完善建议

安文霞*

监禁环境本身及其产生的制度化后果会影响罪犯重新适应监狱外部生活的能力，因为监禁本身会带来一系列不可避免的伤害，如社区和家庭纽带的断裂等。罪犯从监禁状态向家庭和社会生活的过渡是一个艰难的过程。监狱系统的目标必须是预见到这些伤害并减轻其影响，同时又不加重影响。这要求监狱在完成惩罚的同时，为罪犯提供相应条件帮助其回归社会。如何帮助罪犯顺利回归社会一直困扰着监禁机关，并切实影响到罪犯及其家庭成员。通观众多的调研数据与理论分析，家庭成员无疑在罪犯回归社会中扮演着极其重要的角色。“家庭在天然打上经济‘胎记’的同时，从来都是一个道德教化的伦理单位。”① 但受制于主客观因素，家庭支持并未能发挥其应有的作用。本文试图通过分析当下中国罪犯家庭支持系统存在的问题，着力提出相应完善对策。

一、罪犯家庭支持系统的基本界定

罪犯家庭支持系统涉及谁来提供支持、支持什么以及如何支持相

* 安文霞，司法部预防犯罪研究所社区矫正工作研究室副主任、副研究员。

① ［澳］迈克尔·R. 达顿：《中国的规制与惩罚：从父权本位到人民本位》，郝方昉、崔洁译，清华大学出版社 2009 年版，第 4 页。

关问题，亦可称之为家庭支持的主体、内容与形式。我们可以从关键词的分解解读中把握对于罪犯家庭支持系统的基本界定。

（一）“家庭”的基本构成

家庭支持系统中提供支持的主体是家庭成员。家庭是指以婚姻和血统关系为基础的社会单位，包括父母、子女和其他共同生活的亲属在内[①]。中国监狱系统采用了上述“家庭”内涵，并体现于相关法律规范文件中。如北京市监狱管理局根据司法部《罪犯会见通信规定》（司发通〔2016〕118 号）制定的《罪犯会见通信工作规定》对于罪犯会见、通信范围的规定就反映了中国目前对于家庭成员限定的范围，其第 4 条第 1 款规定范围包括了配偶、父母（养父母、继父母）、子女（养子女、继子女）、祖父母（外祖父母）、孙子女（外孙子女）、兄弟姐妹、监护人；第 4 条第 2 款规定的是与罪犯关系密切且具有血缘或姻亲关系的其他亲属，如岳父、岳母、公公、婆婆、儿媳、女婿、堂兄弟姐妹、侄子女、外甥；叔叔、伯父、姑妈、姨妈、舅舅及其配偶，兄弟姐妹的配偶。《罪犯会见通信工作规定》明确了上述两类会见人员的先后顺序，即只有在罪犯没有第一款所列亲属的情形下，第二款所列亲属中的一至两人，方可经过申请审核程序参与会见通话等家庭支持活动。

但需要引起注意的是，实践中存在一些没有任何家庭联系或不适宜与家庭联系的罪犯。该类罪犯产生原因有三：一是以前生活在福利机构，与原生家庭失联；二是由于其入狱等原因而与家人失联；三是因其犯罪行为的性质而不宜维系其与家庭的联系，如罪犯曾对家人实施性犯罪行为或家暴行为。对此类罪犯而言，原生家庭或新生家庭无法对其构成支持，或者他们与家庭的联系可能对罪犯及家人均有害。如有研究表明，很多女犯在原生家庭或新生家庭中受过严重情感伤害，病态家庭关系不仅可能成为她们犯罪的心理策源地，而且作为犯罪人

---

① 中国社会科学院语言研究所词典编辑室编：《现代汉语词典》（第 6 版），商务印书馆 2012 年版，第 621 页。

格中根深蒂固的一部分会严重影响矫正教育效果①。基于此，我们在认识到家庭支持对罪犯回归社会具有重要意义的同时，必须有效甄别“有益家庭”与“有害家庭”。在罪犯无法从其原生家庭或新生家庭获得支持时，可以考虑替代家庭寻求支持。鉴于此，笔者认为对罪犯的家庭范围宜作实质性解读与界定。

具体可将家庭区分为既有家庭与拟制家庭两种类型。既有家庭包括原生家庭与新生家庭，是指具有血亲与姻亲关系的家庭，在此范围内的家庭成员均为既有家庭成员，属于罪犯的家庭支持系统组成人员。拟制家庭是指形式上虽无法定姻亲关系但具有事实姻亲关系而形成的家庭及通过外部构建而组成的家庭。具有事实姻亲关系的家庭成员包括育有共同子女的人或在被监禁之前共同居住的同居伴侣或计划在罪犯获释后与其同居的人；通过外部构建而成的家庭是指对于没有任何家庭联系或不适宜家庭联系的罪犯进行家庭成员的外部构建从而拟制而成的家庭关系。拟制家庭关系依据罪犯的服刑长短或者性别、年龄等特征可以不同方式构建，如对长刑犯构建的志愿者拟制家庭关系，即从志愿者中选取退休夫妻或子女已成年的夫妻等，对其就监狱情况和罪犯情况进行培训，由监狱人民警察陪同参与罪犯家庭支持活动。

（二）“支持”的基本内涵

罪犯家庭支持系统的核心是支持，明确支持的基本内涵对推进监狱家庭支持系统的构建至为重要。以支持的有效性为目标，支持的基本内涵至少包括以下几个方面的内容：

一是支持内容的广泛性。根据家庭支持的内容，家庭支持可区分为有形的经济（物质）支持与无形的情感（精神）支持。其中有形的经济支持主要包括服刑期间为罪犯提供财物等经济支持；无形的情感支持则主要是指帮助恢复罪犯的自信心，激励罪犯狱内积极表现等。相关研究表明，有形的经济支持和无形的情感家庭支持会助推罪犯顺

① 周折：《女犯的情感需求及转寄——从“家之拟制”说起》，载《犯罪与改造研究》2019 年第 9 期。

利回归，可增加回归后的就业、减少物质滥用并降低重新犯罪率[①]。

二是支持对象的相互性。就罪犯家庭支持关系而言，罪犯与家庭成员之间是互为支持对象的。一方面，罪犯与家庭成员的互动帮助有助于激发罪犯的希望，激励他们为未来制定目标，并使他们得以建立信任关系，提升自尊，获得认可。罪犯在家庭支持的过程中也塑造了积极的互动关系，发展了社会技能。另一方面，包括罪犯的父母、未成年子女及配偶等在内的家庭成员在与罪犯互动过程中也同样获得了情感的慰藉等支持。因此，家庭支持是一种互惠关系，在这种关系下，罪犯与家庭成员之间出现了双向的关爱、给予和支持。

三是支持过程的动态性。罪犯在服刑期间会有众多的心路历程，如担心不能适应、担心被害、特权丧失等，这些经历将随着与其利益密切关系的家庭互动形式和内容的变化而变化。如家庭成员的生活轨迹可能会发生改变，家庭成员可能会去世，可能会发展出新的情感关系、新生儿可能会降生等，这都将会对罪犯产生重要影响。值得关注的是，家庭成员向罪犯提供支持的频率与力度也并非单纯由他们的承诺和爱决定，还往往受制于其自身的物质能力、心理状况等诸多因素的影响。受此影响，罪犯与其家人之间的关系在整个服刑过程中呈动态变化状态。

（三）"系统"的表现形式

家庭支持系统在中国行刑实践中的具体表现形式（载体）主要有以下 3 种：

一是与家人保持联系。具体表现为监狱会见、通信、离监探亲等。家庭联系是罪犯与社会保持联系的主要方式。家庭联系的主要目的在于强化罪犯与社会的心理链接，以维系罪犯的既有社会关系。二是以家庭为基础的改造项目。此类项目可以从家庭和人际关系角度审视犯罪行为的模式。犯罪行为模式与犯罪人日常行为模式相关，且与原生家庭相处模式紧密相连。犯罪行为是对社会关系的严重侵害，而人际关系是社会关系的重要表现形式。人际关系处理不当是诱发犯罪的重

---

① LaVigne，NancyG.，ChristyVisher，JenniferCastro，*Chicago Prisoners'Experiences Returning Home*.Washington，DC：TheUrbanInstitute，2004.

要因素。以家庭为基础的改造项目目标就是以改善罪犯与家庭的相处模式为基础，改善罪犯的人际关系，使其具备回归社会的能力。三是家庭关系学习与技能训练。罪犯的既有家庭关系难以承担起督促、激励罪犯回归社会的重任，通过外部力量介入罪犯家庭关系，并对家庭人员进行适度关系处理、技能培训变得尤为重要。

前述三种家庭支持系统的三种表现形式又可概要分为两大类：一类是理念指导类，即家庭教育指导，主要包括以家庭为基础的改造项目以及家庭关系学习与技能培训；另一类是实践应用类，即家庭教育实践，具体包括亲情帮教活动以及监狱会见、通信、离监探亲等活动。根据《辞海》释义，系统是相同或相类的事物按一定的秩序和内部联系组合而成具有某种特性或功能的整体①。家庭支持系统的构成并非前述三种形式两大类别之间的简单叠加，而是作为一个有机整体相互作用、互为检验又相互强化的。如监狱会见中心所做的工作远不止确保会见工作的顺利进行，还应作为给家庭提供全面支持的基础设施，会见中心亦应是罪犯家庭教育指导效果的实践检验窗口，也是罪犯走上回归之路的一个通道。监狱为罪犯开设的亲子技能课程常会鼓励罪犯做更多的事情与子女保持联系，有些还帮助罪犯了解自己犯罪行为的根源，并为他们提供如何帮助子女避免陷入困境的指引。

二、当前中国罪犯家庭支持系统面临的问题

中国监狱系统一直以来以亲情帮教、监狱会见、离监探亲、罪犯通信等形式开展罪犯家庭支持工作。对监狱会见、罪犯通信及离监探亲等有相应的制度予以规范。以监狱会见为例，《监狱法》第48条规定，罪犯在监狱服刑期间，按照规定，可以会见亲属、监护人。司法部也先后于2016年和2019年出台《罪犯会见通信规定》与《〈罪犯会见通信规定〉的补充规定》。再以亲情帮教为例，《监狱法》第68条规定，国家机关、社会团体、部队、企业事业单位和社会各界人士以

① 夏征农、陈至立编：《辞海》(第6版)，上海辞书出版社2009年版，第4262页。

及罪犯的亲属，应当协助监狱做好对罪犯的教育改造工作。各地监狱在实践中也广泛开展形式多样的亲情帮教活动。但这些活动的开展往往具有零散性，尚缺乏以罪犯家庭支持系统宏观视角建构其基本定位、挖掘其功能发挥等，进而在其发展中呈现如下问题：

（一）家庭支持系统重要性认知有待提高

长期以来，尽管监狱系统已经认识到以会见为代表的家庭支持对罪犯改造的重要性，但囿于对家庭支持可能带来的不利因素过高估计，使得家庭支持工作未能得到应有的重视。笔者在调研中发现实务人员对开展家庭支持工作存在以下误区：

一是认为增加罪犯家庭支持不利于监管安全。此观点认为监狱应为封闭的监管场所，理应维护其绝对的安全稳定，而家庭支持工作的开展势必要更多地打开监狱大门，家庭成员更多地进入监狱，增加了毒品和其他违禁品侵入监狱的风险，易产生安全隐患。笔者认为，家庭支持不利于监管安全的观念缺乏依据。首先，目前尚无有效数据证明认可或进一步扩大家庭支持会带来监狱安全问题；其次，家庭支持对罪犯改造效果有目共睹，弱化家庭支持反而有增加诸如罪犯自杀等影响监狱安全的因素发生。增加罪犯的家庭支持引发监狱监管安全更多的是一种臆想而非对客观事实的准确表达。

二是认为开展家庭支持不利于对罪犯的威慑与惩罚。此观点认为监狱应尽可能严厉以对犯罪行为起到惩罚与威慑作用，增进罪犯家庭联系、开展家庭支持工作是对罪犯软弱的表现。笔者认为，该观点混淆了家庭支持与刑罚威慑、惩罚之间的关系。诚如有学者所言："仅仅依靠制裁并不能积极地改变行为或减少再犯。单纯的处遇也不可能提供适度或必需的惩罚或行为控制。那种不是通过努力从而对犯罪人未来的行为产生积极影响，仅仅希望通过惩罚犯罪人过去的犯罪行为控制犯罪的政策，是短视的。"[①] 被判处监禁刑罚的罪犯失去的是人身自

---

① RogerK.Warren，*The Most Promising Way Forward：Incorporating Evidence-Based Practiceinto State Sentencingand Corrections Policies*，Universityof-California Press，2008，20（5）.

由，即不能按照自己的意愿进行自由的活动与自由实施特定的行为。罪犯只要处于被关押的场所，就处于被惩罚的状态，当然显示了刑罚的威慑性与惩罚性。刑罚终极目的是预防犯罪，使罪犯能够顺利回归社会。家庭支持能够为罪犯提供服刑中努力改造所需要的精神动力及刑满释放后回归社会的物质帮助，其与惩罚性无关。由此可见，上述观点是对刑罚内容的误读，是对刑罚边界的不适当扩张，混淆了刑罚的惩罚与预防两大功能的逻辑关系。上述误区，很大程度上影响到家庭支持系统在监禁机构中的构建。申言之，构建系统化的家庭支持系统需要在认识到上述误区的基础上，进一步更新行刑理念。

（二）监狱开展家庭支持工作的连贯性与主动性不足

一是监狱开展家庭支持工作的连贯性不强。由于没有明确的责任制，各地在开展家庭支持工作时往往缺乏稳定性，甚至有的还出现前后不一的现象。监狱开展家庭支持的程度及连续性往往取决于主管领导对该工作的重视程度及在任时间，一旦监狱领导更换，家庭支持工作也受到很大影响。以离监探亲制度为例，虽然监狱法和《罪犯离监探亲和特许离监规定》对离监探亲作出了明确规定，但由于安全风险大和其他一些原因，2018 年之前多数监狱停止了这项制度的执行[①]。但也有部分省（区、市）的监狱系统依然坚持适用离监探亲制度，取得了良好效果。如四川省监狱系统在 2007 年开展离监探亲工作以来，从未中断过该项工作。2007 年至 2018 年间四川省共有 4173 名罪犯离监探亲，无一起监管安全和安全事故发生。又如，在 2020 年新冠疫情防控期间也不乏监狱将暂停监狱室内会见理解为监狱会见的全部暂停，监狱会见作为主要的家庭支持方式在疫情期间受到巨大冲击。但也有些监狱依然保持该制度的正常运行。如广东省从化监狱在疫情期间充分运用手机视频会见，使特殊时期家属亦能与罪犯互动开展亲情帮教，极大地稳定了罪犯的改造情绪，成效显著。

---

① 《司法部部署离监探亲工作 全国 1300 名左右罪犯春节期间将回家过年》，载中国日报网 2020 年 11 月 21 日，https://baijiahao.baidu.com/s?id=1592345329635979424&wfr=spider&for=pc。

二是监狱开展家庭支持工作的主动性不足。各地监狱机关对于开展家庭支持工作也未有相应的激励机制作为落实保障。基层监狱民警开展家庭支持工作的主动性明显不足，这也导致各地目前的家庭支持工作尚未发挥其效果。

（三）相关群体开展家庭支持工作的能力有限

从实践中来看，目前家庭支持工作更集中于是否开展的问题，而尚未对家庭支持工作的开展质量给予足够的重视，专业化水平有待提升，并集中表现为三个群体即监狱工作人员、支持主体及支持对象。

首先是监狱工作人员。一方面，当前各地监狱普遍一线警力有限，警力不足问题凸显，有很多监狱警囚比例低于18%，这也导致监狱工作人员没有足够的精力投入家庭支持工作；另一方面，家庭支持工作的专业性要求较高，且开展家庭支持工作需要与罪犯家庭成员或其他成年支持人建立联系，这需要投入大量的时间和精力，因此客观上需要有专门的监狱工作人员从事此工作。以监狱会见为例，近年来监狱系统对监狱会见中心等硬件设施和场所加大投入，充分体现了监狱主管部门对会见工作的重视。但监狱会见功能的发挥，除硬件设施的完善之外亦应强化对软件设施的投入，即会见工作人员的配备和培训。传统会见模式下，会见工作人员的配备更多的是适应监狱狱政管理的基本需求，而尚未从宣传监狱良好形象以及罪犯改造等角度考量。监狱并未选拔素质高、专业精的人员从事此项工作。持续的技能培训是监狱工作人员能力建设的重要组成部分，会见的业务、技能等培训都未得到应有重视。

其次是罪犯的家庭成员。传统将家庭教育往往狭义地解读为父母或监护人对未成年人的教育，如浙江省、江苏省、江西省、山西省等地出台的“家庭教育促进条例”，均将家庭教育界定为父母或其他监护人对未成年人的教育和影响[①]。但笔者认为家庭教育应涵盖所有增进家人关系与家庭功能的各种教育活动，相应地家庭教育的主体不应局

---

① 梅文娟、董善满：《从地方到国家：家庭教育立法之思考》，载《青少年犯罪问题》2020年第2期。

限于未成年人父母或监护人，而应包括家庭里的所有成年人员。家庭教育的内容也不只包含亲子教育，亦应涵盖婚姻教育、伦理教育、两性教育等内容。尤其是就罪犯成年家庭成员而言，其在家庭支持活动中对罪犯的情感引导、行为规训等具有重要意义。实践中多地未成年犯管教所开展家长课堂，引导未成年犯的家庭成员学习科学的教育方法，提升教育能力，进而提升其亲情帮教的能力。而同样地，成年犯的家庭成员因为沟通能力欠缺、缺少相关家庭关系指导与培训等，减少乃至停止了与罪犯之间的家庭联系，甚至有些在家庭支持过程中对罪犯产生了消极效果。例如，实践中有些罪犯家庭在监狱会见时反而使双方关系恶化，这种家庭成员与罪犯之间的消极互动无疑增加了罪犯的压力甚而造成有些罪犯产生自杀念头。

最后是罪犯。在罪犯家庭支持这一系统中，罪犯不仅是支持的对象，其一定程度上也是支持的主体，因此其对家庭支持的主观上的认知能力以及客观上的参与能力对于家庭支持的效果发挥也至关重要。如有些罪犯原本有良好的家庭关系，但其在被收监后认为家庭成员因自己的犯罪行为蒙受屈辱而倍感自责，因此服刑期间拒绝与家人联系也拒绝参加家庭支持活动，由此导致他们的家庭关系在其被定罪后会发生巨大变化或完全中断；也有些罪犯尤其是有未成年子女的成年犯，因其入监导致其家庭和子女面临巨大困难，如未成年子女可能遭受分离痛苦、社会孤立、支持缺失等罪犯客观上却没有能力提供支持，这些积极关系的切断及在家庭中的缺席又会使罪犯产生严重的自责，进而可能演化为狱内的精神健康问题和暴力自残事件；还有些罪犯入狱前家庭关系就比较恶劣，更无足够的能力吸纳家庭成员参与其家庭支持。

（四）监狱会见等制度不健全

罪犯家庭支持的配套制度关涉监狱会见制度、通信制度、离监探亲制度等。其中，会见制度处于核心地位，通信制度与离监探亲制度是会见制度的进一步延伸或保障。当前对于这几种制度都有明确的规范文件，实践中也是罪犯非常重要的家庭支持方式。囿于篇幅，本文以监狱会见制度为例，结合该制度的规范性文件及实践开展情况，做如下分析。

1. 会见性质界定不清

监狱罪犯会见性质界定将影响着会见制度的发展走向。现有法律规范文件规定缺少对会见性质的明确界定。《监狱法》第 48 条规定，罪犯在监狱服刑期间，按照规定，可以会见亲属、监护人。2016 年司法部出台的《罪犯会见通信规定》仅就会见概念进行了界定，亦未明确会见性质。性质既然是事物的本质属性，则其具有客观性，即无法按照人的意志而改变。当前关于会见性质的理解，理论上可总结为两种学说。

一是激励说。根据激励说，会见是罪犯需要经过努力才能获得的激励措施。罪犯入监后，从监狱管理角度来看，如何激励罪犯遵守监狱管理规定，是实现监管安全的基础要求；对罪犯而言，在封闭的监管场所能够激发其安心改造的除了早日获得人身自由外就是他们最为关心的亲属，能够见到家人是他们最为本能的需求。激励性质视野下的会见使得满足会见要求具有了相对性，即罪犯即使达到了基本要求，其能否会见，依然需要进行若干标准与条件的考量。如会见在结合累进处遇制度下，需要满足服刑时间与其他条件的要求。会见中诸如批准等诸多条件的限制，使得监狱在决定对罪犯是否实施享有会见的资格上拥有了主动权。罪犯只有遵守监狱法律法规，积极参加改造，才能为自己争取到与亲属会见的机会。

二是权利说。根据权利说，会见是罪犯的一项基本权利。罪犯拥有会见权意味着其在遵守监狱一般规定与会见规则的基础上，拥有稳定的会见时间、次数及人员范围。在罪犯因违反会见规则时，不能一律剥夺其会见权利，而是根据违反会见规则的严重程度，配置不同的惩罚规则。即使其严重违反了会见规则，也不应当永久性剥夺其会见的权利，只是在会见的时间、人员范围及次数方面进行适当限制，或者改变会见的方式。如在俄罗斯，依据处罚程序移送到囚房式监舍、统一型囚房式监舍或者单人囚室的被处刑人员，经矫正机构行政管理部门许可，可以享有每6个月1次短期会见的权利[①]。会见的权利属性要求立法采取最低限度保留原则，即不能将其作为惩罚措施予以完全剥夺。

2. 会见规则不够细化

中国当前关于监狱会见的规则主要有两个：一个是2016年司法部印发的《罪犯会见通信规定》，其中关于监狱会见的规定共18条；另一个是2019年司法部发布的关于《〈罪犯会见通信规定〉的补充规定》，共计5条。法条数量的稀少与内容的过于原则使得会见规则可操作性弱化。

首先，总则性规定不够严密。现行会见规定总则共3条，仅对会见规定的依据、会见概念、会见方式及监狱人民警察职责予以概述规定，并未对会见的目的、会见的原则等予以明确，且会见的方式也较少。笔者认为会见目的是罪犯与社会上的特定人员会见所希望达成的目标。在实践中，尽管会见给罪犯、会见人员及监狱各方均产生积极作用，但受监狱特有的秩序安全影响，会见制度发展缓慢，缺少应有的法律地位。立法明确会见目的，既可避免会见因其他理由受到不必要的淡化，还可以通过明确的会见目的，发挥会见的积极作用。此外，会见基本原则贯彻于整个会见过程中，用于指导会见规则的构建与执行，并具有补充规则漏洞的积极作用，亦应予以明确。

其次，程序性规定不够细化。现行会见规定中仅就会见的申请、会见时间、会见次数、会见场所、暂停会见、中止会见进行了粗略规定，并未就会见被拒或暂停或中止后明确相应的申诉救济程序、会见搜查程序、会见安保要求及特殊会见情形等相关重要程序予以明确，仅在《罪犯会见通信规定》“附则”中指出“各省、自治区、直辖市司法厅（局）可以根据本规定，结合本地区情况，制定实施细则”，这易造成各地实践中的标准不统一。

最后，对未成年犯等特殊群体的会见规定过于宽泛。《罪犯会见通

① 司法部预防犯罪研究所编：《域外最新刑事执行法律法规选编》，中国法制出版社2020年版，第124、178、453页。

信规定》中关于未成年犯的会见仅在第 8 条规定“未成年罪犯会见的次数和时间，可以适当放宽”。由于针对未成年犯缺乏明确的特别规定，实践中对未成年犯的会见安排一般都比照成年犯执行。且一般各省（区、市）只有一个未成年犯管教所，未成年犯家属会见无论时间成本还是花费成本都比较高。未成年犯参照成年犯会见时间和次数的方式过于僵化，不利于未成年犯家属参与家庭支持工作。

三、完善罪犯家庭支持系统的建议

（一）突破现有认识误区，转变理念

一是应认识到完善家庭支持系统是为了确保监狱乃至社会的长效安全。就监狱安全而言，不良的家庭关系可能是狱内不良行为的主要根源。许多证据表明，改善家庭关系可以改善罪犯在监狱内的行为。它可以减少罪犯的焦虑感从而减少他们的对抗性，或者它可以通过给未来带来希望以激励罪犯从事监狱内的工作、培训或其他服务①。此外，绝大多数罪犯在服刑期间，会顾及亲属的态度、情绪，多数罪犯的改造，是因为亲属的在乎、亲情的维系。罪犯的情绪稳定了，就不会滋生是非；罪犯不生是非，监狱的秩序就稳定了；监狱秩序稳定了，当然，监狱就安全了，而这个安全是监狱本质的安全、根本的安全、长远的安全和持续的安全②。就社会安全而言，从风险与回报率角度来考虑，如果风险较小，那么将会有更少的犯罪和更少的受害者，社会也将更安全。这样的做法可能不利于短期效应，因为变革需要一段时间才能解决，但这不应阻止监狱在其实践中采取其他监狱经过实践检验的方法进行革新。

二是应回到监狱惩罚与改造功能上看待家庭支持系统。一方面，

① Woodall，J.，Dixey，R.，Green，J.and Newell，C.Healthier Prisons，*The Role of a Prison Visitors*，International Journal of Health Promotion and Education，2009（1）.

② 张晶:《现代监狱的理念与立法——为〈监狱法〉颁布实施 20 年而作》，载《犯罪与改造研究》2014 年第 5 期。

监狱负有惩罚罪犯职能，而其惩罚的内容则主要体现在对罪犯服刑期间自由的剥夺，而不是在监狱中另外对罪犯施加惩罚与痛苦，也即“将人们送进监狱就是惩罚，而不是为了惩罚”[①]。因此，对罪犯施加剥夺人身自由的剥夺性痛苦本身就是惩罚的应有之义。另一方面，监狱同样负有改造功能。为了实现改造罪犯的目的，监狱实施多种改造计划，帮助罪犯顺利回归社会并降低重新犯罪率。而罪犯家庭支持即体现了监狱在完成惩罚的同时提供最佳条件帮助罪犯复归。

（二）重视家庭支持系统的立法指引与顶层设计

一是将家庭支持纳入立法。应借助监狱法修改契机，将罪犯家庭支持工作写入监狱法。具体而言，一方面，宜在监狱法的总则中明确家庭支持。明确“应特别注意维系罪犯与家人之间的关系，此为双方最大利益之所需；应鼓励和协助罪犯与狱外人员和机构建立和维系这种关系，这种关系可以最大限度地促进其家庭利益和罪犯自己的社会复归”。将家庭支持写入监狱法的总则，不仅有利于原则性指导，也意味着强化对监狱家庭支持工作的重视程度。另一方面，在罪犯教育改造中增设“应当开展罪犯家庭教育”等条款，确立罪犯的家庭支持与家庭教育在罪犯改造中的地位。

二是确立监狱长责任制。其一，将家庭关系纳入监狱长职责范围，确保罪犯的家庭联系与家庭支持在整个监狱系统中一贯的重要性。强大的领导力对于任何组织都必不可少，也是推动变革和改进的强大力量。现行政策和实践中，家庭支持工作的作用并未被充分认识，鉴于家庭工作在整个监狱系统的接受程度不一，因此监狱长领导策略中应将此责任列为优先项。如果监狱长对家庭工作抱有积极的兴趣，积极推动工作的开展，并经常向工作人员表达他们的支持，这将有利于提升家庭工作在监狱工作中的优先次序，从而使每个人更可能认为家庭在罪犯改造中可以发挥重要作用，而这种精神转变是所需要的文化变革。这些有计划的变革提供了历史性的机会，可以确保所有领导人和工作人员都了解与罪犯建立家庭联系的重要性。立法必须明确指出

---

① 吴宗宪：《当代西方监狱学》，法律出版社 2005 年版，第 33 页。

"维系和发展家庭关系"的重要性作为监狱目标的组成部分。其二，将"家庭支持工作"纳入监狱长绩效考核。监狱长对积极的家庭工作成果负责。具体考核要素可包括会见中心与会见服务、参与家庭支持的监狱工作人员构成、家庭教育开展情况等内容。通过明确的问责制，确保监狱长及其工作人员明晰其工作角色、审查目标及不符合要求的结果。其三，赋予监狱长更大的职权。监狱长应有权制订本监狱的工作人员分配计划并决定何种布局最能满足本监狱需求。监狱长可从头开始设计人员结构，并雇用他们认为监狱所需技能的高级领导团队、官员和专家。监狱长应拥有在本监狱内提供服务的更大权力，对教育、工作、家庭关系、罪犯行为和重新安置方案的控制权有更大的影响力。其应拥有更大的权力来决定如何花费其预算以实施本监狱战略规划，从而消除许多集中地支出限制并避免本监狱家庭支持预算的转移。其四，鼓励监狱长更长的任期。通过确立带薪休假等制度，鼓励监狱长更长的任期，同时更加关注监狱长职业规划与领导技能，以此带来监狱所需的稳定性。

（三）完善罪犯会见制度

1. 明确监狱会见的性质

会见的性质必须通过立法予以明确，不能隐含于法律条文或者仅停留于学术上的探讨。如《法国监狱法》明确会见是罪犯的一项权利。根据该法规定，被监禁人员享有维护与家庭成员关系的权利，可通过家庭成员探视，或如果刑罚情况允许，可被允许离开监狱机构，行使该权利[①]。此外,《南非共和国矫正法》赋予罪犯会见权[②]。且较之会见的激励说，笔者更倾向于会见的权利属性。理由如下：

一是明确会见权利属性可有效防止其在执法实践中受监狱稳定、社会安全等因素影响异化为具有可剥夺、可暂停性的奖励，即使在诸

① 司法部预防犯罪研究所编：《域外最新刑事执行法律法规选编》，中国法制出版社 2020 年版，第 124、178、453 页。

② 司法部预防犯罪研究所编：《域外最新刑事执行法律法规选编》，中国法制出版社 2020 年版，第 124、178、453 页。

如疫情防控期间亦不会因监管安全而暂停会见，而是积极借助可行的会见方式保障罪犯的会见权，使得监管机关能突破重重困难为罪犯提供机会使其与亲属交流和会见。二是明确会见权利属性有利于发挥罪犯家属的帮教成效。会见权的属性定位使得罪犯在监狱这一封闭的监管场所亦能与社会保持联系，与家庭保持沟通，使其能与社会发展保持同步，从而为其回归做好铺垫。尤其在疫情管控期间，疫情本身带给罪犯的焦虑、恐慌以及因疫情而使罪犯受到更多的管控，都会给其心理造成诸多负向压力，在此期间更需借助会见方式及时帮助罪犯心理疏导，平复其情绪，达到更好的监管效果。

同时，会见权的实现受多重因素的影响，为确保罪犯享有充分的会见权，立法有必要赋予会见人员知情权，即会见人员有权知晓罪犯所处状态。尤其是当罪犯转监时，其所在监狱或者转移后的监狱应该及时将相关信息告知会见人员，使得会见人员在充分了解相关信息的情况下，做出是否申请会见的决定。

2. 细化监狱会见规定

一是充实会见规定中的总则条款。以会见目的为例，笔者认为应在总则中明确监狱会见的目的，会见目的内涵至少应该包含如下三个方面：其一，会见目的应该围绕教育矫正改造的终极目标予以设定。监禁教育矫正的根本目标是使得罪犯在接受教育改造的基础上能够实现顺利回归社会的目的。这决定着会见制度的根本目的是为其提供家庭或社会支持，维持既有的社会关系，使其能够顺利回归并融入社会。其二，会见目的应该以罪犯为主体予以设定。不同主体会见罪犯的目的可能不同，但立法构建会见制度的根本原因在于罪犯被羁押并进行教育矫正改造的事实。为此，会见目的设定主体应为罪犯，而非其他人员。当然，基于家庭关系与其他社会关系的双重主体属性，绝对排除其他主体在会见中的诉求目的是不现实的，且有可能对罪犯顺利回归社会产生阻碍，因为会见目的的达成或实现是各方主体共同互动的逻辑结果。其三，会见目的能否实现及实现的程度应该有可行性的衡量标准。

二是细化会见程序性规定。未来立法有必要在现有《罪犯会见通信规定》基础上细化监狱会见的程序性规定，就诸如特殊时期会见、特殊情形会见等作出更为详细的规定。

三是对未成年犯等特殊群体会见予以特别规定。针对未成年犯会见时间、会见方式、会见次数等均予以特别规定。如在会见时间和会见次数上，考虑到未成年犯家属会见的成本与成效，允许未成年犯延时会见与累计会见，也就是说千里迢迢来未成年犯管教所会见未成年犯的家属可在未成年犯管教所待更长时间，比如3个小时，而不是正常情况的1个小时，而且第2天可以再次返回继续会见。在会见方式上，在现有隔透明装置会见及视频会见等基础上拓展会见方式，允许且加大对未成年犯适用接触式会见与过夜式家属会见。

（四）强化监狱家庭支持工作的教育与培训

1. 将家庭教育纳入罪犯教育改造范畴

开展罪犯家庭教育的目的，一方面是转变其认知，使其认识到家庭工作的重要性，提高其参与家庭支持工作的积极性与主动性；另一方面可提升罪犯家庭支持的技能，充分发挥家庭支持系统的改造成效，进而为其顺利回归社会打下基础。

家庭教育方法可以根据罪犯的不同犯因性需求予以确定，开展循证式家庭支持项目。如针对罪犯过去或未来可能发生的家庭问题开展“家庭问题项目”，帮助罪犯认知并提供解决相关问题的办法；针对有未成年子女的成年男犯与女犯开展“监狱亲子项目”，帮助罪犯了解育儿知识，改善亲子态度，提升罪犯自尊水平，增进服刑期间亲子交流的多样性，提升家庭联系较差罪犯家庭联系的频率；针对人际沟通能力较弱的罪犯开展“人际沟通技能项目”，以培养罪犯人际关系能力并对具有攻击性或虐待行为特征的罪犯（他们可能是受害者或者是家庭虐待的目击者）培养同情心；针对缺少家庭支持罪犯开展诸如“寻找家人项目”等，该类项目尤其为缺少原生家庭支持的未成年犯提供支持性关系以帮助他们过渡到成年；针对很少或没有家庭联系的性犯罪罪犯开展拟制家庭项目，允许此类罪犯与指导者讨论其感受或担忧，而不是压制他们，为其创建可求助的家庭式网络，进而提供实际和情感上的支持。

2. 对家庭成员开展家庭教育指导或家庭关系指导

为增进罪犯家庭支持工作的效用，有必要对未成年犯家庭成员开展家庭教育指导，对成年犯的家庭成员开展家庭关系指导。一方面，对未成年犯家庭实施强制家庭教育指导。在未成年人保护法中，家庭保护位列未成年人保护之首，彰显了家庭在未成年人保护中的重要地位。该法在第 118 条也明确规定未成年人的父母或者其他监护人不依法履行监护职责或者侵犯未成年人合法权益的，情节严重的可以责令其接受家庭教育指导。如实践中有检察机关制定的差异化强制亲职教育方案值得借鉴，对本地涉罪未成年监护人采用小组式亲职教育，通过心理疏导、家庭能量分析、非暴力沟通等课程，结合家庭评估和家庭社会服务，教会家长正确履行监护职责；而对异地涉罪未成年人监护人采用"互联网 +"式亲职教育[①]。笔者认为在此基础上对于在未成年犯管教所服刑期间的未成年犯的父母或监护人亦应实施"强制家庭教育指导"并开展"亲职教育"培训，强制未成年犯父母或监护人接受辅导，通过亲子沟通技巧、未成年保护法规以及家庭教育理念的培训等提升其培养未成年人的能力，这也是优化未成年犯回归之路的生活土壤。另一方面，对成年犯的家庭成员亦有必要开展家庭关系指导。相关研究表明，家庭成员的支持和认可可以激励罪犯维持积极的生活方式并努力实现特定目标[②]。对成年犯家庭成员的家庭关系指导不能强制适用，因此其具体的适用方式应更为灵活，旨在鼓励罪犯家庭成员主动自愿参与。具体可通过开展家庭关系指导讲座、参与罪犯个案矫正项目等方式由监狱家庭支持工作人员或社会志愿者对其实施。

3. 强化对参与家庭支持工作的监狱工作人员的培训

对参与家庭支持工作的监狱工作人员开展培训应尤为重视以下两点：其一为人文性。既然积极的家庭关系与降低再犯风险相关，那么，

---

① 宋英辉等:《未成年人保护与犯罪预防问题专题研究》，中国检察出版社 2020 年版，第 225 页。

② Maruna，S.Making Good，*How Ex-Convicts Reform and Rebuild Their Lives*，Washington，DC：American Psychological Association，2001.

罪犯家庭成员就是潜在的帮教资源，参与家庭支持工作的监狱工作人员应该善待并尊重他们。罪犯的伴侣、父母和子女都需要社会支持，这不仅是因为他们在罪犯改造中发挥关键作用，还因为他们本身未犯罪却遭受着隐性惩罚。监狱罪犯的亲属可能会因为自己的亲属在监内服刑而感到沮丧，或者承受着来自监内亲人的压力，这就要求监狱工作人员在与罪犯家人沟通时要有良好的态度和礼貌，对罪犯家属表现出尊重与人文关怀。这不仅有利于塑造监狱工作人员良好的社会形象，更有助于与罪犯家庭建立信任关系进而吸纳其参与罪犯后续帮教。而且如果罪犯知道其家人得到善待，也将有助于改善其与监狱工作人员之间的关系，从而使监管更为稳固。

其二为专业性。监狱应选拔专业素质高的工作人员参与家庭支持工作。罪犯回归社会的起点即为回归家庭。家庭关系的修复、家庭教育的理念应是罪犯改造中的重要教育内容。罪犯的犯罪行为不仅是对受害人或社会秩序的破坏，同样也对家庭成员造成伤害。诸多罪犯家庭存在沟通障碍，即便家庭成员希望罪犯积极改造也往往因沟通技能等的欠缺无法在家庭联系中发挥良好效果。罪犯同样存在此问题。因此，参与家庭支持工作人员的专业性尤为重要，应按对罪犯开展文化教育、技能培训同样的服务和方式向罪犯普遍提供关系技能与家庭、人际关系责任的培训。同时亦应在家庭支持工作开展之前与罪犯家属积极沟通，促进家属正向引导效果的发挥。此外，家庭支持工作人员入职培训计划和有工作经验工作人员进行培训时应确保其知晓如何在罪犯改造中充分利用家庭纽带，并提高他们捕捉家庭支持工作中出现各种问题的敏感性。此外，家庭支持工作人员必须了解创伤情况，并了解过去的创伤对罪犯行为和心理健康的影响。

（五）吸引社会力量参与监狱家庭支持工作

司法部应要求监狱与地方企业、学校、科研机构、志愿者组织及广义社区中的其他机构建立互利协作的关系，尤其在家庭支持工作中要吸纳社会力量参与，构建人员与资金的多元支持系统。

一方面，当前监狱警力有限，而家庭支持工作的开展需要与罪犯家庭成员建立联系并审慎调解他们之间的紧张关系，这需要耗费大量的时间与人力，单靠有限的警力不足以应对此工作。有相对稳定的志愿者等社会力量的参与有助于提升家庭支持活动的安全性，因为他们了解罪犯及其家庭成员的相关信息，因此更容易发现可能的安全隐患。另一方面，由社会力量参与家庭支持工作更容易破除罪犯及其家庭的阻抗心理而建立信任关系。有研究发现，约有 50% 的罪犯更容易与不穿制服的志愿者组织家庭支持工作人员交流而非监狱人民警察，这将影响他们透露个人信息的意愿①。此外，家庭参与工作者有时还能鼓励他们重新思考与家庭成员乃至监狱工作人员的互动方式。另外，家庭支持工作高质量、循证式的开展需要相应的预算投入，这也是与志愿者部门组织建立协作关系的主要优势，可以帮助罪犯家庭以及罪犯自身的服务能从其他来源获得资金。如通过慈善信托、基金会赠款和赞助以及志愿者组织自费等方式缓解资金上的困难。

（六）拓展罪犯家庭支持的信息与技术渠道

一是收集并处理家庭相关信息。家庭相关数据信息的收集对于确定罪犯狱内的家庭需求，开展针对性的家庭支持活动具有重要意义。罪犯及其家庭关系的定量信息应予以收集和评估，并将其作为一个贯穿监管过程的动态、持续且持久的过程，而不是仅仅在入狱时，因为家庭情况一直在变化，危机可能会突然发生。因此，监狱应建立罪犯的家庭档案，在罪犯入监之时即应强制要求罪犯填写其家人和重要他人的联系信息，有关此信息和其他重要关系的信息不断更新，并在罪犯转监时附随。罪犯服刑期间开展家庭支持活动的相关信息亦应及时写入其家庭档案。以监狱会见为例，应建立罪犯的会见档案，并将所有会见人、会见相关必要信息录入罪犯家庭档案。所有罪犯，包括不参加或没有家庭支持活动的人员均应创建家庭档案。此外，亦应注意两点：其一，应重视收集家庭信息的工作人员的选择，如果监狱与外部志愿组织合作开展家庭工作，则他们可以进行收集。由于他们不被

① Jacobson，J.，Edgar，K.，Loucks，N.，*There When You Need Them the Most*：*Pact's First Night in Custody Services*，London：Prison Reform Trust，2007.

视为监狱主体的组成部分，因此他们更有可能获得信任，可以收集更准确的数据。其二，应重视从罪犯家庭成员获取相关信息。家庭或其他支持性关系在收集罪犯精神健康、毒品使用（处方及非法）、暴力倾向和自我风险情报方面发挥重要作用。此外，监狱主管部门与社区矫正机构、安置帮教机构应加强协作，在罪犯被假释之后或刑满释放之后，罪犯的家庭档案应予以共享。

二是建立与罪犯家庭联系的通信系统。监狱应与罪犯家庭和重要他人建立一个清晰、可审核且响应迅速的专用电话线。借助此专线可以使家庭向工作人员分享对罪犯的担忧，可以为监狱提供罪犯有关自残和自杀风险的重要信息，监狱应该借鉴这些信息，而工作人员又会向家人适当反馈其所采取的任何行动或提供的支持，从而促进家庭支持工作的良性互动。

三是开发家庭支持评估量表。并非所有家庭成员对罪犯都有积极影响，这就要求逐案确定家庭参与并定期进行检测与重新评估。监狱应重视《家庭关系量表》与《家庭支持量表》的开发与适用。具体而言，《家庭支持量表》可用于评估罪犯与其家人的亲近程度及他们想融入家人生活的程度，他们感受家人支持的程度。而《家庭关系量表》则可以评估罪犯与其家人之间的关系质量，如罪犯家庭里是否有能与之交谈或共同生活的人，家人中是否有人可以理解他的问题，家人中是否有能够给他提供真正帮助或建议的人。

安置帮教研究

ANZHIBANGJIAOYANJIU

进一步做好刑释解矫人员安置帮教工作的思考和建议

赵　森*

刑释解矫人员如何重新融入社会、减少重新犯罪，是社会关注的热点问题。针对刑释解矫人员开展安置帮教工作，是平安中国建设和社会治安综合治理工作的重要内容。但通过基层调研发现，诸如法治化水平有待提高、工作机制不完善、经费保障力度不够、基层治理水平有待提升、社会保障覆盖不全面、社会歧视问题突出、社会力量参与不足等原因的存在，一定程度上影响了安置帮教的工作效能。针对上述问题，有必要从加强和创新社会综合治理、深入推进国家治理体系和治理能力现代化的高度出发，研究提出加快推进安置帮教领域立法、完善安置帮教工作机制、完善刑释解矫人员社会支持体系的一系列具体手段和措施，着力提高安置帮教工作的法治化、规范化、社会化水平，对刑释解矫人员重新犯罪诱因形成有效阻断，帮助刑释解矫人员顺利回归和融入社会。

一、推进安置帮教领域立法，为安置帮教工作依法开展和后续良性发展提供法律保障

进一步完善安置帮教相关法律，是社会治理创新要重点解决的问题。推进社会治理创新，进一步完善社会治理体系，要有法可依，把

---

* 赵森，司法部预防犯罪研究所重新犯罪调查研究中心主任、副研究员。

对刑释解矫人员的社会管理和社会保护纳入法治轨道，提高刑释解矫人员安置帮教和重新犯罪预防的法治化水平。

一是要立足于国家治理体系和治理能力现代化，加快推动安置帮教工作法治化建设，研究制定全国性的安置帮教相关法律以及规范制度文件，明确规定工作性质、权利义务、机构设置、职责权限、工作程序、队伍建设、经费保障等，把工作实践中好的经验做法上升为法律规范，明确不同参与主体责任，统一工作标准，堵塞管理漏洞，建立健全相关部门之间的衔接机制和工作协同机制，构建各级党委政府统一领导、相关职能部门齐抓共管的工作模式，提升各级政府支持力度和相关部门重视程度。

二是要调整安置帮教工作有关政策，完善分类管理精准帮扶。对于刑释解矫人员，如果不论其罪行类别、犯罪性质、监管期间表现、家庭困难程度、本人主观意愿等，一律要求对其实行安置帮教，势必造成资源浪费，增加基层工作负担。所以，要合理确定安帮对象范围，将刑释解矫人员按照再犯风险评估的结果划分为重点人员和一般人员，结合实际调整安置帮教期限。例如，将一般帮教对象帮教期调整为 1 年，重点帮教对象帮教期调整为 3 年；或者仅将危害国家安全犯罪、涉黑涉恶涉邪涉毒类犯罪、暴恐类犯罪、有明显重新违法犯罪倾向的部分特定重点人员列为安置帮教对象，其他监狱刑释人员和解除社区矫正人员不再纳入安置帮教对象范围，更有利于将重点人员更好纳入视线，有针对性开展安置帮教工作。对于重点人员，应侧重预防其重新犯罪；对于家庭特困人员、老弱病残人员等，则更应侧重进行社会救助，切实解决这些人员生活实际困难问题，让他们重拾生活信心，最大限度预防和减少社会不稳定因素。

二、完善安置帮教工作机制

一是积极完善安置帮教工作组织领导体系，强化党委政府统揽全局的核心作用。安置帮教工作涉及面广、影响因素复杂，要压实属地责任，推动各级党委政府建立刑释解矫人员安置帮教工作领导小组及其办公室，统筹协调和指导本级行政区域内的安置帮教工作，形成党委政府统一领导、政法委统筹协调、各成员单位齐抓共管、社会力量共同参与的刑释解矫人员安置帮教工作格局，切实将组织优势和系统优势转化为社会治理效能。

二是进一步细化明确相关部门在安置帮教工作中的职责任务，加强部门协同，优化社会资源和司法资源配置，在刑释解矫人员衔接、信息联通、纠纷联排、力量联动、矛盾联调上加强统筹协调，确保衔接有序，形成工作合力，实现衔接、评估、管理、教育、帮扶全覆盖，整合力量促进重新犯罪治理各项工作措施落地落实。健全安置帮教工作成员单位联席会议制度，定期召开工作分析会、调度会，推动各部门群策群力化解安置帮教衔接管理工作中的突出难点和问题，交流工作情况和工作信息。

三是强化工作考核机制，明确民政、人社、公安、医疗保障、住房保障等相关职能部门在协调处理疑难问题上的主体责任，并设定具体指标，避免司法行政部门牵头协调过程中出现相关部门扯皮、推诿现象。促进相关部门依法全面履职，积极推动将地方党委政府履行安置帮教工作主体责任情况以及安置帮教衔接管理工作力量配备、经费保障等作为省域和市域社会治理重要内容，纳入社会管理综合治理评价考核的工作目标，作为落实社会管理综合治理领导责任制的重要内容，把刑释解矫人员重新犯罪率作为考核社会管理综合治理绩效的具体指标。

三、加大安置帮教经费保障力度

提高各级政府对安置帮教工作的重视程度，推动财政部门建立安置帮教财务预算和增长制度，明确使用标准、条件和流程，将刑释解矫人员“必接”专项经费、专职社工经费、走访经费、刑释解矫人员职业技能培训和职业技能鉴定经费、安置帮教志愿者工作经费、安置基地建设等纳入同级财政预算予以保障，推动有条件的地方探索设立刑释解矫人员帮扶基金，动员社会各界、企事业单位积极参与，将经费的社会来源与国家来源相结合，由基金管理机构或有关部门负责管理。

四、提升基层社会治理能力

一是加强网格化治理力度。充分发挥网格员“人熟地熟”的优势，积极推动网格员参与安置帮教工作，培训引导网格员把握走访调查环节、预警环节、帮教环节，在日常工作中关注刑释解矫人员的工作、生活情况，及时疏导心理问题、加强法治教育，遇有突发事件及时管控，有效预防和减少重新犯罪。

二是发扬“枫桥经验”，开展各类矛盾纠纷隐患排查化解，实现矛盾纠纷预防在前、化解在萌芽。积极组织网格员、人民调解员等定期入户走访，搜集掌握婚恋家庭、邻里关系、山林土地、经济债务、口角琐事等各类“民转刑”苗头线索，建立排查台账。组织调委会、调解员针对性开展涉安置帮教对象矛盾纠纷排查化解工作。召开矛盾纠纷多元化调解调度会，由基层工作经验较丰富、具备法律专业背景的司法所业务骨干，调解经验较为丰富、群众基础较好的调解员以及镇（街）、村居法律顾问深度参与重点案件调处，避免矛盾的升级、激化、转化，提高调处力度和成功率，减少群体性事件、民转刑案件的发生，推动命案防控工作提质增效。

三是推动公共法律服务资源向基层下沉，积极引导各类社会组织、法律从业者、普法志愿者、调解员、法律明白人等，联合开展主题普法宣传教育活动，丰富普法内容和普法形式，增强群众的法治意识和依法维权意识，引导群众通过法律途径解决纠纷、维护权益。

四是突出重点管控帮教，组织加强刑释解矫人员情况摸排，及时掌握其个人信息、家庭情况、社区表现、社会生活等情况，切实做到底数清、情况明，加以科学评估，分级分类施策，制定一人一策的帮教管控措施，开展针对性帮教。要将较低文化水平的单身男性、中年以上的无业人员以及涉毒盗窃、累犯、1 年以下轻刑犯等情况列为重点帮教对象，建立重点人员帮教小组，量身定制“防范预案”，确保状态可控，鼓励和引导刑释解矫人员顺利回归社会，将重新犯罪隐患消灭在萌芽状态。

五是统筹形成工作合力，加强协调联动。司法所是安置帮教工作的重要推动力量。2018 年机构改革之后，司法所的职能不断拓展，任务越发繁重，人少事多矛盾突出，统筹协调能力有限，难以推动相关职能部门形成齐抓共管的工作格局。建议落实属地责任，建立健全乡镇、街道、社区涉及安置帮教工作的相应组织或机构成立委员会，统筹派出所、司法所、民政、人社、教育、工商等职能部门，同频共振，定期组织召开工作例会，建立健全会商研判机制，制定政策扶助措施清单，形成服务监管全覆盖工作格局。

五、建立完善信息共享和协同机制，加强对刑释解矫人员重新犯罪问题的分析研判

一是完善刑释解矫人员的基础信息，理顺监所、公安和司法行政部门之间的工作关系，建立紧密联系，严格按照要求，完整、准确、及时地填写、寄送法律文书，及时登记造册落实一人一档，防止脱帮、漏管、失控现象的发生，做到无缝衔接，巩固教育改造效果，有效预防和减少重新违法犯罪。

二是加强信息化建设和技术保障，开展政法业务协同平台建设，破除地域主义、本位主义，优化全国刑释解矫人员信息管理系统，搭建全国公安、司法行政机关、各职能部门、基层自治组织间的数据信息共享平台，开发刑释解矫人员户籍地核查和重点帮教对象线上通报列管业务模块，落实以实际居住地管理为主的原则，实行居住地与户籍地安置帮教组织信息共享并定期通报情况，对刑释解矫人员动态数据进行统筹管理和数据共享，确保将再犯风险较高的刑释解矫人员纳入安置帮教管理范围，针对涉毒犯罪、有组织犯罪、网络犯罪等加强省际协作，建立风险管控机制，提高风险管控能力。

三是加强对刑释解矫人员重新犯罪问题的分析研判。加快推进重新犯罪风险预测预警预防平台信息化建设，推动刑释解矫人员重新犯罪风险指标数据库、智能预测模型、预警预防工作平台建设应用，建立健全

动态信息采集、风险级别预测、预警预防决策、跟踪评估反馈等工作制度，研发全国性的刑释解矫人员再犯罪危险性评估工具，加强犯罪趋势预测、分析研究，建立重新犯罪数据发布机制，为国家决策和社会治理提供科学依据，为有效预防和减少重新违法犯罪提供有力支撑。

六、深化刑释解矫人员权益保障机制

要压实地方党委政府主体责任，明确相关单位职责，努力解决好刑释解矫人员的就业、就医、就学、住房保障等实际困难，预防重新犯罪；加强与民政、劳动部门的沟通合作，着眼刑释解矫人员社会生存需要，建立完善与回归过渡相适应的劳动报酬机制，探索将刑释解矫人员纳入社会保险范畴，允许其利用劳动报酬或家人出资为其购买社会保险，解决社保接续问题；建立刑释解矫人员过渡性安置帮扶机构，由财政、民政、司法等部门建立社区服务“中途之家”，加强对无家可归、无业可就、无亲可投的“三无”刑释解矫人员的重点帮扶，提供过渡式管理和安置服务，协助办理落户、低保、申请廉租房、保险、法律援助等，降低重新犯罪风险；对有单身、无业、家庭贫困、重大疾病等特征的刑释解矫人员，加大基本生活保障的力度，整合社会帮教资源，落实民政救助、养老、医疗基本保障和大病救助等措施，增强社会救助及时性、有效性，完善社会救助保障制度，确保其基本的生活、医疗条件能够有所满足，对失业贫困刑释解矫人员进行及时救助，使其不至于再次铤而走险，减少社会风险因素。

七、努力提高社会力量参与度，推动安置帮教工作的社会化

推动出台相关政策，引导更多的社会组织参与安置帮教工作，不断完善政府购买安置帮教社会服务方式，加强对参与安置帮教的社会组织的经费保障，将购买社工和志愿者服务组织服务经费纳入各级财政预算。司法行政部门会同民政、人社等部门，加强社工队伍建设，

加强职业规划，优化薪酬待遇，提升社会认知度。积极培育能够承接社区矫正和安置帮教服务的对口社会组织，进一步规范社会力量介入安置帮教工作的监管机制，引导它们不断优化内部治理结构，不断提高专业化、职业化水平。细化落实志愿服务政策，建立有利于帮教志愿服务的具体制度，保障帮教志愿者获得培训、补贴、保险、奖励的基本权利。指导社会帮教志愿者组织加强内部治理，改进工作制度，增强资源整合和资金募集能力，提升志愿者社会化、组织化水平。加大舆论宣传，广泛发动社会热心人士，吸引具有法律、教师、心理等专业资质的志愿者。汇集专业性社会资源，鼓励社会组织运用其专业优势参与刑释解矫人员调查评估、走访谈话、需求分析等事务，提供心理矫治、就业接纳、技能培训、社会融入等服务，借助社会力量纾解安置帮教工作面临的经费、队伍、专业技能等问题，减少重新犯罪风险因素，阻断重新犯罪诱因。积极动员村（居）委会、社区组织、党员干部等参与刑释解矫人员结对帮教，加强与工会、团委、妇联、老龄委及律师协会、企业家协会等组织的沟通，建立刑释解矫人员的社会支持体系和长效机制。

八、提高回归过程中的家庭参与度，重树刑释解矫人员生活信心

家庭是刑释解矫人员回归社会后的首要去处，家庭成员的态度和教育方式会直接影响罪犯回归社会后的行为表现。一方面，家庭成员要尽可能充分关心、尊重和理解他们，不冷落、不歧视，为刑释解矫人员营造亲情和睦的家庭氛围，日常生活以规范和约束为主，注重培养良好的行为习惯，对其良好的言行及时给予赞扬。发现刑释解矫人员有不良行为或违法违规征兆时，及时批评指出，匡正思想行为，以家庭责任感令其悬崖勒马，促其培养自信、自尊、自爱、自强等良好的心理品质，在生活、工作中遇到挫折时，鼓励、激发他们重新做人的信心。另一方面，从司法行政部门的角度出发，对家庭关系缺失或家庭关系紧张的，特别是“上有老下有小”的中年对象，要多关心其

生活境遇与心理状态，有必要结合前文提及的引入社会化专业力量，通过专业家庭治疗和家庭关系咨询来修复受损的家庭关系，还要积极引入法律服务和就业支持等社会资源，为家庭接纳刑释解矫人员提供必要的帮助，发挥婚姻家庭的纽带作用，稳定其家庭生活秩序，为刑释解矫人员回归社会创造良好的家庭条件。

九、做好刑释解矫人员就业保障

出台刑释解矫人员就业援助政策，签订定向合作协议，对吸纳刑释解矫人员就业的单位、工商业者、私营企业等落实人力资源补贴和税收优惠，鼓励他们吸纳刑释解矫人员就业，建立过渡性安置帮教就业培训基地，提供就业平台，同时开展就业指导、技能培训。对有创业意愿的刑释解矫人员，进行创业指导和跟踪帮扶，在贷款、工商、税收等方面提供帮助，帮助其解决生存困难。特别需要指出的是，对刑释解矫人员的社会歧视是造成其就业困难的重要原因之一。要平衡社会公众的知情权和刑释解矫人员的劳动权，在分类化管理、个性化帮教的基础上，探索建立前科封存制度，经科学评估对公共安全影响风险程度较小的刑释解矫人员，对其犯罪和服刑相关信息进行封存，并合理限制刑释解矫人员的前科报告义务，清理规范各行业对刑释解矫人员的就业限制性规定，保障刑释解矫人员的就业平等权。

十、加强正面宣传

政府、新闻媒体及学校等应加强对安置帮教工作的正面宣传，引导公众认识到社会各界为实现刑释解矫人员再社会化所做的工作及其效果；对刑释解矫人员遵纪守法、勤劳致富、服务社会的先进典型和积极案例进行宣传。同时要引导社会舆论，鼓励各方互动，改变脸谱式描述，逐步转变人们对刑释解矫人员的负面刻板印象，提升公众对安置帮教制度的认可度，为安置帮教工作营造良好氛围，促进刑释解矫人员顺利回归和融入社会，为减少和预防重新犯罪创造良好的社会环境。

中外比较研究

ZHONGWAIBIJIAOYANJIU

关于监狱老年犯相关问题的思考

张桂荣 *

当前，世界人口老龄化问题日趋严重，这种现象也不可避免地影响到世界各地的监狱人群。监狱老龄化危机已成为许多国家监狱系统面临的主要问题，应对监狱老龄化问题成为各国监狱系统的一个重要任务。近年来，随着一些刑事政策的调整，我国监狱系统中的老年犯也在不断增长，监狱人口老龄化问题日益严重，给监狱管理带来了重大的挑战。本文分析了全球监禁系统的老龄化状况与原因，以及给监狱带来的挑战，并就应对老龄化危机提出了有关思考和建议。

一、监狱人口老龄化现状

当今许多国家的人口老龄化问题日益严重。在此背景下，监狱人口也面临着老龄化问题，在西方国家和亚太地区监狱中的老年犯数量正在增加①。

从 2013 年到 2018 年，新加坡监狱中 60 岁以上的人口总数增长了 50%。2018 年，新加坡法院共审理了 196 件 65 岁以上老人的刑事案件，创下了至少三年来的最高纪录。② 据报道，韩国是世界上人口老龄

* 张桂荣，司法部预防犯罪研究所社区矫正工作研究室主任、研究员。

① Shelley Turner，Christopher Trotter，*Growing old in prison? A review of national and international research on Ageing Offenders*，p.8. State of Victoria 2010 Department of Justice.

② Fabian Koh，*More seniors above 60 going to jail*，The New Paper，3 June 2019.

化速度最快的国家。2018 年，韩国 65 岁及以上人口的犯罪活动在过去五年里增加了 45%[①]。

在整个欧洲，50 岁以上囚犯的平均比例从 2013 年的 11.7% 上升到 2019 年的 15.3%，范围从俄罗斯和摩尔多瓦的 7%，到列支敦士登和保加利亚的超 30%。[②] 在瑞士，超过 50 岁的老年犯的数量在 2007—2017 年成倍增长，总数超过了 800 人。[③] 在英国，从 2002 年 6 月到 2020 年 3 月，60 岁以上的监狱人口增加了 243%，从 1511 人增加到 5176 人。在此期间，60 岁以上囚犯的比例也有所增加：从监狱人口的 2% 增加到 6%。[④]

据估算，预计到 2030 年，美国监狱中三分之一的罪犯将超过 55 岁，这一数字在五十年间惊人地增加了 4400%。[⑤] 在加拿大，50 岁以上老年犯是监禁总人口的 25%，其中的 50% 正在服无期徒刑。[⑥]

在新西兰，截至 2019 年 2 月 28 日的六年间，65 岁及以上年龄组的囚犯人数增加了 61%。[⑦] 在澳大利亚，2010 年，50 岁以上的囚犯占监狱总人口的 11.2%。这与 2000 年的情况形成对比，当时 50 岁以上的囚犯只有 8.3%。就囚犯数量而言，过去十年澳大利亚监狱新增约 1500 名老年囚犯，增长了 84%。在 50 岁以上的囚犯中，65 岁以上的

---

① Yoonjung Seo，CNN，*Inside South Korea's elderly crime wave*，19 December 2018.

② *Older persons in detention*：*A framework for preventive monitoring*，p.2. Penal Reform International 2021.

③ Marcela Aguila Rubín，*Dying in dignity behind bars*，SWI，23 August 2019.

④ House of Commons Justice Committee，*Ageing prison population*：*Fifth Report of Session 2019-2021*，p5. Published on 27 July 2020.

⑤ The Osborne Association，*The High Costs of Low Risk*：*The Crisis of America's Aging Prison Population*，p.2. July 2014.

⑥ Office of the Correctional Investigator of Canada and Canadian Human Rights Commission，*Aging and Dying in Prison*：*An investigation into the Experiences of older individuals in Federal Custody*，February 2019.

⑦ Office of the Inspectorate–Te Tari Tirohia，*Thematic Report*：*Older Prisoners*，p.8. August 2020.

增长最快，从 2000 年开始的十年间增长了 140% 以上。这远远超过了同期全国人口 36% 的增幅[①]。

实际上，由于矫正系统罪犯人口的特殊性，矫正系统罪犯人口实际上的老龄化问题更为突出。在社会上，医护专业人员通常把 60 岁或者 65 岁作为区分“老年成人”或“老年状态”的标准，但是在矫正背景下“年轻”和“年老”的区分却并没有这么明确。这是因为，许多犯罪者在相对年轻时即出现了多种慢性生理或心理健康疾病和身体残障问题。同时，在他们的生命中，遭受巨大压力或深刻创伤、有吸毒或无家可归史、在享受高质量医护服务和教育方面有限的可能性也更大。[②]这一群体在医疗和社会领域遭遇的、提前出现的、高度复杂的问题通常被称为“加速老龄化”。而在监禁环境下，监禁过程中带来的压力、低医疗服务水平、自身健康状况欠佳等因素使得监禁人口的加速老龄化问题会更加突出。因此，许多国家都将 50 多岁的罪犯视为“老年犯”。如果以此年龄为起点，那么监狱中的老年犯数量会更多。

尽管缺乏我国全国老年人犯罪的准确情况，但从相关报道来看，近年来我国的老年人犯罪也在逐渐增加。[③]老年人犯罪的增多，必然会增加我国监狱系统中老年犯的数量。实践也证明，我国一些监狱中的

---

① Susan Baidawi，Shelley Turner，Christopher Trotter，Colette Browning，Paul Collier，Daniel O' Connor and Rosemary Sheehan，*Older prisoners—A challenge for Australian corrections*，Trends & issues in crime and criminal justice，No. 426 August 2011.

② 1 Brie A. Williams，James S. Goodwin，Jacques Baillargeon，Cyrus Ahalt and Louise C. Walter，*Addressing the Aging Crisis in U.S. Criminal Justice Health Care*，Journal of the American Geriatric Society，Vol. 60，No. 6，2012.

③《法院：近十年老年人犯罪率逐年攀升，一大原因是解决温饱！》载搜狐网 2018 年 10 月 30 日，https://www.sohu.com/a/272166114_167718；司小丽：《老年人犯罪特点分析及对策建议》，载中国法院网 2013 年 11 月 1 日，https://www.chinacourt.org/article/detail/2013/11/id/1117081.shtml；《静安检察：老年人犯罪案呈现三大特点》，载人民网 2020 年 10 月 22 日，http://sh.people.com.cn/n2/2020/1022/c134768-34367569.html。

老年犯数量在逐年增加。[①]更加值得关注的是，随着我国部分罪犯被限制减刑、假释、暂予监外执行以及实际意义上的终身监禁制度的适用等刑事政策的出台，必然会进一步加剧我国监狱人口的老龄化问题。

二、监狱老年犯增长的原因

监狱老年犯人口的增长，在一定程度上反映了社会普通人口老龄化的状况，但是这并不能充分或准确地解释监狱中老年犯人数的增长原因。从各国监狱老年人口增长的实际情况来看，原因复杂而多样，主要有以下几种原因：

一是老年人犯罪增加。依据日本和新加坡的报道，高龄本身就是犯罪的一个触发因素，因为高龄会导致贫困程度的加深和家庭及社会支持的匮乏。[②]日本司法部门的报告称，在2017年，有相当大比例的老年犯由于家庭支持不足和就业困难而在社会上面临着不稳定的生活前景而重返监狱。[③]也有研究人员发现，日本监狱中再犯老年人口的增加，是由于把监狱作为摆脱贫困和社会孤立的一种方法。[④]我国也有相似的报道。老年人犯罪的原因之一是解决温饱。[⑤]在韩国，认为这种增

---

① 江航：《老病残罪犯管理的困境及改革研究——以广东省S监狱老病残分监区为例》，华南理工大学2016年硕士学位论文。

② *Japan's prisons are a heaven for elderly women*：*lonely seniors are shoplifting in search of the community and stability of jail*，Bloomberg，16 March 2018；*Motivations of Elderly Offenders in Singapore Prison Service*，International Corrections and Prisons Association July 2018.

③ *With recidivism high among the elderly*，*Japan compiles first white paper of support measures for ex-prisoners*，Japan Times，21 December 2018.

④ *Japan's jails a sanctuary for seniors*，NHK World-Japan，25 December 2019.

⑤《法院：近十年老年人犯罪率逐年攀升，一大原因是解决温饱！》，载搜狐网2018年10月30日，https：//www.sohu.com/a/272166114_167718，2021年7月23日访问。

长与人们寿命更长却无力自给自足的事实有关。[①]

二是严厉的刑事政策导致。在美国，认为导致监狱老龄化问题突出的主要因素是老年人被收监数量的增加以及将延长刑期作为公共安全策略的做法。[②]还有的认为，监禁场所老年犯的增长，与刑事司法政策密切相关。“更严厉和强制性的判刑法律，以及减少提前释放监狱的选择，是老年囚犯人数增加的真正根本原因”[③]；美国老年犯增长的原因之一是严厉的量刑法，在20世纪80年代提出的强制性的最低刑期[④]。

英国监狱改革信托基金会2003年的一份题为“对老年囚犯的双重惩罚”的报告认为：“监狱老年人口的增加不能用人口结构的变化来解释，也不能用所谓的‘老年犯罪浪潮’来解释。这种增长是由于更严厉的判刑政策……而且法院也倾向于监禁那些罪行最能挑战社会与年龄有关的陈规定型观念的老年罪犯”[⑤]。监狱改革信托基金会所认定的“刑期膨胀”，被判处长期监禁和无期徒刑的老年囚犯的逐年增加，再加上年轻囚犯和首次入狱的老年人服刑时间更长（在后者的情况下，往往因性犯罪），许多学者把这些概括为“叠加效应”[⑥]。比如，1995年至2001年，在英国服刑4年以上的老年囚犯人数增加了三倍，从318人增加到966人，因此到2001年，这些老年囚犯中80%的人服刑4年或更长[⑦]。

从我国监狱中老年犯人口的增长来看，除老年犯罪人口的增加

---

① *Inside South Korea's elderly crime wave*，CNN，19 December 2018.

② *Aging Prison Populations Drive Up Costs*，PEW，20 February 2018.

③ *Growing old in prison?A review of national and international research on Ageing Offenders*，p.9. State of Victoria 2010 Department of Justice.

④ *What Should We Do about Our Aging Prison Population?*，JSTOR Daily，17 July 2019.

⑤ Robert J Hastings，*Growing old in prison? A review of national and international research on Ageing Offenders*，Corrections Research Paper Series Paper No.03 July2010.

⑥ *Growing old in prison?A review of national and international research on Ageing Offenders*，p.9. State of Victoria 2010 Department of Justice.

⑦ Dobson，G，*Growing old in prison*，*Elderly Client Adviser*，vol.9，no.5.2004.

外，另一个主要的原因也与相关刑事政策的调整有关。比如，《刑法修正案（八）》提高了一些犯罪的法定刑期，对一些犯有特定罪行的罪犯规定了限制减刑、缓刑、假释以及不得暂予监外执行，实质意义上的终身监禁制度被适用，这些政策使得罪犯服刑时间变长，导致监狱长刑犯数量大幅增多，大量监狱人口在监禁中逐渐变老，加上监狱环境带来的加速老龄化效应，大大推高了我国监狱老年犯人口的增长。

三是多重因素。红十字国际委员会（ICRC）有关报告中将老年犯的增加归结于以下因素：冗长的审前程序、漫长的刑期和提前释放障碍、老年犯被控犯有性虐待之类前所未有的罪行等。[①]有的研究人员认为，对老年罪犯的改造资金和干预措施有限，是老年囚犯人数增加的原因，因为这些措施更多地针对年轻罪犯，他们被认为需要更大程度的支持和更大的变革能力，导致他们的罪行通常引起较少的惩罚性反应。[②]

三、监狱人口老龄化带来的挑战

与年轻罪犯相比，老年犯往往很少违反监狱纪律，并且在释放后具有较低的再犯率。例如，美国联邦监狱局的有关统计数据显示，美国 50 岁以上的罪犯占监狱人口的 19%，但只制造了 10% 的不端行为事件。在同一时期，从美国联邦监狱释放的罪犯三年的再犯率为 41%，而 50 岁或以上的人则仅占 15%。[③]英国有项调查显示，老年囚犯在监狱的表现是“没有问题——老而安静”[④]。但是，监狱罪犯人口的

---

① International Committee of the Red Cross, *Ageing and Detention*, May 2018, p.4.

② *Growing old in prison?A review of national and international research on Ageing Offenders*, p.9. State of Victoria 2010 Department of Justice.

③ Office of the Inspector General U.S.Department of Justice, *The Impact of an Aging Inmate Population on the Federal Bureau of Prisons*, February 2016, p.ii.

④ Her Majesty's Inspectorate of Prisons 2004, '*No problems-old and quiet*': *Older prisoners in England and Wales: A thematic review by HM Chief Inspector of Prisons*, Her Majesty's Inspectorate of Prisons for England and Wales (HMI Prisons), London.

老龄化会给监狱系统带来财政、医疗、管理、教育改造方面的挑战。因此，老年罪犯人数的迅速增加被看作是监狱系统的“老龄化危机”。

(一) 监狱成本提高

从现实情况来看，目前大多数监狱的设计是为了防止罪犯逃跑，而不是为罪犯包括老年犯提供最优服务。比如，照明不佳、楼梯陡峭、走廊昏暗、高高的双层床和蹲坑式的便池等是监狱中常见的情况，这对于身体健康灵活的年轻罪犯来说，都不是问题，但是对于存在复杂医学需求和生理残障等问题的老年犯来说，显然他们的生活会充满挑战。那么，随着老年犯数量的增加，会迫使一些监狱为满足老年犯生活需求，而对环境设施进行改造。而这些改造必然会推高监禁成本。另一个推高监狱成本的因素是老年犯医疗费用的增长。根据美国的调查，老年犯人的监禁相关平均成本可高达年轻成年犯人的 8 倍。在 2013 年，平均老年囚犯的监禁成本为 24538 美元，而平均年轻囚犯的监禁成本为 22676 美元。这一成本差异是由老年囚犯医疗需求（包括药物费用）增加造成的。人口中老年囚犯比例最高的监狱机构，每个囚犯的医疗费用（10114 美元）是老年囚犯比例最低的监狱机构（1916 美元）的五倍。老年囚犯比例最高的监狱机构，每个囚犯的药物支出（684美元）也是比例最低的监狱机构（49美元）的14倍[①]。我国也面临同样的问题，由于老病残犯的医疗服务在大幅增长，使得监狱面临较大的医疗经费缺口。有资料显示，我国西部某监狱服刑病员人均住院费用从 2013 年的 8965.34 元增长到 2016 年的 15900.63 元，增长幅度达 77%，住院费用平均年超过财政拨款的 76%；西部另一监狱 2015—2017 年医疗费用增长 38.3%，中部某省监狱近四年服刑人员医疗费用支出增长 132.14%；西部某女子监狱 2015 年的前四年医疗总支出增长了 78.1%，而财政拨款仅为实际支出的 1/6。西部某省监狱 2013—2015 年财政医疗拨款每人每年 180 元，而实际人均支出达 422.4 元。全国多数省（区、市）服刑人员医疗费用不断上涨，超过财

① Office of the Inspector General U.S.Department of Justice, *The Impact of an Aging Inmate Population on the Federal Bureau of Prisons*, February 2016, p.ii.

政拨款标准的 50% 以上，监狱系统医疗费用开支的缺口以数亿计。而导致医疗费用大幅增长的原因之一是老病犯数量的增加。[①]

（二）特殊医疗需求增加，对监狱医疗服务能力提出新的要求

老年犯大多具有严重的慢性疾病。英国一项关于 60 岁及 60 岁以上老年犯的健康状况评估研究发现，在英格兰和威尔士监狱中，85% 的受访者表示存在至少一种重大慢性病。这一比率高于其社会同龄人士的比率，并且远远高于年轻犯人群体的比率。[②] 在瑞士，老年犯寻求医疗救护特别是更复杂慢性病（如糖尿病和心脏病）救护的频率要高于年轻犯人。此外，普通慢性疾病（如糖尿病、晚期肝病和冠状动脉疾病等）也可能会使如截瘫之类并发性症状的管理更加困难。此外，老年犯容易受到传染性疾病影响。美国得克萨斯州的一项研究发现，与年轻犯人和社会上的老年人群体相比，被监禁老年人患肺结核、乙肝和丙肝、耐药性葡萄球菌感染（如耐甲氧西林金黄色葡萄球菌感染）、梅毒和肺炎的比率特别高。根据我国的相关调查，在我国某省某监狱的老病残犯监区，57.3% 的老年犯患有心脑血管疾病，6.7% 的人患有糖尿病，2.8% 的人患有肝炎，7.3% 的人患有肺结核，2.8% 的人患有哮喘，2.2% 的人患有脊柱炎，6.2% 的罪犯有肢体残疾。[③] 众所周知，监狱的医疗设施、医疗水平及医疗保障远远低于社会水平，这些特殊的情况造成特殊的医疗需求，必然会对监狱的医疗保障和服务能力提出更多的挑战。

（三）老年综合征问题，导致监狱安全事件风险增加

除慢性疾病外，老年人还经常会出现其他“老年综合征”，从而

---

① 苏林等：《对服刑人员医疗费用增长的分析及对策建议》，载《中国卫生法制》2020 年第 1 期。

② Seena Fazel，Tony Hope，Ian O’Donnell，Mary Piper and Robin Jacoby，*Health of Elderly Male Prisoners：Worse than the General Population，Worse than Younger Prisoners*，Age and Ageing，Vol. 30，No.5，2001.

③ 贾金龙：《老病残罪犯管理问题与对策研究——以河北省 S 监狱为例》，河北经贸大学 2020 年硕士学位论文。

对其身体功能和生活质量产生消极影响。比如，经常跌倒、认知受损和老年痴呆、大小便失禁、感觉障碍和多重用药等。老年综合征的存在会加剧老年人的总体脆弱性并使其健康状况恶化。由于肌肉质量的丧失、关节炎导致的疼痛、神经感觉丧失导致的平衡能力受损、听力或视力受损等，都是增加老年人跌倒风险的情形。在监禁环境中，许多因素（如廊道照明不佳或拥挤等）可能会进一步加剧老年人跌倒的风险。此外，一生中大部分时间都在室内度过的机构化老年犯会因日光照射不足导致维生素 D 缺乏，从而也增加了跌倒风险。据世界卫生组织估计，全球共有 4750 万人患有痴呆症，而到 2030 年，这一数字将上升到 7560 万人。痴呆症的发病率随着年龄的增长而升高：70—79 岁这一人群的痴呆症发病率仅为 5%，但在 90 岁以上这一人群中，这一比率跳升到了 37%。有许多风险因素导致痴呆症，其中之一是受教育程度不高，而这一情况在监禁人群中非常普遍。据估算，在被监禁老年人中认知受损的问题存在比例较高，在 55 岁或 55 岁以上人群中甚至达到了 19%—30% 的程度。一项研究发现，美国一个州监狱系统 40% 的老年犯被诊断患有痴呆症。[①] 当罪犯患上痴呆症时，在遵守监狱规则、程序和惯例方面能力就会受到限制，从而引发其他的问题。比如，不能遵守命令或惯例可能会被误解为蔑视，这可能会导致惩罚。多重用药在监禁系统中也比较普遍。在针对美国一个州监狱系统进行的研究中，人们发现，65 岁以上的患者平均使用了 9 种药物。[②] 我国也有资料显示，在某监狱的老年犯监区有 57% 的老年犯需要天天或者经常服药，而只有 8% 的罪犯表示不需要服药。[③] 老年综合征的出现，

---

① Ron H. Aday，*Aging Prisoners：Crisis in American Corrections*，Praeger，Westport，CT，2003.

② Brie A. Williams，Jacques Baillargeon，Karla Lindquist，Louise C. Walter，Kenneth E. Covinsky，Heather E. Whitson and Michael A. Steinman，*Medication Prescribing Practices for Older Prisoners in the Texas Prison System*，American Journal of Public Health，Vol.100，No.4，2010.

③ 吴亚运：《老年犯集中改造工作优化研究——以上海市 Z 监狱为例》，上海师范大学 2018 年硕士学位论文。

对老年护理学知识和能力提出了迫切要求，对监狱安全事件防范也提出了新的挑战。

（四）老年犯心理健康问题突出，使监狱心理健康教育和服务能力受到考验

许多被监禁老年人都面临社会心理方面的挑战，而这可能会加剧他们在生理方面的障碍程度。例如，美国有关调查显示，约 50% 的美国囚犯至少存在一种心理健康状况[①]。据估计，美国被监禁老年人严重心理疾病的流行率介于 10%—40%。[②]特别是创伤后应激障碍，多达 1/3 的被监禁老年人存在这一问题。[③]此外，老年人还可能因即将获释而存在焦虑加剧的现象。[④]一些老年犯人还可能担心在监狱中死去。[⑤]我国老病犯中具有心理问题的也不在少数。根据相关调查，在 100 名受访的老年犯中，有 59% 的人表现出心理症状，34% 的人有中度心理症状，27% 的人心理问题严重。62% 的人有躯体化症状，56% 的人有精神病性问题，55% 的人焦虑因子呈阳性。[⑥]心理健康可能因监禁环境中的孤立感而进一步加剧。这种相对的社会孤立可能导致老年犯人

---

① Doris J. James and Lauren E. Glaze，*Mental Health Problems of Prison and Jail Inmates*，Special Report，BJS，DoJ，Washington，DC，2006.

② Sabrina Haugebrook，Kristen M. Zgoba and Tina Maschi，*Trauma，Stress，Health，and Mental Health Issues among Ethnically Diverse Older Adult Prisoners*，Journal of Correctional Health Care，Vol. 6，No.3，2010.

③ ason D. Flatt，Brie A. Williams，Deborah Barnes，Joe Goldenson and Cyrus Ahalt，*Post-Traumatic Stress Disorder Symptoms and Associated Health and Social Vulnerabilities in Older Jail Inmates*，Aging & Mental Health，Vol.21，No.10，2017.

④ Elaine Crawley and Richard Sparks，*Is There Life After Imprisonment? How Elderly Men Talk About Imprisonment and Release*，Criminology and Criminal Justice，Vol. 6，No. 1，2006.

⑤ Ronald H. Aday，*Aging Prisoners' Concerns toward Dying in Prison*，Journal of Death and Dying，Vol.52，No.3，2006.

⑥ 贾金龙：《老病残罪犯管理问题与对策研究——以河北省 S 监狱为例》，河北经贸大学 2020 年硕士学位论文。

功能性能力的衰退或恶化，从而使其孤独感和身体残疾程度加剧的风险增加。[①]老年犯心理问题的突出，对于监狱开展针对性的心理健康教育和咨询服务提出了新的要求。

（五）特殊的生理与心理状况与需求，对监狱原有制度提出了挑战

除了监狱环境设施不具备适龄化外，在管理制度、医疗保健服务、教育改造、劳动项目设置上也是针对大多数正常的罪犯设计的，老年犯在制度适应方面也面临挑战。比如，由于身体机能的下降，导致功能失调、行动迟缓、行动不便，可能在规定时间内无法完成规定的行为和要求，如准时列队、完成定量的劳动任务、规范地进行内务整理、参加一定时间的学习等。如果现有制度不进行适龄化改革，那么极有可能导致老年犯因为违反规定而被处罚。因此，在监狱规章制度的建设方面也提出了特殊要求。

此外，老年犯缺乏释放后的支持也是一个重要的问题。大量的证据表明，对老年囚犯的释放后规划和支持不足是一个更广泛的问题，包括在监狱、社区矫正机构和社区之间缺乏资金、资源和服务提供的协调。由于长期服刑，老年犯可能面临家人和朋友及社区的不接纳。由于监禁而失去住房和财产的老年犯，可能在重新融入社会时会面临更多的困难。

四、监狱应对老龄化危机的思考

面临监狱人口的老龄化危机，各国监狱采取积极的政策和措施加以应对。比如，对老年犯进行集中管理，建立专门的监狱、监区或者单元，如美国部分州设有“疗养院监狱”、临终关怀设施、特殊需求单元等；将老年犯的医疗服务外包给有关医疗机构，为老年犯提供足

---

① Carla M. Perissinotto，Irena Stijacic Cenzer and Kenneth E. Covinsky，*Loneliness in Older Persons：A Predictor of Functional Decline and Death*，JAMA Internal Medicine，Vol.172，No.14，2012.

够的医疗保健服务，对绝症患者进行姑息治疗，对健康状况恶化的老年犯实施人道假释；等等。这些措施便于集中资源，对老年犯开展适龄化的管理和服务，尤其是更好地保障老年犯的权益，对我国应对监狱老龄化危机具有积极的参考意义。

笔者以为，随着老年人犯罪的增长、刑事政策调整所导致的长刑犯增长，我国监狱老龄化是一个不可避免的问题，是一个必然趋势。党的十九届五中全会将积极应对人口老龄化上升为国家战略。监狱人口的老龄化也是国家人口老龄化的一个组成部分（因为这些人绝大多数将释放进入社会），监狱系统应立足现实，站在国家战略的高度，从长远出发，采取积极的措施应对监狱人口的老龄化。笔者就监狱应对老龄化问题提出以下思考和建议。

第一，加强监狱人口老龄化状况及趋势调查研究。了解和掌握监狱当前老龄化的基本情况以及未来发展趋势，是制定有效的应对老龄化政策的前提和基础。首先，全国监狱主管部门应当开展全国性的老年犯调查统计工作，准确掌握我国监狱老龄化的现状。加强对现有罪犯年龄、罪行、刑期长短、限制减刑、假释、暂予监外执行情况、健康状况的统计分析，准确把握监狱老龄化的现状和发展趋势，为制定全面而精准的老龄化应对政策提供数据支撑。其次，各省监狱管理局也应当开展本地区监狱老龄化的调查，了解本地的情况，以便制定因地制宜的老龄化应对政策。

第二，将监狱人口老龄化问题纳入国家人口老龄化应对的整体框架，制定全国性的老年犯医疗、安置帮教等保障政策。人口老龄化带来的问题是全方位的，仅仅依靠一个部门是无法独立解决的，需要社会众多部门的参与。监狱罪犯人口的老龄化带来的矫正成本增加、医疗服务需求增多、出狱后的生存保障等问题，都不是监狱自身能够解决的，应当将监狱罪犯人口的老龄化问题纳入国家人口老龄化应对的整体框架中，专门出台针对监狱人口老龄化的应对政策，增加老年犯监狱设施建设或改造的费用，提高老年犯的医疗费用标准，增加老年犯监狱或者监区的工作人员和医疗服务人员的编制，给予相关监狱在管理、教育改造等方面制定灵活政策的权力，建立老年犯特有的社会救助和支持制度，加强刑满释放的老年犯的安置帮教等。

第三，建立专门监狱或者监区。如前文所述，老年犯尤其是老病残犯对监狱环境设施、医疗保健服务、管理方式和教育改造方面有着特殊的需求，在环境设施、医疗资源和人力上需要更多的投入，人员的素质要求和配备也有所不同。如果将老年犯与身心健康、年轻力壮的罪犯混合管理，他们势必要遵循相同的管理制度，面临相同的环境设施，这对老病残犯来说充满挑战。但是，如果在同一设施内允许对老年犯采取差别化的管理和待遇，容易让其他罪犯产生一种不公平感，这会对监狱正常管理造成不利影响。因此，基于老年犯身心健康的需求和管理需要，最恰当的方法就是建立专门的老病残监狱，在老年犯人数较少的监狱可以设置老病残监区，专门收押老年犯，以便集中资源，采取针对性的措施。老年犯监狱可以在环境设施上以方便老年人生活进行设计，使环境设施更加适应个人的感官、功能和认知能力的需求，在管理和教育改造方面可以采取更加适合老年犯身心特点和需求的方式，在工作人员的配备上更多配备懂心理学、老年医学、护理学的工作人员。

我国目前有部分省市也建立了专门的老病残犯监狱，对患病和残疾的老年犯进行专门化的管理。但是，随着监狱老龄化危机的到来，可能需要建立更多的老病残犯监狱，以便集中资源和人力，进行针对性的管理。

第四，加强老年犯的评估，准确了解老年犯的需求。老年人的年龄范围较广，是否所有的老年犯都要转入专门的监狱或者监区集中管理，应该进行专门的需求和风险评估。尤其是在入监时，应对老年人进行全面的老年病学评估，以明确其是否存在任何老年综合征。比如，认知是否受损、是否有痴呆症状、听力功能是否降低等，并就如何应对这些症状提出建议。评估应包括对身心健康、犯罪历史、家庭关系和更广泛关系的考虑，也可以考虑他们过去是否经历过任何形式的虐待。通过评估，了解老年罪犯的需求和风险，依据评估结果，采取不同的处遇方式，对需要更多医疗服务需求的罪犯集中管理，根据其健康状况制定不同的医疗服务方案、管理方式、教育改造方式等。

理想情况下，对新入狱的老年人的评估应由老年医学专家进行，专家最适合评估他们的多种需求，包括功能能力、慢性疾病和任何与老龄化有关的疾病。评估应定期进行，以解决可能出现的任何新的健康或其他问题。

第五，探索适合老年犯医疗服务需求的医疗保障制度，提供针对性的医疗保健服务。监狱人口的健康状况通常较低，疾病、药物依赖和精神疾病的发生率高于社区。监狱中的老年人面临着慢性疾病和持续的健康问题，需要加强医疗关注，如高血压、糖尿病、帕金森病、肺病、老年痴呆症、中风、关节炎、哮喘、抑郁症和认知障碍。监狱医疗条件的不足可能会加剧这些现有症状。在某些情况下，监狱可能需要与外部专门的护理服务机构建立合作关系，将老年罪犯送往医院接受紧急或专业治疗，或者聘请具有老年学和老年护理专长的专业工作人员来监狱进行服务。此外，随着老年犯医疗服务需求增多，医疗费用大幅增长，应当探索建立老龄化现状下的罪犯医疗保障制度，建立医保、监狱、家属共同承担医疗费用的一体化保障机制。

第六，制定适龄化的管理、教育和劳动制度，保障老年犯的权益。基于老年犯的身心特点以及脆弱性和顺从性，对老年犯的管理、教育改造和劳动可以采取相对宽松的方式，但是要有相应的政策和制度支持。这就需要出台适合老年犯身心特点的管理制度，采取适龄的教育改造措施。比如，要加强监狱适龄设施的改造与配备，提供轮椅和其他类型的行动援助，设立无障碍厕所，对个人卫生、户外运动、与外界接触进行适老化的改革。比如，放宽户外活动的限制，增加家人或朋友探视的次数。劳动不做任务和数量要求，设立一些修身养性的教育改造项目等，通过制度化来实现维护公平正义、法律严肃性与保护老年犯身心健康权利之间的平衡。

第七，加强老病残犯释放后的支持救助制度，减少老年犯的再犯。当前许多老年人犯罪的原因之一是由于年老无法维持基本生活，为了能够进入监狱来维持生存而选择犯罪。还有大部分老年犯是因为在监狱长期监禁而逐渐变老，这些人由于长期脱离社会，出狱后会面临更多的困难，如年老无法就业、家人因长期远离而不愿接纳，这些都会造成老年犯出狱后无法顺利融入社会，进而造成再犯的发生。因此，应当加强老年人犯罪的预防，尤其是加大对无子女、无收入的老年人的社会救助，减少老年人犯罪。建立老年犯释放后的支持救助制度，在监狱、社区及民政部门之间建立有效的衔接机制，为老年人顺利融入社会提供保障。

近年来全球犯罪与刑事司法发展新趋势研究

张桂荣　王奕超*

近年来，全球犯罪与刑事司法领域呈现出许多新的发展趋势。本文对全球犯罪与监禁使用、量刑政策发展、矫正政策发展三方面的趋势进行了简要归纳和总结，并提出了改革和完善我国监狱工作的几点建议，供决策和实务部门参考。

一、犯罪与监禁使用趋势

近十年来，全球杀人及其他暴力犯罪总体持续下降，但网络犯罪尤其是互联网盗窃和欺诈行为日益增多，全球毒品相关犯罪数量上升，①毒品持有犯罪数量也出现了增加，② 可获取毒品的范围和毒品市场的规模持续扩大，并呈现强劲的多元化趋势。③ 在所有的犯罪中，男性是大多数杀人和暴力犯罪的肇事者和受害者，女性则是家庭成员和亲

---

* 张桂荣，司法部预防犯罪研究所社区矫正工作研究室主任、研究员；王奕超，司法部预防犯罪研究所国外犯罪与刑事司法研究室助理研究员。

① Katie Stone and Sam Shirley-Beavan, *Harm Reduction International*, The Global State of Harm Reduction 2018, 6th edition, 11 December 2018 .

② International Centre for the Prevention of Crime, *Trends in Crime and its Prevention*, 2016, Chapter 1.

③ UN Office on Drugs and Crime, *World Drug Report*, 2018, Executive Summary, p.1.

密伴侣杀人犯罪的主要受害者，[①] 家暴和胁迫式关系是女性犯罪的重要推动因素。[②] 针对儿童的暴力犯罪和性犯罪也是一个值得关注的普遍现象，在非洲、中东和南亚地区尤为严重。

虽然全球总体犯罪趋势下降，但监狱人数持续增长。据泰国司法研究所估算，2018 年全球共有 1100 多万人处于监禁状态，其中既有已经定罪和判刑者，也包括审前被羁押者。21 世纪以来，除欧洲监狱总人数出现了下降（减少 22%）外，亚洲（增加 29%）、美洲（增加 41%）和澳洲（增加 86%）监狱人口都出现了增长，南美洲（增加 175%）和东南亚（增加 122%）地区监狱人口甚至增加了一倍以上[③]。总体上来看，全球监狱总人口的增幅（3.7%）持续高于社会普通人口增幅（3%）。[④]

在众多的监狱人口中，男性占绝大多数，妇女和儿童不超过全球监狱人数的 1/10，但在 2000—2017 年期间，全球被监禁的女性（含女童）人数增加了 53%，[⑤] 截至 2017 年 9 月 30 日，世界女性监狱人口已达 71.4 万多名。[⑥] 其他少数群体，如性少数群体犯、老年犯、极端暴力主义犯等的数量也在增加。

监狱人口数量众多并持续增加的根源一般来说是刑事司法体系失

---

① 葛向伟、金鑫:《2018 年全球监狱分析》，载《国际预防犯罪与刑事司法热点问题专题研究动态》2019 年第 2 期。

② Sprison Reform Trust，*"There's a reason we're in trouble"*: *Domestic abuse as a driver to women's offending*，2017，p.7.

③ Roy Walmsley，Institute for Criminal Policy Research，*World Prison Population*，12th edition，2018.

④ Penal Reform International and Thailand Institute of Justice，*Global Prison Trends 2019*，p.7.

⑤ Roy Walmsley，Institute for Criminal Policy Research，*World Female Imprisonment List*，4thedition，2017.

⑥ 张桂荣:《2000—2017 年世界女性监狱人口发展趋势》，载《犯罪与改造研究》2019 年第 1 期。

灵以及对犯罪采取惩罚性应对的结果，[①] 刑罚民粹主义政策也是主要原因之一。[②] 监狱人口数量巨大并持续增加，造成监狱过度拥挤，引发罪犯待遇、监狱卫生保障、监狱安保等一系列问题，使得世界各国监狱系统面临重大挑战。为有效应对和解决这些问题，联合国毒品和犯罪问题办公室积极推动各国进行刑事司法改革，许多国家也结合本国实际进行了量刑与矫正改革。

二、量刑政策发展趋势

（一）采用更加宽松的量刑政策

宽松的量刑政策可以直接减少收监人数，并加速监狱人口的释放。许多国家通过修订法律，对部分犯罪实行非刑事化处理或者缩短犯罪刑期，以减少卷入刑事体系的人口。比如，美国许多州在重新评估了监禁措施的效果之后，通过了众多旨在缩短监禁刑期的法律，还增加了罪犯获取减刑绩点的机会，以此缩短刑期并扩大提前释放或假释的规模。对于低级别、非暴力财产犯罪和毒品犯罪，一些州提高了“重罪门槛”（如提高触法财产性重罪的金额），一些州创设了更多的刑罚等级，改善了量刑领域的相称性，还有一些州创设了更多的犯罪类型，或是修订了刑期长度和量刑建议，还有的州确立了社区监管违规行为的分级式制裁措施，使监狱不再成为违反社区监督行为的直接响应方式，以减少被收监人数。对于重罪类型和刑罚，美国各州也进行了旨在缩短刑期的新型量刑机制。此外，各州还对司法机构在推迟裁决或有条件量刑政策方面的自由裁量权进行了扩大。一些州逐步摒弃使用近 30 年的严厉的强制性最低刑罚，创设针对强制性最低刑罚的“安全阀”，赋予法官排除强制性刑罚适用的选择权，使之可以在其认为适

① 葛向伟、金鑫：《2018 年全球监狱分析》，载《国际预防犯罪与刑事司法热点问题专题研究动态》2019 年第 2 期。

② 葛向伟：《2017 年全球监狱分析》，载《国际预防犯罪与刑事司法热点问题专题研究动态》2018 年第 5 期。

当或满足一定标准的前提下自由裁量。[①]缩短刑期在一定程度减少了监狱人口。比如，哈萨克斯坦在2011—2018年间国内平均刑期由9.5年缩短到8.5年，监狱人口由7.5万减少到3.5万。[②]

（二）替代性非监禁手段使用增加

替代性非监禁手段一方面可以有效降低正式刑事司法体系中罪犯的流入和保有量；另一方面，通过增加缓刑、减刑、假释等非监禁措施的适用，可以有效激发已决犯主动参与教育改造的积极性。许多国家积极制定政策，扩大非监禁措施的使用。

一是增加审前替代性措施的使用。以美国为例，2014年和2015年，各州启动了至少201项法案、行动命令和公投议案，以变革其量刑与矫正系统，其中的一个重要方面就是通过增加刑事司法程序传统案件处置手段的替代措施（包括刑事程序的所有阶段），以降低正式刑事司法体系中罪犯的流入和保有量，并颁布了旨在引进、扩大或强化转向处置机会的法律。比如，对于某些被识别为可适用非监禁措施的人员可以决定不予逮捕而转向其他措施；对某些有心理疾病或者心理危机的罪犯，通过药物滥用治疗、心理健康教育和心理干预来代替羁押；对于某些罪犯（如被控轻罪且已经认罪的罪犯、毒品初犯等）在满足特定条件后可以实行推迟裁决，这些罪犯常以撤销刑事指控作为最终结果，并免于适用刑罚和留下犯罪记录。[③]

二是利用缓刑、假释等非监禁措施替代监禁措施。考虑监狱过度拥挤的压力，对于本应在监狱内服刑但经证明不会给公共安全带来风险的罪犯，不少国家使用缓刑、提前释放或其他非监禁措施来替代对其的监禁。[④]仍以美国为例，美国各州主要通过两种方式增加罪犯的释

---

① 张桂荣:《美国各州量刑与矫正新趋势（2014—2015）》，载《国际预防犯罪与刑事司法热点问题专题研究动态》2017年第3期。

② 在轻罪领域增加替代性非监禁手段的应用也是原因之一。

③ 张桂荣:《美国各州量刑与矫正新趋势（2014—2015）》，载《国际预防犯罪与刑事司法热点问题专题研究动态》2017年第3期。

④ 葛向伟:《2017年全球监狱分析》，载《国际预防犯罪与刑事司法热点问题专题研究动态》2018年第5期。

放机会，其一，增加罪犯获得良好表现（参与监内项目或遵守纪律规定都包括在内）的减刑分，从而削减刑期；其二，让更多的人通过假释获得提前获释的资格。如亚利桑那州 HB2593（2014）号众议院法案变更了 18 岁之前犯罪的罪犯的假释标准，原判决被判处无假释资格终身监禁的人在服刑满最低期限后将获得假释的资格，但他们在假释后将终身处于假释状态。又如伊利诺伊州 HB3884（2015）号众议院法案规定，如果罪犯在被监禁状态下完成普通教育发展课程，减刑量将由之前的 60 天增加为 90 天。[①]

此外，还有国家改革保释制度，利用电子技术监控代替保释金保释，为更多贫困的人员提供保释机会，以减少审前羁押人数。[②]还有的国家通过特赦和赦免来减少监狱人口，比如马其顿、科威特、肯尼亚、尼日利亚等国近年来都进行了罪犯的特赦或者赦免。

（三）终身监禁措施适用持续增长

几十年来，全球范围内的终身监禁罪犯数一直稳步增长，在 2000—2014 年间，全球范围内被执行正式终身监禁的人数几乎增长了 84%，而在全球 216 个国家中，有 183 个存在正式的终身监禁刑。此外，还有一些国家存在事实上的终身监禁，比如长达 99 年之类的长期、确定的监禁刑。全球至少有 64 个国家存在事实上的终身监禁相关规定，包括 15 个根本就不判处正式终身监禁的国家。在美国，无假释终身监禁罪犯数出现了显著增长，几乎占全球被完整执行终身监禁刑罪犯总数的 50%。其他国家，如中国和印度，最近也通过了将无假释终身监禁作为正式法定制裁的规定。[③]终身监禁使用频率增加的原因包括“严厉打击犯罪”政策的实施、以及长期监禁执行惩罚性毒品政策

---

① 张桂荣：《美国各州量刑与矫正新趋势（2014—2015）》，载《国际预防犯罪与刑事司法热点问题专题研究动态》2017 年第 3 期。

② 葛向伟：《2017 年全球监狱分析》，载《国际预防犯罪与刑事司法热点问题专题研究动态》2018 年第 5 期。

③ Penal Reform International and Thailand Institute of Justice，*Global Prison-Trends 2019*.

的做法等。此外，死刑的逐步废除也是一大原因，因为终身监禁替代死刑成为了终极刑罚。

目前，一些国家也在积极采取措施，限制终身监禁刑的使用。比如，肯尼亚最高法院鼓励政府避免使用无假释终身监禁，并引进了有假释的非强制性终身监禁。2018 年，美国参议院通过了《第一步法案》(*First Step Act*)，终结了“三振出局（three strikes）”刑罚制度下某些联邦罪行自动适用终身监禁的做法。2018 年 3 月，马耳他宪法法院作出判决称，被判终身监禁者服刑至少 25 年后可接受假释审查，从而增加了“希望权”这一法理的内容。该法院表示，“即便是被判犯有最严重罪行的人也不能被剥夺尊严，必须保留其希望权，即在为其行为付出代价后，可被视为已从其过错中获得教训并可改变其之前选择的道路。”

（四）恢复性司法适用显著拓展

长期以来，修复性司法在非正式法律体系中均有使用，但近年来，修复性司法在正式法律体系中的运用已经得到了显著拓展。尽管其使用仍然存在障碍，如对正当程序和法网扩张的担心，但越来越多的证据表明，修复性司法具有成本效益，能够帮助受害人恢复并有助于降低再犯率。目前，无论是作为量刑程序的一部分，还是在刑事司法程序的其他节点，修复性司法在若干国家和地区，如澳大利亚、北美、欧洲、中亚和东亚均得到了普遍运用。在 2018 年，修复性司法使用取得了一项关键进展，欧洲委员会（Council of Europe）通过了一项建议。这项建议宣称，修复性司法应该成为一项“普遍提供的服务”，而不仅仅是取决于犯罪类型、罪犯年龄、刑事司法程序所处阶段或受害人所处地理位置等因素而提供的服务。这项建议还倡导在刑事司法程序之外使用修复性司法，包括“被动适用”（如用于解决囚犯之间或囚犯与监狱警察之间的冲突）和“主动适用”（如用于刑事司法机构或社群内部的关系建设）两类。此外，欧盟受害人权利指令（Victims' Rights Directive）的实施也体现了修复性司法原则。

三、矫正政策发展趋势

（一）对女犯和老年犯的关注持续加强

目前全球监狱在人口方面，以男性为主，多数来自贫困和被社会边缘化的社群。但女罪犯数在持续增加，自 2000 年至 2017 年全球女犯数量增幅约为 53.3%，远高于男犯增幅的 19.6%。女犯中的大多数是因贫困和家庭相关的非暴力轻微犯罪定罪，因轻微毒品相关犯罪而入狱者亦不在少数，在泰国、菲律宾、巴西等国，因毒品犯罪而入狱的女性占 50% 以上。①

女犯的处境受到了国际关注，根据世界卫生组织的报告，女犯中存在心理问题的比率高到惊人，主要存在形式有创伤应激综合征、抑郁、焦虑、自伤和自杀等。②还有研究发现，由于女性通常属于暴力受害者，女犯中存在极高比例的脑损伤史。③欧洲委员会已经发布旨在保护父母被囚禁儿童权益的政策准则，包括各种形式的探视、维系亲子接触、对监狱人员的培训等方面内容。④

基于监禁对女犯群体及其家庭造成消极影响的认识，在《联合国关于女性囚犯待遇和女性罪犯非拘禁措施的规则》（以下简称《曼谷规则》）实施后，一些国家推行了相应的政策。如巴西联邦最高法院称，若被控犯有非暴力犯罪，怀孕妇女和子女不满 12 岁的妇女可以不被审前羁押，软禁在家即可；津巴布韦政府为有子女的女犯实施了开放式

---

① United Kingdom Ministry of Justice，An analysis of trends in first time entrants to the youth justice system，2017.

② HM Inspectorate of Probation for England and Wales，*Annual Report*，*2017.*

③ Royal Commission into the Protection and Detention of Children in the Northern Territory，*Report of the Royal Commission and Board of Inquiry into the Protection and Detention of Children in the Northern Territory*，17 November 2017.

④ Office of the Children's Commissioner，*State of Care 2017*：*A focus on Oranga Tamariki's secure residences*，May 2017，p.22 .

监狱的政策。[①]肯尼亚缓刑和后续关怀服务署与国际刑罚改革协会联合开发了一种对女犯实施缓刑和社区服务的新方法和一整套资源，经过一段时间的实施，现在已经成功开发出了一种可复制并施行于其他国家的模式。[②]

但整体而言，全球多数国家落实《曼谷规则》仍然是缓步和碎片化的。国际社会呼吁在对女性量刑时，应当结合考虑其犯罪行为和受害经历，子女和家庭的照护责任也应当纳入考量。此外，各国监狱政策应当与《曼谷规则》持续相符。

随着全球人口的老龄化，这种现象也反映在罪犯群体中，全球罪犯老龄化问题近年来也日益突出。在欧洲，50 岁以上的囚犯占监狱总人口的 11.7%，[③]日本 60 岁以上的囚犯在 2016 年达到了 19%。国际红十字会认为，老年犯数量不断增加的原因主要有冗长的审前程序、漫长的刑期、提前释放障碍、新的罪行等。[④]也有观点认为，由于老龄会导致贫困、降低家庭和社会的支持，因此老龄本身就是导致犯罪的因素之一。老年犯面临的问题主要有强制劳动、医疗保健及相关硬件设施不到位等。但也有国家反映了老年犯出狱后在就业方面面临困难并导致了贫困和孤独，因此重新犯罪率高于平均水平的情况。此外，考虑到老年犯特殊的身体状况，有些国家建设专门的老年犯监区已经在进行试点。[⑤]

---

① Child Rights International Network, *Inhuman Sentencing of Children in Kuwait*, December 2017.

② 葛向伟、金鑫:《2018 年全球监狱分析》，载《国际预防犯罪与刑事司法热点问题专题研究动态》2019 年第 2 期。

③ Council of Europe, *Annual Penal Statistics: SPACE I-Prison Populations Survey 2013*, December 2014, cited in S. St ü rup-Toft1, E. J. O' Moore, and E. H. Plugge, *Looking behind the bars: emerging health issues for people in prison*, British Medical Bulletin, March 2018, p.1-9.

④ International Committee of the Red Cross, *Ageing and Detention*, May 2018, p.4.

⑤ Human Rights Watch, *Old Behind Bars: The Aging Prison Population in the United States*, 2012.

（二）更加重视罪犯的教育改造和再融入

2015 年 4 月在联合国预防犯罪和刑事司法大会通过的《多哈宣言》，强调了罪犯改造的重大意义。[①]近年来，许多国家转变理念，重新定位监狱的职能，从简单关押罪犯转向更加强调监狱在罪犯教育改造和促进罪犯重新融入社会方面的作用。比如，英国在 2016 年发布了《监狱改革与安全》白皮书，明确了监狱改革的目标措施，其中明确提出要把提高监狱在保护公众、维护安全和秩序、改造罪犯、帮助罪犯重新融入社会的标准作为监狱改革的目标。[②]美国联邦监狱局以其司法部确立的“从罪犯入监第一天开始就要为其再融入社会做好准备”理念为指导下，在 2016 年开展了一系列改革，包括在联邦监狱系统内建立学区、对罪犯开展职业技能、心理健康、药物滥用治疗，制定标准化的循证项目等。[③]

一些国家积极探索新的、更加有效的教育改造方法。比如，印度基于练习瑜伽的益处，为罪犯改造引入了瑜伽培训；瑞典、英国、新西兰等国采用了“动物疗法”；还有的国家也尝试将体育锻炼引入罪犯改造中。[④]

刑满获释人员重返社会，通常将面临许多障碍，特别是在长期服刑后，普通的社会生活将成为挑战。他们通常没有房子或固定的住所，因而会无家可归或者需要和已经疏离的亲友重构关系。还有许多人缺

---

① Thirteenth Congress on Crime Prevention and Criminal Justice，*Doha Declaration on Integrating Crime Prevention and Criminal Justice into the Wider United Nations Agenda to Address Social and Economic Challenges and to Promote the Rule of Law at the National and International Levels，and Public Participation*，Doha，12–19 April 2015.

② 安文霞、张桂荣：《英国监狱改革及其启示》，载《法制日报》2017 年 11 月 29 日。

③ 张桂荣：《美国量刑与矫正改革及其经验借鉴》，载《中国司法》2019 年第 6 期。

④ Penal Reform International and Thailand Institute of Justice，*Global Prison Trends 2019*，p.33 .

乏正常社交和找工作的技能，加之犯罪记录的存在，他们很难获得新的工作。“这些刑事定罪的附带后果实际上使许多卷入刑事司法体系的人注定了要走向失败。”[①] 为促进罪犯顺利融入社会，2014—2015 年美国各州改革和扩大了监禁机构的重返社会项目，如通过就业培训、住宿安排、教育、戒酒、心理咨询等措施为获释人员重返社会提供支持。也有一些改革以为获释人员提供公共福利为重点，还有一些州致力于扩大撤销和封存某些犯罪记录，限制公众对获释人员犯罪历史的了解。此外，还加强了罪犯与其家人之间的联系，保障从监狱到社区这一重返社会的连续性。

此外，一些国家依据有关“在服刑期间接受了家人或伴侣探视的罪犯，重新犯罪率相较于没有接受探视的罪犯要低 39%”的研究结论[②]，实施了一些创新性机制，典型的做法有对罪犯及其家庭提供开放式探视，让罪犯与家人自由接触，甚至组织球赛、与子女玩耍或完成家庭作业以及与孩子的老师进行会谈等，以鼓励罪犯与家人建立更良好、密切的关系，并考虑罪犯与其子女关系的保障。

（三）新安保理念、新技术被广泛应用于监狱管理

维护监狱安全是监狱的主要职能。近年来，许多国家在监狱安全方面面临挑战。在 2017 年全球罪犯自伤、自杀、袭击和骚乱的数量创下了新高，背后的原因复杂多样，主要有监狱工作人员的流失和减少、监狱过度拥挤、监狱人口性质的长期变化、毒品使用（尤其是新型毒品）、监狱内存在的暴力和虐待、狱内帮派纠纷甚至是黑帮对监狱的控制等。[③] 许多国家监狱系统积极推广和应用新的安保理念和新的技术，以加强监狱管理，维护监狱的安全与稳定。

---

① 张桂荣：《美国各州量刑与矫正新趋势（2014—2015）》，载《国际预防犯罪与刑事司法热点问题专题研究动态》2017 年 3 期。

② Lord Farmer，*Importance of strengthening prisoners' family ties to prevent reoffending and reduce intergenerational crime*，Ministry of Justice，10 August 2017.

③ 葛向伟、金鑫：《2018 年全球监狱分析》，载《国际预防犯罪与刑事司法热点问题专题研究动态》2019 年第 2 期。

目前，新的安保理念——动态安保理念得到国际社会的广泛认可，被许多国家强调和使用。动态安保理念在强调实体安保、程序安保的同时，强调动态安保，把动态安保作为实体安保和程序安保的补充和加强，从而建立由三者共同构成的监狱整体安保框架，充分发挥监狱工作人员在维护监狱安全稳定方面的作用。[①]2015 年，联合国毒品和犯罪问题办公室专门组织专家编写了《动态安保与监狱情况手册》，用以指导会员国的实践。

尽管程度和目的不一，电子信息技术在全球监狱范围内已经得到广泛适用。电子监控对降低监禁率尤其是对监狱过度拥挤、改造非暴力罪犯和轻罪罪犯方面具有积极作用，其在促进犯罪矫正和改造方面的重要性也已经得到相关证实。[②]

除档案管理外，在安保等方面也有普遍应用。例如，闭路电视监控和警报系统，以及手机信号屏蔽和无人机信号干扰。响应加强监狱管理和罪犯改造的目的，电子技术对罪犯的教育（如在线学习）、医疗保健（如医疗会诊）、保持罪犯与家庭的联系（如视频探监）等方面的使用也日益普遍。值得一提的是，虚拟现实技术在某些发达国家的监狱已经开始部署，这些技术将帮助罪犯更好地重返社会。如在美国科罗拉多州，矫正署为某些未成年犯创设了一个为期 3 年的虚拟现实重返社会项目，罪犯可以在这个项目中体验一些日常生活场景。[③]

此外，基于 GPS 的电子监控技术，为替代性非监禁手段的推广和实施提供了巨大的支持。2005—2015 年间，美国电子监控的使用增加了 140%。2018 年，捷克政府对软禁犯也使用了电子脚镣，并将继续推广。此外，还出现了使用电子技术监控酒精消费和手机使用的做

---

① 张桂荣：《监狱安保新理念：动态安保》，载《犯罪与改造研究》2018 年第 8 期。

② 向伟、金鑫：《2018 年全球监狱分析》，载《国际预防犯罪与刑事司法热点问题专题研究动态》2019 年第 2 期。

③ Penal Reform International and Thailand Institute of Justice，*Global Prison Trends 2019*，p.37–38 .

法。[①]有国家对假释犯也已经适用了电子监控，将之作为监禁的一种替代性手段。

在大数据方面，某些先进国家已经启动人脸识别试点项目，罪犯在狱内转移时不需要狱警押送。美国当局甚至正在制作罪犯的声纹数据库。这些信息化手段不仅可以提升罪犯素质，还可以降低安保风险，并可以节约警力，使工作人员的工作重心从静态安保转移至罪犯改造。值得注意的是，电子技术使用的增加也不断引发关于隐私权、污名化、法网扩大、削弱交流的理解与参与效果等争议和担忧。对于视频探监的效果也存在一些争议，主要是认为面对面的人体接触对于罪犯的改造和重新融入才是有效的。[②]

四、国外刑事司法发展趋势对我国的启示

近年来，我国犯罪也呈现一些新的发展趋势，监狱押犯构成日益复杂，涉毒罪犯、涉黑涉恶罪犯数显著增长，女犯增长迅速，监狱监管改造工作面临新的挑战。面对新的形势和任务，理论研究工作应当立足我国实际，借鉴国外预防犯罪与刑事司法的有益实践，改革与完善我国监狱的相关工作。

第一，加强罪犯教育改造方法的理论研究和实践探索，在实践中推广和应用如循证矫正、正念、内观等新理念新方法，进一步提高罪犯改造工作的科学化水平。创新教育改造方法，在传统的改造方法外，可以积极探索新的路径，如引入体育锻炼、艺术等"疗法"，不断提高教育改造的有效性和质量。关注特殊群体罪犯的矫正需求，转变行刑观念，施以人文关怀，采取有针对性的教育改造措施，增强改造效果，助力罪犯成功重返社会。

---

① Penal Reform International and Thailand Institute of Justice, *Global Prison Trends 2019*, p.40–41.

② 葛向伟:《2017 年全球监狱分析》，载《国际预防犯罪与刑事司法热点问题专题研究动态》2018 年第 5 期；葛向伟、金鑫:《2018 年全球监狱分析》，载《国际预防犯罪与刑事司法热点问题专题研究动态》2019 年第 2 期。

第二，完善监狱管理制度，引入新的先进的动态安保和修复性司法理念，建立监狱民警与罪犯之间、罪犯与罪犯之间、罪犯与被害人之间的和谐关系，进而维护监狱的安全与稳定。

第三，完善现有减刑和假释等制度，扩大替代性非监禁手段的使用，激发罪犯参与教育改造的主动性；建立释放前评估、重返社会规划项目和后续照管制度，为罪犯重返社会提供支持。

近年来国外刑罚理论研究概述

童海浩 编译*

理解法律惩罚或刑罚这种典型的国家制度所预设的前提，找到制定或实施刑罚的学理基础有其独特重要性，对于形成自成一派、体系圆融的“刑罚叙事”而言，有着基础性和先导性价值，而经过时间检验、已被学界认可的那些经典的理论则可以充当这场学术壮游的恰当起点。事实上，法律惩罚或刑罚能否以及如何才能得到证成，这个问题很早就是法律、道德与政治哲学的一个重要关注点，后果主义理论与报应论理论给出了不同的答案，并奠定了嗣后学术研究的基本路径。事随时迁，近年来，一些研究者对同样的问题给出了更具综合性的答案，即他们尝试将两种主流理论吸收进惩罚的“混合”理论之中，这可以算是刑罚理论工作的横向扩张。与此同时，法律惩罚理论的一项重要推进是将惩罚理解为一种传达事业，也就是所谓的传达性惩罚理论，这则被看作刑罚理论工作的纵向发展。英国诺丁汉大学霍斯金斯·扎卡里副教授与英国斯特林大学安东尼·达夫教授为《斯坦福哲学百科全书》撰写的词条“法律惩罚”简要回顾了两种经典理论，细致介绍了两个最新的理论进展，即混合理论与传达性惩罚理论，我们

---

* 童海浩，司法部预防犯罪研究所《犯罪与改造研究》杂志社编辑、助理研究员。编译文本来自霍斯金斯·扎卡里与安东尼·达夫为《斯坦福哲学百科全书》撰写的词条“法律惩罚”（Legal Punishment）。Hoskins，Zachary and Antony Duff，*Legal Punishment*，The Stanford Encyclopedia of Philosophy（Summer 2022 Edition），Edward N. Zalta（ed.），URL =〈https://plato.stanford.edu/archives/sum2022/entries/legal-punishment/〉. 本文翻译已获作者授权，特此说明。

或许能借此对刑罚理论及刑罚学界的工作获得某种程度的整体了解。

一、后果主义刑罚理论与报应论刑罚理论概述

国家凭什么能正当地运用法律手段对它们的公民施加负面处遇？这属于刑罚证成问题。在回答这个问题之前，首先需要大致搞清楚“刑罚”的含义，即刑罚是什么？什么行为属于刑罚？在最低限度上，我们大体能达成一个基本共识。刑罚指的是，一个主张自身享有权威的个人或组织将某种意图带来负担或责难的事态强加于因自身犯罪而被判刑的一名罪犯。这个能作为“最大公约数”的定义提示了刑罚的两个重要特征。第一，刑罚是对罪犯科加的重负，它涉及物质的强加或强制执行，通常是不受欢迎的。第二，国家以刑罚表达责难或谴责的态度，这使惩罚区别于其他处罚。①

（一）后果主义刑罚理论

哪怕是那些对其他事情并不持有后果主义立场的人可能都会认同这个观点，即对惩罚任何恰当的证成必然是后果主义的。任何国家都有一种实践，它带来或意图带来严峻的困厄或负担：除了证明它在结果上所带来的裨益大到超过其负担，根本就没法再找到其他任何理由。不必成为一位彻头彻尾的边沁式功利主义者，也可能会对边沁的这个口号深表认同，即“所有的惩罚本身都是恶……如果它确实需要被实施，那么，它也仅仅应当被实施——就它能够承诺消除某个更大的恶而言”②。然而，当进一步思考后果主义，想要使其成为一个惩罚的规范性（区别于经验性）理论时，更多问题便暴露出来。归根到底，后果主义者必然是将惩罚当作实现某些善的一种低成本高收益的手段，

① Feinberg，J.，1970，*The Expressive Function of Punishment*，in his *Doing and Deserving*，Princeton，N.J.：Princeton University Press，95–118.

② Bentham，J.，1789，*An Introduction to the Principles of Morals and Legislation*，London：T.PayneandSon.

并由此证成惩罚。[①]不管后果主义如何理解行动所指向的那些善，包括它们的内涵和外延，惩罚体系最可能直接带来的善就是减少犯罪。根据这种理解，一套理性的后果主义法律体系必然会把犯罪定义为某种有害的行为，减少犯罪就是在减少犯罪所造成的伤害，而通过威慑、剥夺资格或改造潜在的施害者的方式，惩罚刚好就能减少犯罪。

对后果主义处罚理论最常见的反对意见是，如果能有效地达成减少犯罪的目的，那么，后果主义者必定要将明显不正义的惩罚（比如对那些明知是无辜者的惩罚，或者对有罪者过度的惩罚）当作完全可接受的。但事实上，这种惩罚无疑是错的，因为它们是不正义的。[②]

针对这种常见的反对意见，后果主义者也有一些常见的回应。第一，他们会说，如果那些“不正义的”惩罚真能带来最好的后果，这本身就意味着它们已经得到了证成。[③]对此，有批评者会回应到，不能就这样装着看不见不正义的道德重要性。还有批评者会回应道，在真实世界中，这样的惩罚不太可能会带来最好的后果；处于那种抉择中的官员更不太可能挑得出那些会带来最好后果的选项。[④]当然，后一种批评本身也会面临某些批评。比如，有学者会认为，这种观点根本不是拒斥后果主义，反而是补强后果主义，它所说的仍不过是惩罚一个明知无辜者错恶与否取决于该惩罚所带来的后果，还是没有意识到这个惩罚本身就是错恶的。[⑤]第二，后果主义者还会说，关于刑法目的更

---

① 关于这种理论的两个反对声音，参见 Wilson，J. Q.，1983，*Thinking about Crime*，revised edition，New York：Basic Books；Walker，N.，1991，Why Punish?，Oxford：Oxford University Pres。

② Hart，H. L. A.，1968，*Punishment and Responsibility*，Oxford：Oxford University Press，第 1–2 章。

③ Smart，J. J. C.，1973，*An Outline of a System of Utilitarian Ethics*，in J. Smart and B. Williams，*Utilitarianism*，*For and Against*，Cambridge：Cambridge University Press，69–72.

④ Rawls，J.，1955，*Two Concepts of Rules*，The Philosophical Review，64：3–32.

⑤ Duff，R. A.，1986，*Trials and Punishments*，Cambridge：Cambridge University Press：151–164.

深入的认识将使无辜者受到保护，使其避免不正义的惩罚。[①]但它同样遭到批评，有学者会认为，任何纯粹的后果主义立场都保护无辜者，使其免于不正义的惩罚，说到底还是取决于惩罚对刑法体系的目标能带来工具性的价值。[②]因此，虽然从局部的惩罚（的目的）跳到了整体的刑法体系（的目的），但惩罚的工具性定位并没有任何变化。

（二）报应论刑罚理论

尽管后果主义理论工具性地证成刑罚，视刑罚为实现某个有价值目标（即减少犯罪）的手段，但报应论主张，刑罚得到证成，因为它是对错恶行为的一种该当，因而得到了内在地恰当回应。理论家们区分了“积极”和“消极”形式的报应论。积极的报应论认为，该当为惩罚施害者提供了一个恰当的理由。本质上，国家应在施害者该当的限度内惩罚那些被发现有犯罪行为的人，理由是他们该当这种惩罚。与此相反，消极的报应论没有提供一个施加惩罚的理由，而只是提供了一个对惩罚的限制：惩罚应当仅仅强制施加于那些该当它的人，并且惩罚要相称于各人所该当。

20 世纪的后 30 年间，刑罚理论（化）所呈现的一个显著特征是积极报应论的复兴。刑罚是对犯罪的一种该当的回应，根据惩罚的这种内在特征，能实现积极的刑罚证成。这种观念重新迅速地回到研究者的视野当中。[③]虽然积极报应论的表现形式可能不同，[④]但任何形式的积极报应论都逃不出两个核心问题，它们是任何报应主义惩罚理论

---

① Braithwaite，J.，and P. Pettit，1990，*Not Just Deserts*，Oxford：Oxford University Press.

② Duff，R. A.，1996，Penal Communications：*Recent Work in the Philosophy of Punishment*，Crime and Justice：A Review of Research，20：20–25.

③ 两本当代讨论报应论的重要文集，参见 White，M.D.（ed.），2011，*Retributivism：Essays on Theory and Policy*，New York：Oxford University Press；Tonry，M.，2012，*Retributivism has a past：Has it a Future?*，New York：Oxford University Press。

④ Cottingham，J.，1979，*Varieties of Retribution*，Philosophical Quarterly，29：238–46.

都必须要面对的问题。第一，如果该当性观念沟通了犯罪与惩罚之间的证成性关系，那么，这种关系究竟是怎样的？为什么罪犯“该当受苦”[①]，而他们该当受什么苦？[②]第二，即便他们该当以某种特定的方式受苦或被强制施加负担，那为什么国家能通过刑罚强制施加那种痛苦或重负于罪犯呢？[③]

针对这样一些问题，第一种积极报应论诉诸（抽象的）不公平利益概念。它认为，相较于守法者，犯罪攫取了不正义的利益，而惩罚就是要拿走那些不正义的利益。通过保护人们免于某些形式的伤害，刑法使所有公民受益，但维持这种利益依赖于公民接受自我限制的代价。犯罪攫取了其他人自我限制所带来的利益，犯罪人自己却没有承担任何代价：他获得不公平的利益，而通过对他施加额外的代价，惩罚拿走了他不该得的利益。[④]这种理解回答了以上提到的两个问题。罪犯该当受的苦是其不正义的获益的减损。他该当如此，这是因为如果他不接受那些利益所必需的负担，他不应获取法律的利益，否则就不公平。将这种痛苦施加于他是国家的职责，因为国家是刑法的制定者或维护人。

第二种积极报应论诉诸人们对犯罪的（具体的）情绪性回应。它认为，诉诸犯罪可能引起的怨恨或“报复性厌恶”，这涉及一种使作恶者遭罪的欲望；[⑤]或者诉诸罪疚，这则涉及由我的错恶行为激起的这

① Davis，L.H.，1972，*They Deserve to Suffer*，Analysis，32：136–40.

② Ardal，P.，1984，*Does Anyone ever Deserve to Suffer?*，Queen's Quarterly，91–2：241–57.

③ Murphy，J. G.，1985，*Retributivism*，*Moral Education and the Liberal State*，Criminal Justice Ethics，4：3–11.

④ Murphy，J. G.，1973，*Marxism and Retribution*，Philosophy and Public Affairs，2：217–43. 相关的批评，参见 Duff，R. A.，1986，*Trials and Punishments*，Cambridge：Cambridge University Press，第 8 章。

⑤ Murphy，J.G.，and J.Hampton，1988，*Forgiveness and Mercy*，Cambridge：Cambridge University Press，第 1、3 章。

种自我判断，即我应受到惩罚。[①]这种理解回应了上文提到的第一个问题：在惩罚能使某些情绪（怨恨、罪疚）得到满足或表达的意义上，犯罪该当惩罚。然而，它没有说明为何满足这些情绪或为其提供正式的表达方式属于国家的职责。

第三种积极报应论则诉诸所谓道德负债概念。它认为，一旦某个人犯罪，他就因此背上了对受害人的道德负债。惩罚是偿付这种负债的一种方式。在这个意义上，惩罚是该当的。这种道德负债不同于施害人可能已经造成的物质负债，因此，偿还物质负债（归还被偷的金钱或财物等）并不能消除道德负债。为了偿付道德负债，惩罚是必需的。本质上，惩罚就是拒绝给予作恶者用不当手段所获取的道德善。但这种理论通常很难解释道德善的性质，也很难解释施害人如何从受害人那里夺取了这种道德善，惩罚又如何拒绝给予施害人这种善，以及惩罚怎么就能偿付施害人对受害人的负债。

二、刑罚的混合理论概述

事实上，纯粹的后果主义和报应论各自面临其内在问题及持续挑战。有鉴于此，有学者尝试把后果主义和报应论的要素整合进他们的理论之中，找到所谓刑罚理论的“第三条进路”，也就是所谓“混合理论”。与两种经典理论不同，混合理论意识到，惩罚的证成问题事实上是若干个不同的问题，而针对这些问题可分别作出回答，而这些回答并不必然一以贯之。也就是说，完全能够同时主张：第一，一个惩罚体系的目的在于惩罚所带来的裨益，这是后果主义式的回答；第二，对那个目的的追求方式必然受到非后果主义原则的限制，它排除了纯粹的后果主义所必然导致的那种不正义，这是报应论式的回答。换言之，追求惩罚的后果主义裨益必须受到相应的限制。如禁止故意惩罚

① Moore，M.S.，1997，*Placing Blame*：*A Theory of Criminal Law*，Oxford：Oxford University Press，第 4 章。

无辜者或过度惩罚有罪者等限制。①

对于混合理论，有不少批评声音。一些批评者认为，混合理论是自相矛盾或内在冲突的。②混合理论最容易引发质疑的是，如何为这些限制找到恰当的依据。③然而，即使限制的依据能够被找到，混合理论还会遭到康德主义的反对，它指向的是那些受到某种（些）限制的惩罚的道德属性。根据混合理论，只要惩罚是该当的，那它就可能且应当被用于实现后果主义目的，也就是，减少犯罪的目的。到此为止，对混合理论的批评非但没有结束，反而是进入更复杂论域的开始。有学者会援引康德批评道，如此使用惩罚是把那些接受惩罚的人“仅仅作为手段”，用他们来实现其他的目的，而这是在否认他们作为负责任的能动者所应得的尊重和道德地位。④但事实上，如果惩罚针对那些有意破坏法律的人，那它就不算是将他们仅仅作为手段而对待。⑤因为甚至康德本人也认为，如果只是为那些被发现犯了罪的人而创制惩罚，那一心追求潜在裨益的惩罚就是被允许的。⑥进而，批评者可能会继续说，如果要将他人“作为一个目的”而对待，对其保有作为一个理性和负责任的能动者应得的尊重，那么，必然只能给他提供进行自我纠正的良好理由，但立足于威慑，剥夺能力或改造施害者的惩罚显然

---

① See Hart，H.L.A.，1968，*Punishment and Responsibility*，Oxford：Oxford University Press. 关于哈特观点的讨论，参见 Lacey，N.，1988，*State Punishment:Political Principles and Community Values*，London：Routledge。

② Kaufman，W.，2008，*The Rise and Fall of the Mixed Theory of Punishment*，International Journal of Applied Philosophy，22：37–57.

③ Hart，H.L.A.，1968，*Punishment and Responsibility*，Oxford：Oxford University Press：144–55.

④ Murphy，J.G.，1973，*Marxism and Retribution*，Philosophy and Public Affairs，2：218.

⑤ Walker，N.，1980，*Punishment*，*Danger and Stigma*，Oxford：Blackwell：80–85.

⑥ Kant，I.，1797，*The Metaphysics of Morals*，in Immanuel Kant：*Practical Philosophy*，trans. and ed. Mary J.Gregor，Cambridge：Cambridge University Press，1996：473.

不是这样。一个惩罚体系没有把那些受惩罚的人看作理性的、自我决定的能动者，而只将其视为通过能找到的任何有效技术加以再造的某件东西。比如，一个剥夺资格的体系也没有给那些接受它的人保有决定自己未来行为的自由，而是通过剥夺他们的资格，以预先制止他们未来的选择。但作为负责任的能动者，他们应当保有这种自由。虽然一个威慑体系给潜在的施害人提供了遵守法律的理由，但它向他们提供的却是一种错误理由：不是依据某种道德理由，把他们当作负责任的道德能动者加以对待，而是以一种威胁的强迫性语言，把他们当作纯粹自利的存在者加以对待。简言之，威慑对待“一个人就像一条狗，而非一个应有自由和尊重的人”①。

对于这种似乎更深层，也更触及要点的批评，混合理论的应对策略是分两步证成惩罚。第一步是诉诸非后果主义价值，从而表明犯罪的实施使施害者必需被施加惩罚。按其逻辑，惩罚措施通常与人作为理性的能动者或作为公民所应得的尊重不相容，与康德的手段原则不相容，但此时，由于犯罪被实施了，这样的措施也就被允许了。第二步是为将惩罚施加于那些必需接受惩罚的人提供积极的后果主义理由。按其逻辑，如果预期的收益能超过成本，那就应当施加惩罚。具体而言，一些混合论者认为，那些故意违反法律的人丧失了其他公民能正常主张的一些权利：他们的错恶行为使得那些处遇方式（比如，改造或剥夺能力的处遇方式，或威慑性惩罚）正当化——虽然因侵犯了公民的权利，它们通常是错误的。②肯定会存在疑问，即是否应当如此毫不犹豫地排除同胞的公民权利和公民地位。另一些混合论者认为，惩

① Hegel，G. W. F.，1821，*The Philosophy of Right*，trans.T.Knox，Oxford：Oxford University Press（1942）. 关于这些反对意见，参见 Lewis，C. S.，1953，*The Humanitarian Theory of Punishment*，Res Judicatae，6：224。

② Goldman，A.H.，1982，*Toward a New Theory of Punishment*，Law and Philosophy，1：57–76. 相关的批评，参见 Lippke，R.，2001a，*Criminal Offenders and Rights Forfeiture*，Journal of Social Philosophy，32：78–89。

罚并没有侵害施害者的权利，因为他们自己同意了对他们的惩罚。[①]根据这种观点，如果一个人故意实施了犯罪，也明知这么做的后果，那么，他就是同意了这些后果。这不是说他明确地同意了接受惩罚，而是说通过他故意实施的行动，他就以默许的方式同意接受了这些他明知的后果。这种观点看似说得通，但一些难以回应的反对意见也越来越多。第一，它似乎不能证明对过度严峻的制裁的禁止。一旦这样的制裁被实施，那就意味着，之后违反相应法律的任何人显然默许地同意了这种惩罚。[②]第二，绝大多数施害人事实上并不同意，甚至没有默许地同意对他们作出的制裁，因为他们或者没有意识到他们的行为会受到惩罚，或者没有意识到他们可能要承受的惩罚的严厉性。而如果某个人同意领受一项行动的后果，那他首先要知道这些后果。[③]第三，明确的不同意能撤销默许的同意。这样一来，明示不同意的施害者似乎就不能正当地被惩罚。[④]在这里，混合理论又遇到了难以翻越的障碍。“此路不通，另找思路。”有混合理论学者转而对惩罚进行反事实主义或反事实式证成。其基点不落在理解施害人事实上已默许同意的处遇，而落在理解理性公民势必会支持的处遇。他们认为，基于这个事实，惩罚那些犯罪的人得到允许，即作为一个理性的能动者或有理性的公民，施害者本人会同意规定这些惩罚的法律体系。[⑤]此外，还有其他混合理论学者把惩罚描述成社会的一种（自我）防御。道理很

---

① Nino, C.S., 1983, *A Consensual Theory of Punishment*, Philosophy and Public Affairs, 12: 289-306.

② Alexander, L., 1980, *The Doomsday Machine: Proportionality, Punishment and Prevention*, The Monist, 63: 199-227.

③ Boonin, D., 2008, *The Problem of Punishment*, New York: Cambridge University Press: 161-64.

④ Boonin, D., 2008, *The Problem of Punishment*, New York: Cambridge University Press: 164-165.

⑤ Dolovich, S., 2004, *Legitimate Punishment in Liberal Democracy*, Buffalo Criminal Law Review, 7: 307-442. 相关的批评参见 Dagger, R., 2011, *Social Contracts, Fair Play, and the Justification of Punishment*, Ohio State Journal of Criminal Law, 8: 341-368。

清楚，回击错恶的攻击，进行自我防御并不是把攻击者“作为一种手段”，也不是未曾向他表现出他应得的尊重。[①]

一种走得更远的混合理论也值得注意，即所谓“道德教育式惩罚观”。这种观点认为，惩罚是给那些具体的犯罪人或更普遍的共同体成员上一堂道德课的手段。在这个意义上，惩罚能得到证成。[②]与标准的后果主义理论一样，道德教育观点承认，惩罚在减少犯罪中所起的作用是它的核心考量。[③]但教育理论家也并不把惩罚当作一种引导人们以某些特定方式行动的手段，而是把惩罚视为一种教育他们的手段：教育他们那些已做的本不该做，因为它们在道德上是错恶的。因此，尽管教育观把改造施害者当作一个目的，但它也强调，要对实现这个目的的方式进行非后果主义限定。道德教育观的另一个显著特征是，它认为惩罚的目的是给施害者带来某种益处：道德教育的益处。无论如何，批评者对道德教育观提出了不同的反对意见。一些人怀疑，惩罚是不是道德教育的最有效方式；另一些人则不认为，绝大多数施害者有道德教育的需要。事实上，许多施害者意识到他们在做的事情是错恶的，但他们却意志薄弱，意气用事，等等。此外，自由主义理论家可能反对，教育观是家长主义的，因而不恰当，它强制性地限制

---

① 这种论证的诸多版本，参见 Alexander，L.，1980，*The Doomsday Machine*：*Proportionality*，*Punishment and Prevention*，The Monist，63：199–227；Quinn，W.，1985，*The Right to Threaten and the Right to Punish*，Philosophy and Public Affairs，14：327–73。相关的批评，参见 Boonin，D.，2008，*The Problem of Punishment*，New York：Cambridge University Press：192–207。

② 最先提出这个观点的论文是 Morris，H.，1981，*A Paternalistic Theory of Punishment*，American Philosophical Quarterly，18：263–71；以及 Hampton，J.，1984，*The Moral Education Theory of Punishment*，Philosophy and Public Affairs，13：208–38。关于一个更新近的解释，参见 Demetriou，D.，2012，*Justifying Punishment*：*The Educative Approach as Presumptive Favorite*，Criminal Justice Ethics，31：2–18。相关的批评，参见 Deign，J.，1984，*On the Right to be Punished*：*Some Doubts*，Ethics，94：191–211。

③ Hampton，J.，1984，*The Moral Education Theory of Punishment*，Philosophy and Public Affairs，13：211.

施害者的自由，并将这作为实现他们利益的某种手段。这一节所讨论的每一种理论，都以不同的方式整合了后果主义与非后果主义的要素，而它们是否比纯粹的后果主义或纯粹的报应论更合理还有待旷日持久的哲学辩论。

三、刑罚的传达理论概述

在横向扩展“理论领地”的同时，刑罚理论也在其内部纵深发展。最近几十年，传达理论成为一种最具影响力的报应论法律惩罚理论。简言之，这种理论的核心就是把惩罚看作对犯罪的一种该当的回应，并认为惩罚具有表达或传达的属性。①

根据传达理论，刑罚的核心目的是向施害者传达他们因自身的犯罪而该当的责难或谴责。惩罚服务于传达目的，这是传达理论回应报应论者通常所要面对的那两个问题的关键。第一，在错恶行为与责难之间有一种显而易见的证成性关系，即责难是对施害者的错恶行为的回应，它意图对其强制施加某种负担（被自己的同胞谴责的负担）。第二，国家应当确保这种责难是通过刑事司法体系得到正式实施的。如果犯罪是公共的错恶，是对政治共同体的权威规定的违反，那它们就值得来自共同体的公共责难。尽管责难的内在意图是被责难的人将接受这一责难，把它当作顺理成章的，并因而受到触动，自觉避免将来再犯罪；但这种理论同时也能避免这种批评，即它寻求强迫或控制施害者遵守法律。责难把被责难的人作为一种理性和负责任的能动者予以对待和尊重，这构成了对他所犯之恶行的一种恰当的、该当的回应，并通过使其想起自身拥有的，避免犯罪的良好道德理由，从而帮助他校准自己将来的行为。对所有公民而言，直面彼此，相互回应是

---

① 关于惩罚的表达特征，一般可参见 Feinberg，J.，1970，*The Expressive Function of Punishment*，in his *Doing and Deserving*，Princeton，N.J.：Princeton University Press，95–118。相关的批判性讨论，参见 Hart，H.L.A.，1963，*Law,-Liberty and Morality*，New York：Random House：60–69。

一种恰当的方式。[①]然而，任何把惩罚作为一种传达之事加以证成的努力都会面临一个棘手的问题。通过在刑事法庭上定罪判刑，责难得到了传达；通过由一名法官或法律共同体的其他代表所发起的一项正式控告，或者通过一种纯粹象征性的惩罚，责难也得到了传达；而通过法院所施加的"强硬措施"等惩罚，比如，通过监禁、义务性的社区服务、罚金等负重性无关于其责难意涵的惩罚，它也得到了传达。[②]然而，为什么选择以这样的传达方式，而不是那些并不包含强硬措施的传达方式呢？[③]是因为它们能让传达更有效吗？[④]

对此疑问或质疑，传达理论的回应是将包含强硬措施的惩罚解释为道德传达事业的本质属性。它就此认为，惩罚的目的不仅是向施害人传达责难，还劝诫施害人承认，并悔改他已犯下的恶行，进而认识到改造自身及其将来行为的必要，对那些被伤害的人作出致歉的赔偿。对他的惩罚就构成了他因自己的罪行而被要求进行的一种忏悔。包含强硬措施的惩罚是对他施加的重负，不仅通过使其注意力聚焦于他的犯罪及影响，服务于辅助悔罪与改造的过程，而且也是一种对所亏所欠作出致歉赔偿的方式。[⑤]然而，这种解释不可避免地面临一个严肃的

---

① 关于不同种类的传达的理解，其参见 Von Hirsch，A.，1993，*Censure and Sanctions*，Oxford：Oxford University Press，第 2 章；Duff，R. A.，2001，*Punishment*，*Communication*，*and Community*，New York：Oxford University Press，第 1.4.4 节，第 3.2 节。相关的批判性讨论，参见 Boonin，D.，2008，*The Problem of Punishment*，New York：Cambridge University Press：171–80。

② 关于"强硬措施"，参见 Feinberg，J.，1970，*The Expressive Function of Punishment*，in his *Doing and Deserving*，Princeton，N.J.：Princeton University Press，95–118。

③ Christie，N.，1981，*Limits to Pain*，London：Martin Robertson：98–105.

④ Falls，M. M.，1987，*Retribution*，*Reciprocity*，*and Respect for Persons*，Law and Philosophy，6：25–51；Primoratz，I.，1989，*Punishment as Language*，Philosophy，64：187–205.

⑤ Duff，R. A.，2001，*Punishment*，*Communication*，*and Community*，New York：Oxford University Press. 关于一个精巧的论证，参见 Tasioulas，J.，2006，*Punishment and Repentance*，Philosophy，81：279–322。

反对意见。也就是，它并没有明显地表现出包含强制措施的惩罚是传达事业的必然属性。[①]这项事业把施害人当作负责任和理性的能动者予以尊重，而这也意味着，他们必然享有不被说服的自由。但问题在于，如果要想有任何真正的价值，那致歉赔偿就必须是自愿的。

当然，还存在这样一种可能性，无论是后果主义或是报应论，还是混合理论及其最新扩展理论，有关刑罚证成的任何理论无一成功，因为它不可能成功——惩罚本身乃是不可证成的。惩罚废除论提供了这种可能性的想象空间。当然，与上文提到的理论类似，废除论惩罚理论也呈现出很多不同的形式，但归根到底，任何形式的废除论都主张的是，应当寻求废除，而非仅仅止步于改革惩罚实践。相应地，废除论提出了两种取代惩罚的方案，即“恢复性司法”与“强制性修复”。倡导恢复性司法的废除论学者认为，应该寻求恢复而不是报复或惩罚；应该寻求修复被造成的损害，而非对被实施的错误行为追施惩罚性的痛苦。[②]倡导强制性修复的废除论学者则认为，应当以一种强制修复体系取代惩罚。[③]

---

① Bickenbach, J.E., 1988, *Critical Notice of R.A.Duff, Trials and Punishments*, Canadian Journal of Philosophy, 18: 765–86; Ten, C.L., 1990, *Positive Retributivism*, Social Philosophy and Policy, 7: 194–208.

② Matthews, R. (ed.), 1988, *Informal Justice*, London: Sage; Daly, K., and R.Immarigeon, 1998, *The Past, Present, and Future of Restorative Justice*, Contemporary Justice Review, 1: 21–45.

③ Barnett, R., 1977, *Restitution: A New Paradigm of Criminal Justice*, Ethics 87: 279–301; Boonin, D., 2008, *The Problem of Punishment*, New York: Cambridge University Press, 第五章。其中他们也援引和讨论了针对这个理论的大量反对意见。

后　记

司法部预防犯罪研究所（以下简称犯研所）自1984年成立时起，始终坚持正确的研究方向，紧紧围绕党和国家法治建设，围绕司法部党组决策部署和司法行政中心工作，积极履行职责、发挥优势，在监狱戒毒、社区矫正、犯罪预防、司法人权和国外刑事司法等领域进行了卓有成效的研究，取得了一批有价值的研究成果。

为促进理论研究成果转化，自2009年始，犯研所分别对2006年至2008年、2009年至2014年犯研所全体研究人员在预防犯罪研究领域的科研成果进行认真遴选，编辑出版了《预防犯罪问题研究》第一辑、第二辑。这两辑刊登的许多成果在预防犯罪问题研究方面具有很强的前瞻性和实践性，得到了广大专业理论研究者和实践工作者的好评，积极推动了理论研究工作和研究成果更好地为司法行政实践服务。

在犯研所成立40周年之际，犯研所决定在出版《预防犯罪问题研究》第一辑、第二辑的基础上，筛选出2015—2024年犯研所研究人员的优秀研究成果23篇，编辑出版《预防犯罪问题研究》第三辑，全书分为热点问题研究、犯罪问题研究、立法问题研究、行刑问题研究、社区矫正研究、教育改造研究、戒毒问题研究、基础工作研究、安置帮教研究、中外比较研究等，紧紧围绕刑事执行和预防犯罪工作高质量发展面临的热点、难点问题开展研究探讨，以期发挥对决策和实践的参考作用。

本书由犯研所高贞、周勇、高文同志策划组织，科研处、办公室、

《犯罪与改造研究》杂志社和人事处承担了相关编辑工作。由于水平有限，书中不当之处，敬请批评指正。

中国检察出版社对本书的出版给予了大力支持，在此表示衷心感谢。

编者

2024 年 5 月